DAS
NEUE
BERLIN

ROLF LUDWIG
Nüchtern betrachtet

Erinnerungen
eines Volksschauspielers
aufgeschrieben von
Gabriele Stave

Verlag Das Neue Berlin

Mit einer Vorbemerkung von Lothar Kusche

Bildquellen:
Harry Hirschfeld, P. Engel, H. Pölkow, W. Saeger,
K. Leher, S. Hanke, B. Meffert, J. Nagel, R. Walz, Th. Aurin,
J. Weyrich, Salzburger Festspiele/Weber, Privatarchiv Ludwig

ISBN 3-359-00770-0

3. Auflage
© 1996 (1995) Verlag Das Neue Berlin
Rosa-Luxemburg-Str. 16, 10178 Berlin
Umschlaggestaltung: P. Fischer Sternaux
Gesamtherstellung: Clausen & Bosse, Leck

Für Gisela,
Katharina und Andreas

LUDWIG & SEIN PHANTASTISCHER NIEREN-TISCH

> Seid gut zu mir und macht Radau,
> Verzeihend und aus Reue!
> Wollt ihr? Wer reist aufs neue
> Mit mir ins Himmelblau?
>
> *Joachim Ringelnatz*

Einer sprudelnden Quelle seiner enormen Begabung (die wie alle großen, wachsenden, wuchernden Talente nicht mit der Schublehre ausgemessen werden kann) kommt man auf die Spur, wenn man Rolf Ludwig bei Produktionen für Kinder beobachtet. So viele Leute haben uns schon Prokofjews wunderbares Märchen von Peter und dem Wolf erzählt. Grete Mosheim, vielleicht auch Kinski, selbstverständlich der Berufs-Sprachsprecher Mathias Wieman aus dem Schatzkästlein und so weiter. Ludwigs Version (mit Herbert Kegel und der Staatskapelle Dresden) höre ich am liebsten. Nicht zufällig erinnert sich Rolf Ludwig an einen Kneipier: »Jessen hält es mit Max Reinhardt und dessen Satz von der Unsterblichkeit des Theaters, weil es der Schlupfwinkel für all diejenigen ist, die sich ihre Kindheit heimlich in die Tasche gesteckt haben.« Wegen dieses Sachverhalts brauchen wir bei unserm Mann keine Taschenkontrollen zu veranstalten. Er gibt's ja selber zu: »Kindertheater habe ich immer ganz gern gespielt, ich werde dann selbst zum Kind. Das ging in Dresden schon los mit ›Peterchens Mondfahrt‹ und der ›Schneekönigin‹ in einer Bühnenfassung von Jewgenij Schwarz.«

Unter Schminke, Schweiß und Staub hat sich Rolf Ludwig wesentliche Reste einer reinen Kindlichkeit bewahrt, die auch seinem Beruf immer zugute kam. Diese produktive Charaktereigenschaft ließe sich durch mancherlei Vorfälle erklären, beispielsweise durch die Geschichte von Ludwigs zeitweilig dicker Hand, die ich aber nicht erzählen möchte, weil die Verdickung der Hand auf einen sogenannten Tschako zurückzuführen ist: da derzeit ein nußknackergrimmiger Innenminister und ein ebensolcher Stadt-Satrap für das sorgen, was sie für Ordnung halten, soll die Polizei in diesem Text nicht vorkommen. Wohl aber der phantastische, nun schon historische Nieren-Tisch, welchen sich Ludwig anno pipo, als Nieren-Tische modern waren, nach eigenen Modellzeichnungen und Maßangaben in den Werkstätten der Volksbühne bauen ließ. Schon bei den Filmaufnahmen für »Das Feuerzeug« war der Schauspieler von Trick-Künstler Kunstmanns Künsten beeindruckt, der ihn in »die ganz klein gebastelten Räume mit den Schatzkisten« einfach einspiegelte.

Vom Feuer-Zeug wieder zu jenem Nieren-Tisch. Was war ein Nieren-Tisch? Ein zumeist dreibeiniges Möbel mit einer Tischplatte in Nierenform (falls Sie wissen, was eine Nierenform ist; ich kenne nur die Umrisse von Nierensteinen). Aus der Tischlerei kamen Rückfragen: Solle man sich exakt an die vorgegebenen Maße halten? Jawoll! Selbstverständlich solle man sich! Und dies tat man – ohne Rücksicht auf den Umstand, daß der Amateur-Designer für Länge, Breite und Höhe des erträumten Gegenstands doppelte Dimensionen errechnet hatte. Als das Monstrum fertig war, paßte es nur sehr schwer in die Stube: man mußte umräumen.

Den Handwerkern verdarb der originelle Innen-Architekt ihre Schadenfreude mit dem Hinweis: »Nun haben wir unser Heim modisch ausgestattet, und ich kann mich dort behaglich fühlen wie in der Kneipe am Stehtisch.«

Lebenskünstler brauchen eine gewisse Kindlichkeit, die nicht mit der berüchtigten Kacknaivität verwechselt werden darf. Rolf Ludwig ist zu seinem und unserem Glück in sublimierter und schöpferischer Art naiv. Im echten Mimen ist ein Kind versteckt, und das will spielen. Wie jeder von der Schulmeisterei noch unverdorbene kleine Mensch besitzt, verfügt auch Rolf, der alte Knabe, in reichem Maße über jene Gaben, ohne die kein gutes Theater leben kann: Phantasie, Witz, Intelligenz und List.

Lothar Kusche

Nüchtern betrachtet ...

DRINK 'MER NOCH Ä' DREPPCHEN
IM »DREPPCHEN«

Ich stoße die Tür auf. Zwergenland. Alles scheint mir ganz klein, ganz eng. Da steht noch der Tresen, davor das massige Billard. Am Fenster der Vierertisch, und in der Ecke der alte Kachelofen. Ich kneife meine Augen ganz fest zu ...

Da erscheint im Türrahmen ein dunkelhaariger, langbeiniger Knabe in kurzen Hosen und Kniestrümpfen (von Mutter ab 17 Grad Celsius gestattet!), eine Bierkanne in der Hand. Das Gesicht des Zehnjährigen besteht nur aus Augen, aufmerksamen, graublauen Augen. Der Wirt weiß schon Bescheid. Vom Hahn zischt das Bier blumig in den Glasbauch der Kruke. Ein angenehmes Geräusch, das der Junge zeitlebens als wohlig empfinden wird. Der Porzellanproppen mit der Gummidichtung wird auf den Kannenhals gepreßt. Bloß nicht zu sehr schütteln, mein Junge! Der nickt. Draußen wird er den Verschluß lösen und probieren, ob beim Herumschleudern der Kanne ein Tropfen Bier entwischt ...

Ich halte die Augen noch immer geschlossen und höre direkt dieses leicht dumpfe, hölzerne Aufeinanderprallen der Billardkugeln. Und wie die Männer sagen: »Nu, da had dr Ludewich-Richard widr deschtsch zugelangt!« Der Junge beobachtet die stockbewehrten Männerschatten durch sein Himbeerlimonadenglas. Er ist stolz auf seinen Vaddel, diesen gedrungenen und trinkfesten Steindrucker, der sich mit dem Queue die »Pfenge« für sein Feierabendbier erstößt. Damit spült er den Staub aus dem Schlund, wie es seine Vorfahren getan haben und deren Vorfahren. Der Vater, Steinmetz Wilhelm August Friedrich Siegfried Ludwig; der Großvater, Steinmetz Wolfgang Heinrich Gustav August Ludwig; der

Urgroßvater, der – nee, der soff quasi von Berufs wegen. Auf dem Friedhof im oberschlesischen Bunzlau ist wertungsfrei in den Grabstein gemeißelt: »Hier ruht Friedrich Wilhelm August Gustav Heinrich Ludwig, Hochzeitsbitter.« Eine Profession, die ihn nur 36 Jahre alt werden ließ und heute dank Eheanbahnungsinstituten, Kontaktanzeigen und allgemeiner Sittenlosigkeit ausgestorben ist. Als Kuppelbruder zog der Hochzeitsbitter seinerzeit über die Dörfer und brachte die Frau an den Mann oder umgekehrt. Ob das Geschäft klappte oder nicht – ein Grund zum Schnäpschen war es allemal. Dieser Urahn jedenfalls infizierte den Stammbaum der Ludwigs so nachhaltig mit dem bacchantischen Virus, daß es selbst noch mich – den Urururenkel – danach drängte, einen durstintensiven Beruf zu ergreifen. Ich wurde Schauspieler!

Nun hocke ich 1994 wieder im »Dreppchen«, in der Dobritzer Straße, draußen in Dresden-Leuben. Das hat nischt mit einer Treppe zu tun. Es ist Babbelsächsisch. Die Kneipe hieß und heißt »Das Tröpfchen«. Die Erinnerungen überfallen mich jäh. Ist das alles wirklich schon sechzig Jahre her …?

Da gibt es einen in dem Billardquartett, der sagt, er sei ein Zauberkünstler. Er könne die Kugel spurlos verschwinden lassen! Darauf stopft er sich das rote Ding in den Mund, verrenkt sich den Kiefer – und bekommt die Kugel nicht mehr raus. Er würgt, keucht, läuft schon blau an und bringt das verdammte Ding nicht raus. Das Mitgefühl seiner Sportsfreunde erschöpft sich in der Aufforderung: »Mach geen Geiggel, gib de Guchel naus!« Das ist meine erste Begegnung mit dem menschlichen Spieltrieb, der offenbar stärker ist als der Rettungstrieb.

Vom »Dreppchen« sind es rund anderthalb Kilometer bis zur Siedlung, bis zu unserer Wohnung in der Lilienthalstraße 17. Rundherum heißen alle Straßen nach irgendwelchen Erfindern: Aber weder Reis, Stevenson noch Guericke sollen einmal einen solchen Einfluß auf mein Leben gewinnen wie dieser Lilienthal, der tollkühne Otto mit seinem Gleitflugzeug. Zunächst aber sitze ich noch mit der Bierkanne auf meinem Fahrrad, das wie Karl Mays feuriger Mustang »Gavina« heißt.

10

Neben mir reitet verwegen mein Schulfreund im Fahrradsattel von »Ri«, dem Gaul aus einem der unzähligen Wildwestfilme, die wir Sonntag für Sonntag zum Preis von zwanzig Pfennigen gierig in uns aufsaugen. Tom Mix. Dick und Doof. Charlie Chaplin. Und später Rühmann, Lingen, Moser, na klar, – und Louis Trenker. Den rufenden Berg – ich hab nie verstanden, wieso ein Berg rufen kann – sehe ich zigmal. Wie sich der Trenker in den Fels krallt, mit den knochigen Fingern …

Wir radeln mit der Bierkanne am Lenker an unserem Gartenparadies vorbei, einer mickrigen Klitsche mit Holzlaube. Hier erntet meine Mutter auf eigener Scholle Kartoffeln, Erdbeeren und Wachsbohnen. Ich hasse dieses Schreberland aus voller Seele mitsamt seinem Unkraut, das zu jäten ist, und seinen Beeten, die ständig zu gießen sind. Versöhnlich mit dem Laubenpieperdasein stimmen mich nur unsere sommerlichen Familienfeste mit Napfkuchen, echtem Bohnenkaffee, reichlich Bier und Brause. Zu Geburtstagen versammeln sich bis zu dreißig und fünfzig Leute. Vater hat allein schon sieben Geschwister. Sie saufen, rauchen und politisieren, sie sind Linke und Rote, manche auch bloß Rosarote. In Erinnerung ist mir nachhaltig bis heute nur Onkel Gust, ein parteiloser Kommunist wie mein Vater, der immer was zum Besten gibt und auch ganz passabel dichtet – für den Hausgebrauch. Sehr beeindruckt hat mich das strophenreiche Epos »Dreizehn Kinder und kein Weihnachtsbaum!« Das sagt schon ein bißchen was über die sozialen Verhältnisse im Ludwigschen Clan. Wenn mein Vater einen in der Krone hat, dann parodiert er Hans Moser fast perfekt. Die Männer dreschen Skat, die Damen spielen manchmal Karten. Meine Mutter siegt häufig, denn sie trainiert wöchentlich als ordentliches Mitglied in einem Doppelkopf-Verein. Sonst meiden meine Eltern Vereine und Parteien, eine Weisheit, die ich mir auch aneigne. Was nicht heißt, daß man politisch ohne Standpunkt bleiben sollte. Und schon gar nicht, daß ich mich raushalte!

… Da kommt schon der Redakteur von diesem Fernsehsender ins »Dreppchen«. Er pocht auf die Uhr. »Wir müssen,

Herr Ludwig.« Weiter, weiter. Sie drehen das umfassende Porträt eines Volksschauspielers. Zunächst Kindheit und Jugend. Um die Ecke ist noch das rote Backsteingebäude mit Kasernencharme, eine achtklassige Volksschule für Knaben war das mal, die 66. Dresdens. Damals erschien der Schulweg mir endlos, heute ist es nur ein Katzensprung von der Siedlung in Dresden-Leuben. Mein Klassenzimmer. Ich betrat es damals mit einem Jahr Verspätung, denn ich sprach kein Wort Deutsch, nicht mal Sächsisch ... Wie beginne ich meine Erinnerungen? Vielleicht mit den Worten: Und alles begann so ...

ICH BIN EIN DREIMONATSKIND

Spielzeug besitze ich kaum. Statt eines Kuscheltiers aus Plüsch knuddele ich eine schmutzigrosafarbene Wolldecke, die ich »fine filten« nenne. Das ist schwedisch. Bis zu meinem vierten Lebensjahr verstehe ich nur diese Sprache, denn das vielgerühmte Licht der Welt erblickte ich als Sonntagskind am 28. Juli 1925 in Stockholm. Legitim werde ich sozusagen auf den letzten Drücker, denn die Eheurkunde meiner Eltern ist auf Ende April datiert. Da hat es das »Fröken Emmi Martens«, meine Mutter, endlich geschafft, den Richard Hermann Heinrich Ludewig aufs entsprechende Amt zu bugsieren und ihm das Ja-Wort abzutrotzen. So komme ich denn auch als ein Ludewig auf die Welt, Ludewig mit »e«, denn Vater ist der Meinung, daß ein Vorname kein Nachname sein könne, und in Schweden nimmt man das alles wohl nicht so genau. Ich habe später enorme Mühe, dieses hinzugeschummelte »e« wieder loszuwerden.

Der zwei Jahre alte Rolf Erik in einem Stockholmer Park

Vater betreibt damals unten im anrüchigen Hafenviertel eine kleine Pension mit Restaurantbetrieb. Er ist zwar Inhaber des Etablissements, aber er zapft am Bierhahn sozusagen in höherem Klassenauftrag und für eine gute Sache, die man später mal »die gerechteste der Welt« nennen sollte … Bezahlt wird die Kneipenmiete von der Dresdener Kommunistischen Partei Deutschlands, die den nichteingeschriebenen Genossen Ludewig in geheimer Mission nach Skandinavien entsandt hat. Die Anwohner des Quartiers – Nutten, Zuhälter, Dockarbeiter, kleine Kaufleute, Fischhändler – ahnen nicht, daß der untersetzte, kurzbeinige Deutsche nur als Gastwirt getarnt ist. Er hat einen schwedischen Koch angeheuert, versteht es, gesellig mit den Kneipenbesuchern umzugehen und ist im übrigen sein bester Gast. Was Vater in seinen ersten Schwedenjahren in Stockholm erledigte, hab ich nie erfahren. Es ging wohl um Geld, das über die Inflationsjahre gerettet werden sollte. Irgendwelche Kontakte knüpft er jedenfalls, schließt auch bedeutende Bekanntschaften. Fast dreißig Jahre später, ich bin schon am Berliner Metropoltheater engagiert, tauche ich mal überraschend bei den Eltern in Leuben auf, da macht Mutter ein enorm wichtiges Gesicht. »Besuch!« Sie schiebt mich ins Wohnzimmer. Der Raum ist völlig verqualmt. Als sich meine Augen an den Rauch gewöhnt haben, erblicke ich wie im Nebel auf unserem Sofa – Herbert Wehner. »'n oller Bekannter!« brubbelt mein Vater.

Je näher das Jahr 1930 jedoch rückt, desto mehr verändert sich das Äußere der Logiergäste unserer Familienpension. Die Herren und Ehepaare werden eleganter, tragen feine Tuchanzüge, pelzbesetzte Mäntel, Schmuck und bildreiche Familiennamen wie Rosenzweig, Goldstein oder Mandelstamm. In Vaters hafennahen Fremdenzimmern warten sie auf ihre Schiffspassage nach Übersee – manchmal auch auf schwedische Reisepässe. Ich liebe die Amerika-Reisenden sehr. Sie haben dicke Brieftaschen, zahlen reichlich Trinkgelder und schenken mir Bonbons.

Abends, wenn sie mit Vater ordentlich einen gekümmelt haben, sagen sie: »Richard, hol mal deinen Kleinen. Wir wollen das Sechs-Tage-Rennen sehen.« Dann stellt Vater mein Dreirad auf den Billardtisch, setzt mich mit meinem kurzen Nachthemd drauf, und ich drehe in der Bande mehrere Runden. Meine blonde, fröhliche Mutter lacht dazu beim Servieren. Dann nehmen die netten Onkel mich an die Hand und gehen mit mir zum Schokolade-Automaten. Wieder eine Lehre: Sich abzustrampeln bringt was ein!

Der Kalender zeigt das Jahr 1929. Daß die Pension eine Art Durchgangsquartier für vorausschauende Juden ist, die in Deutschland bereits zu diesem Zeitpunkt die braune Macht heraufdämmern sehen, erfahre ich erst Jahrzehnte später.

Merkur muß nicht gerade als Pate an Vaters Wiege gestanden haben, als Gewerbetreibender ist er – gelinde gesagt – unbegabt. Ohne die freundliche, leicht kokette Aura meiner umsichti-

Ein »Herrenabend« mit Vater Ludwig in Stockholm, 1927

gen und ziemlich hübschen Mutter wäre die Gastwirtschaft wohl noch rascher im Ruin geendet. Sie hat die Gabe, im Stillen zu wirken und meinem Vater den Eindruck zu vermitteln, er allein habe alles fest in der Hand …

Es begann mit einer Zeitungsannonce, die der ehemalige schwedische Botschafter in Deutschland in einer Hamburger Zeitung aufgegeben hatte. Darin suchte er ein deutsches Mädchen für den Stockholmer Haushalt – eine Servitresse. Fräulein Martens, 1902 in Lübeck geboren, Halbwaise, ohne

Beruf, las das Inserat und überlegte nicht lange. Mit der sprichwörtlich und wortwörtlich bösen Stiefmutter hatte sie sich soeben überworfen, an ihrem wortkargen Vater – einem Maurer, der meines Wissen im Leben immer nur die vier Worte sagte: »Guten Morgen, wie geht's?« – hing sie nicht sonderlich. Emmi Elisabeth hatte in Deutschland nichts mehr zu verlieren. So löste sie heimlich ein Schiffsticket und ging in Travemünde ohne Abschied und Tränen an Bord, um den Botschafterkindern jenseits der Ostsee das wenige Deutsch beizubringen, das sie in der Volksschule erworben hatte. Ein frühreifes Au-pair-Mädchen. Blondlockig, vollbusig, blutjung … und lebenslustig. Aber mit wem sollte sie sich unterhalten? Im Sinne von sprechen natürlich. So hörte sie dann von dem deutschen Wirt unten am Hafen, und eines Tages stand sie vor Vaters Tresen – siebzehnjährig. Da hat der Richard wohl sofort vergessen, den Zapfhahn zuzudrehen. Seine Augen und das Bier quollen über, Emmi wischte die Bierlache auf und blieb – den Abend, die Nacht über und ein Leben lang bei Richard, dem sechzehn Jahre älteren Mann. Ein Groschenroman ist nischt dagegen …

Mit Nachwuchs lassen sich die beiden Zeit. Ein Wunschkind bin ich nicht gerade, mein Vater hat von kleinen Bälgern die Nase voll. Seine Kindheit und Jugend bestand nach dem frühen Tod meines Großvaters ausschließlich aus »sich kümmern« – er putzte sieben Geschwistern die Nase, schmierte täglich Dutzende Stullen, schindete im Haushalt. Ich glaube fast, meine gewitzte Mutter hat ihn mit mir überlistet. Durchaus möglich, daß sie ihn sogar dazu brachte, ein besonders stolzer Vater zu sein …

Ich fahre viel später mit dem Deutschen Theater und der Volksbühne dreimal zu Gastspielen nach Skandinavien. Bin auch unten am Hafen gewesen. Das Viertel ist jetzt ein bißchen szeneträchtig. Zwei Häuser von unserem entfernt wohnte der weltbekannte Autor Peter Weiss. Das kleine Hotel steht noch, hat noch immer unten einen Schankraum, die leichten Mädels hinterm Pausenkaffeetopf und die schweren Jungs am Stehtisch. Ich hab nichts wiedererkannt; der Wirt war nur mäßig interessiert an meiner Hafenkneipenkindheit. Ich bin eben keen oller Schwede, ich bin een oller Saggse!

Meine früheste Kindheitserinnerung ist die Schiffsüberfahrt 1930 nach Hamburg. Wir kehren nach Deutschland zurück: eine junge Frau, ein im Parteiauftrag gescheiterter Gastwirt und ein schwedisch plappernder und greinender Bengel nebst Koffern, Seesäcken, ebenholzschwarzgebeiztem Mobiliar und einer altrosafarbenen Knuddeldecke, die der Kleine »fine filten« nennt.

UM KNOPF, KOPF UND KRAGEN!

Da sind wir also in der Vorstadt gelandet. Dresden-Leuben, die Arme-Leute-Siedlung, Proletenbehausungen. Dreistöckig mit Parterre. Grauer Putz. Damals sogar fast Neubau. Eine größere gute Stube und ein halbes Zimmer, in dem die Eltern schlafen. Dazu eine winzige Küche, vielleicht acht Quadratmeter, mit der einzigen Wasserquelle, einem emaillierten Ausguß. Darüber waschen sich die Männer. Mutter benutzt eine Steingutschüssel und einen ebensolchen Krug. Wannenbäder nehmen wir wöchentlich in der Badeanstalt. Eine schmale Zelle, in der das Toilettenbecken steht. Auf diesem Klo wäre ich beinahe mal erstickt. Mein Vater raucht die ewige Zigarre und pustet mit seinem schiefen Mund den Qualm aus der schmalen Luke zur Straße raus. Jeder Mensch hat ja zwei unterschiedliche Gesichtshälften, aber mein Vater hat wirklich beachtenswert schiefe Lippen. Dadurch wirkt seine Miene immer wie ein Pokerface. Was hat der sich darüber geärgert, besonders beim Rasieren! Für das Zigarrerauchen hingegen ist der herabhängende Mundwinkel wohl von Nutzen. Vater quarzt immerzu. Ich sitze auf dem Klo. Aus einer Klappe im Schornsteinzug strömt Kohlenoxyd in das Kabäuschen, und ich kippe hinter Vaters Rücken ab. Einfach um. Weggesackt. Meine Mutter quetscht eine große Zitrone aus, preßt mir den Saft in den Mund. Und holt mich ins Leben zurück …

Ich weiß nicht, ob mein Vater während dieser Aktion sein Rauchen unterbrach. Er ist nicht sehr zärtlich oder herzlich zu mir. Dafür aber ungeheuer knickrig, geizig wie die Nacht. An einen geschenkten Lederfußball ist gar nicht zu denken.

Die Konfirmation zum Beispiel. Für Vater ist sie in erster Linie eine unnütze Geldausgabe. »Von wegen dunkler Anzug, neues Hemd und so, mein Langer, kommt gar nicht in die Tüte, nicht in die Tüte! Wolln mal gucken. Du mußt was haben, was du auch für die Lehre nehmen kannst.« So kauft er mir bei Peek und Cloppenburg Knickerbocker. *Knickerbocker!* Für die Kirchenbank in der Himmelfahrtskirche zu Dresden-Leuben! Solche Buxen kann Heinz Rühmann tragen, aber doch nicht ich! Alle Konfirmanden stehen in der Reihe: schwarze Anzüge, blütenweiße Hemden, Binder. Und mittendrin ich mit hellen Knickerbockern und langen weißen Socken. Die habe ich, um wenigstens etwas lässig zu wirken, runtergelassen, wie wir es beim Fußball mit den Stutzen machen. Aber dadurch kommen meine O-Beine nur noch mehr zur Geltung. Meine Ohren sind knallrot vor Scham, und ich könnte meinen Vater erwürgen. Selbst Pfarrer Kaiser guckt ganz mitleidig, obwohl ich ihm im Konfirmandenunterricht mal eine Lunte bis unter den Stuhl gelegt und gezündet habe. Das gab einen Knall, daß sich der Gottesmann dem lieben Gott für einen Moment ganz nah gefühlt haben muß! Ich habe keine Ahnung, daß Pfarrer Kaiser illegal im Widerstand arbeitet, wofür ihn die Nazis später hinrichteten.

Also der Geiz … Ich hole Vater öfter von der Straßenbahn ab, wenn er von der Arbeit heimkommt. Nicht, weil ich ihn so liebhabe, nee, an der Haltestelle ist eine Eisbude. Original Italienisches Eis aus Sachsen! Und für ein Fünf-Pfennig-Eis gehe ich meilenweit! In der Straßenbahn sitzt Vater immer auf demselben Platz. Der ganze Wagen kann sonst leer sein, ist sein Stammplatz besetzt, guckt er den »Besetzer« grimmig an und bleibt stehen!

Steigt Vater mit seiner abgewetzten Tasche aus der Bahn, lecke ich mir schon die Lippen. Die blauweißrote Eisfahne flattert im Wind. Dann beginnt die Qual! Fast eine Viertelstunde dauert es, bis Vater seine Geldbörse aus der Hosentasche gepolkt hat, dann wühlt er Lichtjahre im Münzfach herum – Himmel, er hat doch gar nicht soviel Kröten! – und fingert endlich ein Fünfpfennigstück heraus. Fehlt bloß noch, daß er mich danach hüpfen läßt. Es ist nicht Sadismus, es ist schierer, stinkender Geiz!

Und dann folgt, bevor ich zur Eisbude flitzen darf, meist diese eine Kriegsgeschichte, die ich erst sehr viel später gründlich begreifen werde, 1944. Denn im Portemonnaie trägt Vater, als Talisman sozusagen, den Knopf einer Uniform-Kragenbinde herum. Wie oft habe ich den in der Handfläche gedreht! Der Kragenknopf rettete meinem Vater das Leben, als es im Grabenkampf vor Verdun um Kopf und Kragen ging. Vier Jahre Gasalarm! Giftgas! Mein Vater hat aus dem Ersten Weltkrieg einen Dauerschock mitgebracht, den er nur zeitweise wegdrücken kann. An dem Knopf war die Kugel eines Franzosen abgeprallt, der in einem Bombentrichter kaltblütig auf den Gefreiten Richard Ludwig abgedrückt hatte. Der andere war eben schneller als der Deutsche. Die Kugel drang in die Schulter ein und blieb im Rücken stecken. Ich darf als Kind voller Bewunderung zaghaft über den kleinen Huckel auf Vaters Buckel streichen, ohne daß er dabei Schmerzen hat … Nicht mal zehn Jahre später bekomme ich in Holland meine eigene Kugel. Da hilft mir keine Kragenbinde … Damals an der Straßenbahnhaltestelle aber interessiert mich an der ganzen Kriegsgeschichte nur das nachfolgende Eis: Schoko-Vanille-Erdbeer. Für'n Fünfer!

ZEHN IGEL UND
EINE MATHEMATISCHE ALLERGIE

Länger als fünfzig Jahre leben meine Eltern zu zweit und später die Muddel allein in der Lilienthalstraße. Sechsundzwanzig Mark und zwanzig Pfennige Miete: Reichs-, Renten- und Mark der DDR. Bis zu Mutters Umzug nach Berlin 1985 unverändert. Der »Komfort« der Liliputwohnung bleibt allerdings auch unverändert.

Ich mache mir in den dreißiger Jahren über die Wohnung keine Gedanken, ich habe andere Sorgen. Liege ich abends unter meiner Schmusedecke, dann kommen sie – diese Gesichter, die ich überall sehe: in der Gardine, im Teppichmuster, in der Holzmaserung am Schrank. Ich habe eine blühende Phantasie und Angst vor der Dunkelheit, meine Eltern hingegen vermeiden es hartnäckig, das teure elektrische Licht brennen zu lassen, wenn sie abends ins »Dreppchen« abschwirren. Sie schließen die Wohnungstür zu und lassen mich allein mit den Gesichtern. Nun ja, es sind ja auch freundliche darunter, die meisten aber grinsen bedrohlich.

Es ist wie eine Sucht, daß ich meine Gedanken wandern lasse.

Ich glaube, ich bin zehn und im Leubener Fähnlein Yorck. Die Jungvolk-Pimpfe aus Laubegast gehören zum Fähnlein Gneisenau, die aus Döbritz zu Scharnhorst. Wir sind Yorck, das klingt für mich großartig, immer so nach New York. Nur knirschend gibt mein Vater sein Einverständnis, daß ich da mitmache. Alle machen mit. Ich habe ihn gebettelt – wegen des Fußballs. Mutter meint, es fiele so sehr auf, wenn ich mich als einziger ausschlösse. Was sollen sie tun? Als Jungvolk fahren wir mit dem Blut-und-Ehre-Dolch, dem Schulterriemen, der Uniform und dem Zug in ein Zeltlager bei Hirschberg, Richtung Sudetengau. Da gibt es Geländespiele und Graupen, Marmeladenbrote und Militärübungen – aber auch einen Erzählerwettstreit am Lagerfeuer. Natürlich melde ich mich. Wir kauern alle im Schneidersitz. Man bekommt eine gewisse Zeitvorgabe. Ich hebe an: eine Höhlengeschichte mit tapferen Knaben, die natürlich einen Schatz suchen und ihn einem Ungeheuer abtrotzen müssen. Sie haben den Schatz noch nicht mal gesehen, als das Stopzeichen kommt. Da schreit das ganze Lager: »Weiter! Weiter! Weitererzählen!!!« Ich habe den ersten Preis gewonnen, für mich und für Yorck! Wenn man mich nicht auf die Zeltpritsche getragen hätte, säße ich wohl heute noch bei Hirschberg und schwafelte ... Die Phantasie.

Um Ausreden war und bin ich bis heute nie verlegen. Aus einer Mücke wird bei mir eine trompetende Elefantenherde. Einmal, ich bin vielleicht elf, habe ich mich mit Freunden tüchtig verträdelt und komme erst im Dunkeln nach Hause.

Meine Mutter tobt wegen des kalten Abendessens und der bangen Warterei. Wie sie besänftigen? Da fällt mir der Igel ein, den ich Tage zuvor am Bahndamm gesehen habe. Ein einzelner Igel! Und ich erzähle meiner Mutter, während die sich, immer interessierter zuhörend, an den Küchentisch setzt, von einer – sage und schreibe – zehnköpfigen Igelfamilie: Vater Igel, Mutter Igel und acht klitzekleine Igelkinder, die kreuzgefährlich in Gleisnähe herumkrochen. Wenn ich sie nicht behutsam – alle zehn! – umgesetzt hätte, wären sie womöglich unter die Räder gekommen. Natürlich dauert so ein Igelmassentransport seine Zeit, und da kann man eben auf den eigenen knurrenden Magen keine Rücksicht nehmen. Da muß sie lachen, hat mich natürlich durchschaut! Aber der Ärger ist weg. Auch in meiner Ehe und Familie gelten originelle Ausreden stets als akzeptabel.

Für solche kniffligen Situationen beherrsche ich schon als Kind eine Art Selbstsuggestion. Ich bin als Acht- oder Neunjähriger mal einem Fußball hinterher und in ein Auto gerannt, offenbar in das einzige, das in Leuben herumfuhr. Mir lief Blut aus dem Kopf, doppelter Schädelbruch. Es bleibt was zurück! Noch lange habe ich plötzliche Schwindel- und Migräneanfälle, die ich mitunter – besonders in der Schule – kultiviere.

Eigentlich bin ich ein ganz guter Schüler. Deutsch, Rechtschreibung, Geschichte Eins, Sport sogar Eins A. Auf den Zeugnissen steht was von »leichter Auffassungsgabe« und »bei mehr Fleiß könnte er …«, aber vor allem liest man regelmäßig »Rolf ist schwatzhaft«. Ich könnte das Glanzfoto eines »deutschen Jungen« sein, nur bin ich nicht »arisch« blond, und ich stehe total auf Kriegsfuß mit dem Rechnen und der Mathematik.

Aber ich bin trickreich. Ich erinnere mich ungefähr an die Frage im Rechenbuch. Der Lehrer liest vor: »Ein Zug fährt vom Hauptbahnhof Pirna um 17 Uhr 22 ab. Wenn der Gegenzug in Dresden um 16 Uhr 32 abgefahren ist, wann und wo treffen sie sich?« So was versteht doch kein Mensch! Ich sehe die Züge genau vor mir: Ein paar Leute sitzen im Speisewagen; der Kellner balanciert in einer Kurve den vollen Suppenteller; der eine Zug ist ziemlich gefüllt; vielleicht ein paar Arbeiterinnen von der Schicht in der Dresdener Zigarettenmoschee; ein Junge steckt den Kopf aus dem Fenster und schon fliegt ihm ein Stückchen Ruß unters Lid. Er reibt die Augen. Ich erinnere mich an eine Ferienfahrt zu Verwandten nach Lübeck ...

»Ludewig!« reißt mich Lehrer Schneider, der immer in SA-Uniform zum Schuldienst erscheint, aus meinen Gedanken. »Na, wirds bald?« Ich antworte wie aus der Pistole geschossen: »Die Züge kommen beide pünktlich nach Fahrplan an. Wahrscheinlich treffen sie sich in Kleinzschachwitz, wenn nicht einer von beiden Verspätung hat.« – »RAUS!« – Da spüre ich es: Erst steigt eine heiße Welle in mir hoch. Ich hasse den Kerl! Dann wird mir kalt, und ich schwanke zur Klassentür. Ich gebe immer noch eins zu, ich rede mir ein: Jetzt kommt der Anfall! Er kommt! Du mußt es nur wollen, Rolli! – In der Tür breche ich bühnenreif zusammen, bin auch ganz blaß geworden. Ich zittere und werde tatsächlich ohnmächtig. Im Zimmer vom Rektor komme ich wieder zu mir, man hat mich auf ein Sofa gebettet. Der uniformierte Lehrer wischt sich den perlenden Schweiß von der Stirn. »Aber ich habe doch gar nichts ...« stammelt er zum Direktor. Der guckt bedenklich.

Ich verdrehe die Augen, setze noch eins drauf: »Die Zahlen, immer nur Zahlen ...« Und ich zähle leicht wirr. Ein älterer, kräftiger Schüler bringt mich nach Hause. Muddel weiß Bescheid: Aha, wieder mal ein Anfall! Der Direktor hat ausrichten lassen, sollte so etwas noch einmal passieren, wolle man mich künftig vom Rechnen befreien. Es passiert noch zweimal! Dann habe ich es geschafft: Mit 13 befreit von Mathe! Rechnen kann ich heute noch nicht; ich verhandle ganz gut um Gagen, Drehtage und so was. Aber Banken, Versicherungen – alles böhmische Dörfer! Börse? – Tiefstes China!

WACKER, WACKER – WACKER LEUBEN!

Die KPD hat sich für Richard Ludewig ein erneutes Abenteuer ausgedacht. Er ist ja von Beruf Drucker und als solcher im Klassenkampf unentbehrlich. So druckt er für die Genossen Flugblätter, Broschüren, eine kleine Zeitung – zunächst noch weniger gefährdet, später – nach 33 – wird die Sache lebensgefährlich. Zur Tarnung spendiert die Partei meinem Vater ein kleines Kolonialwarengeschäft in Dresden-Striesen, Pfotenhauerstraße. Muddel steht hinter der Ladentheke, verkauft lose Milch, Waldmeisterbonbons, Quark, Seife und Salzheringe und – schreibt hauptsächlich an. Vaddel – der merkantile Pechvogel – ahnt nicht mal im Dunkeln, daß man Gewinne nicht mit Sparsamkeit, sondern mit gerissenem Wagemut erhandelt. Der Laden geht im Handumdrehen Pleite – aus Redlichkeit. Richard Ludwig setzt seiner Unterneh-

Der »Vaddel« - Steindrucker Richard Hermann Heinrich Ludewig

merkarriere beherzt ein jähes Ende, wird wieder Drucker in einer kleinen Bude, die gehört einem gewissen Herrn Fürstenau & seinem Co.

Im Keller unseres Hauses in der Lilienthalstraße ist in einer Reisetasche die »ambulante« Partei-Druckerei von Vater deponiert. An mir geht die Klassenschlacht mit Bleilettern und Gummirolle vorbei, ich bin vom Kohlenholen befreit und habe – seit ich rennen konnte, ohne zu stolpern – ohnehin statt eines Kopfes einen Fußball auf den Schultern … Dieser fast krankhafte Fanatismus für das runde Leder ist mir bis heute geblieben. Damals spiele ich bei Wacker Leuben. Ich bin flink – 400 Meter in 56,3 Sekunden –, schlage Haken wie ein Hase, schieße nie ein Tor. Das ist ja schließlich auch nicht meine Aufgabe als linker Läufer.

Wo andere meines Alters schon nach Mädchen kieken – da kicke ich nur. Nur einmal gibt's da eine Mausi Rauschenbach, ich habe sie im »Feenpalast« kennengelernt. Das spätere Dresdener Operettentheater ist damals unser Vereinslokal. Mit Mausi gehe ich Schlittschuhlaufen, ihr kaufe ich auf dem Striezelmarkt ein Schokoladenherz. Ich knutsche sie nicht, ich kneife. Es hätte was ganz Großes werden können! Denn im Ansatz habe ich die Chose schon ganz clever ausgeklügelt: Mausi ist die Tochter des Vereinsvorsitzenden von Wacker Leuben. Aber meine verdammte Schüchternheit!

Auch meine zweite – weniger pragmatische – Liebe endet unglücklich platonisch. Sie heißt Hannelore, ist 21, längst in puncto Busen ausgereift und Kinderpflegerin bei der Kinderlandverschickung an der Nordseeküste bei Büsum. Ich bin 16 – aber leider noch Kind bei der Kinderlandverschickung. Sie schiebt mit einem Schwimmeister zum Tanzabend ab. Ich leide ziemlich stark, aber nur kurz, denn ich werde noch im selben Jahr Auswahl-Spieler der Gesamtdresdener B-Jugend. Viermal die Woche eile ich zum Training, das später sogar als HJ-Dienst anerkannt wird. Ich sehe schneidig aus, dort auf dem Hartplatz in Leuben. Rote Hose, weißes Hemd mit roten Ärmeln, rote Stutzen und Stahlkappen an den Töppen. Wenn man das Bein lang läßt – und ich habe verdammt lange Stelzen –, fliegt der Gegner ein ziemliches Stück. Da gibt es sattes Foul. Ich geb's ja zu. Der andere kann dann vielleicht vierzehn Tage nicht zur Schule, aber vielleicht hat man ja sogar ein gutes Werk getan.

Wohin mein Vater mit seiner schweren Reisetasche abends zieht, interessiert mich nicht. Wenn meine Eltern während der Nazizeit ketzerisch über Politik und den braunen Anstreicher reden, dann tun sie es mit Rücksicht auf mich und sich in Schwedisch. Mein auswärtiger Wortschatz ist auf »fine filten« zusammengeschrumpft; meine Muttersprache ist Ursächsisch geworden – mit Leubener Prägung.

Literatur, Sprache und Kunst spielen in unserer Familie keine Rolle: ich habe einen Weltatlas, zwei, drei Bände Karl May, ein kleines Lexikon und den Duden. Von Büchern, also Romanen, und Schriftstellern höre ich erst am Theater. Learning by doing! Immer habe ich Komplexe bei Unterhaltungen mit »gebildeten« Leuten, aber auch geduldige Lehrmeister wie zum Beispiel Arnold Zweig, Ernst Busch, Anna Seghers, Peter Edel, den Theaterkritiker Carl Andrießen, den Dramaturgen Peter Palitzsch und den DDR-Tucholsky Lothar Kusche. Theater? Na klar, meine Eltern besuchen mit mir mal in der Semper-Oper eine Vorstellung von »Hänsel und Gretel«. Wir sitzen aus Kostengründen auf den sogenannten Blindenplätzen, auf denen man zwar ganz gut hört, aber absolut nichts vom Geschehen auf den Brettern sieht. In puncto Bühnenkunst macht es erst ein ganz kleines Klick, als ich mit 15 im Albrecht-Theater den »Bettelstudenten« und darauf im Staatstheater das Stück »Kirchen für Rom« mit Erich Ponto, Paul Hoffman und Manja Behrens gesehen habe. In meiner Lehrwerkstatt mache ich dann Ponto nach, schaurig übertrieben. Meine Mitlehrlinge lachen sich scheckig. Da hätte ich stutzig werden müssen. Aber nein!

WIE ICH DEN FÜHRER
GEGEN EINE BRATWURST TAUSCHE

Die Vier für Rechnen ist aufgrund meines Schwindels und Schwindelns vom Zeugnis getilgt, was meinen Durchschnitt natürlich grandios anhebt. Plötzlich und unerwartet bin ich eine Art Musterschüler. Der Klassenlehrer gibt mir eines Tages einen Brief mit nach Hause. »Gohd, hier ist ein Brief vom Rektor für deinen Vater. Aber daß du mir nicht reinguckst!« Da weiß ich, das ist irgendeine Art von Todesurteil! Gohd nennen mich Nachbarn und Mitschüler nach dem Schauspieler Rolf van Gohd. Das hat mal eine kinoverrückte Schwester meines Kumpels erfunden, und ich werde den Gohd nicht mehr los.

Ich schleiche mit dem Brief zur Straßenbahnhaltestelle. Appetit auf Eis habe ich heute nicht. Vater guckt mich verwundert an, steckt seine Börse rasch wieder ein. »Ich hab da 'n Brief vom Rektor.« Ich bin auf einmal ganz klein, kleiner als mein kleiner Vater. Einen halben Meter geschrumpft. Ich schaue blinzelnd zu ihm rauf. Vater stellt die Aktentasche auf das Trottoir, setzt die Brille auf. Das dauert alles. In der Zeit hätte ein Metteur eine ganze Wochenzeitung umbrochen. Er liest und wird sehr ernst. Er faltet den Brief wieder zusammen, steckt ihn ins Kuvert, dieses in die Jackentasche, setzt die Brille ab und sieht mich prüfend an. »Weeßte, was da drinnen steht?« – »Nee, ich durft'n ja ne uffmachen, Vaddel!« Clever war ich nie!

Es ist die Mitteilung der 66. Volksschule, daß ich für eine Ausbildung an der NAPOLA – einer Politischen Erziehungsanstalt der Nationalsozialisten – in Sonthofen auserwählt sei. Dann steht noch was da von Ehre und Stolz und mit Heil Hitler! Ich bin auserkoren! Mir schwillt die Brust an! Ich sehe mich schon in einer Elitetruppe. Das ist ein Hammer! Das ist das Größte! Ich bin mit dem Hakenkreuz aufgewachsen. Zum Führergeburtstag hängt ganz Leuben, ach was, ganz Dresden, voll mit den Hakenkreuzfahnen. Überall ein Fahnenmeer. Pimpfe, Jungvolk, HJ – das ist der Alltag für mich.

Vater wälzt Gesetzblätter. Und er wird fündig. Es gibt eine Bestimmung, wonach man ein Einzelkind seiner Familie nicht entziehen kann. Das betrifft wohl in erster Linie Bauernhöfe, die ja weitergeführt werden müssen. Aber Gesetzestext ist Gesetzestext. Hätte ich noch Schwester oder Bruder, wäre nichts auszurichten. Vater versucht mir zu erklären, wie sehr Mutter mich braucht. Die Sache schmort eine Weile, der Brief steckt an der Glasscheibe des Küchenspinds.

Wir werden zum NSDAP-Kreisleiter Walter bestellt. Acht Tage später. Mein Vater muß in einer schrecklichen Bedrängnis gewesen sein. Auf der Straße bleibt er stehen. »Hör mal, mein Langer, paß uff. Der Walter wird dich loben, sehr loben. Lob, Kleener, is Scheiße, verstehste. Du mußt dort sagen, daß du bei deinen Eltern bleiben willst, daß du deiner Mutter zur Hand gehn mußt – wegen der Familie und so.« Ich gucke ihn zweifelnd an. Zum erstenmal erlebe ich meinen Vater ein wenig hilflos und todernst. Er kann mir ja nicht sagen: »Hör mal, ich will nicht, daß dich dieser Wahnsinnige verheizt! Ich will keinen SS-Offizier aus dir machen lassen!« Mir ist ein bißchen mulmig. Dann aber hat Vater die Idee. Er sagt: »Wenn de sagst, daß de bei uns bleiben willst, denn kriegste bei Aschinger am Altmarkt 'ne Bratwurst mit Sauerkraut.« Ich werde sofort hellhörig. »Und Kartoffelmus.« Ich schlucke. »Und Pudding mit Faßbrause.« Ich nicke. Ich habe im Handumdrehen »unseren geliebten Führer« verraten – für eine Bratwurst.

EINE OHRFEIGE UND KNOBLAUCHSUPPE

Dann kommt die Zeit, in der meine Eltern daheim immer häufiger schwedisch sprechen. Ab und zu holen ein paar Männer meinen Vater von zu Hause ab, er hat dann immer die Reisetasche aus dem Keller dabei. Ich frage nicht, ich lebe auf dem Fußballplatz.

Mutter hat eine lockere Hand. Ab und an knufft sie mich, gibt mir eine kleine Ohrfeige, nimmt mich aber ebenso fix wieder in die Arme. Mein Vater hingegen haut mir nur ein einziges Mal richtig eine runter. Da bin ich ganz verblüfft, weil ich ihm so etwas nie zugetraut habe.

Ich komme vom HJ-Dienst. Wir haben im Dresdener Hygiene-Museum eine Ausstellung angesehen: »Der ewige Jude.« Ich trage die Uniform mit Braunhemd und Schulterriemen, baue mich im Türrahmen auf und sage: »Diese Juden, diese Ratten, sind unser Untergang!« Die letzten Worte sind kaum raus, da liege ich am Ofen. Woher Vater, der ja einen Kopf kleiner ist als ich, die Kraft genommen hat, weiß ich nicht. Er hat mir eine gelangt, daß ich im Bogen durch die Stube geflogen bin. Mutter babbelt auf schwedisch. Vater

nickt. »So – und nu werde ich dir mal was zeigen, mein Gleener.« Dann holt er ein Fotoalbum aus dem Schrank, mit den
Fotos von Juden, die in seiner Stockholmer Pension auf der
Durchreise nach Amerika Quartier bezogen hatten. Alle meine
ersten Onkels. »Die sind also dein Unglück, was?« Wieder ist
ein Mosaiksteinchen aus meinem Weltbildchen gebröckelt.

Die Uniform der Hitlerjugend muß ich auch anziehen, als
ich in der Zirkusstraße 40 – gleich hinter dem Serumwerk –
1939 meine Lehre beginne. Darauf legt der Leiter von Dresdens Hauptvermessungsabteilung III, ein gewisser Herr von
Zanthier, besonderen Wert. Auch die Ausbilder tragen ihre
SA-Uniformen. Man kann auch einen weißen Kittel drüber-
ziehen, manche tun das. Einige knöpfen ihn bis unters Kinn
zu, andere lassen ihn vorn offenstehen, daß man das Koppel
sehen kann. So differenziert ist der Widerstand gegen Hitler.

Kartolithograph soll ich werden, ein bißchen aus Familien-
tradition. Kupferstecher also, mein lieber Freund und Kupferstecher. Karto steht für 1 : 25000 in chinesischer Tusche.
Lithographien, die »Steinernen« – sind die normalen Land-
karten. Die Generalstabskarten aber, im Maßstab 1 : 100 000,
die werden in Kupfer gestochen. Eine fummlige Geduldsar-
beit. Ich lerne dadurch die Meridiane und Koordinaten gut
kennen. Geldfälschen kann ich wohl heute noch, mit gutem
Papier, Lupe, Griffel.

Vis-à-vis der Zirkusstraße beginnt geheimnisvolles Terrain.
Ein gußeiserner Zaun ist da, und eine kleine Pforte. Das Ghetto. Judenviertel. Es reicht bis zum Pirnaischen Platz hinunter. Da gibt es noch ein Schwimmbad und die Carola-Brücke.
Nahe der Brücke betreibt ein echter Russe eine Bäckerei. Es
duftet die ganze Straße lang, und die Brezeln schmecken fabelhaft. Ich habe zu dieser Zeit immer Hunger und nie Geld,
auch wenn ich mir ein paar Pimperlinge mit Hilfsarbeiten in
einer Gärtnerei verdiene. Das Lehrlingsgeld betrug, glaube
ich, fünf Mark im Monat.

Eingangs der Straße ist da noch diese italienische Eisdiele.
Sehr teuer. Aber das Eis – ein Gedicht, eine Ode, echte Sahne!
Habe ich mal 'n paar Pfennige, stehe ich wie Buridans Esel

zwischen der rotierenden weißroten Scheibe der Eismaschine und den puderzuckerbestreuten Auslagen der Bäckerei.

… Viele Male bin ich an der kleinen Pforte vorübergelaufen. Dann aber, in einer Mittagspause, schreite ich hindurch. Ängstlich bin ich eigentlich nicht, ich könnte ja sonst nie auf einem Fußballfeld das Leder treten, aber an diesem Mittag überkommt mich doch eine gewisse Scheu. In den engen Straßen des Ghettos scheint es mir ruhiger als anderswo. Für mich abenteuerliche Leute laufen herum. Männer, denen gedrehte Locken von den Schläfen hängen und unter den breiten Krempen schwarzer Hüte hervorlugen. Exotisch. Einige haben auch kleine Käppis auf. Alle tragen den verordneten gelben Stern, selbst die Kinder auf ihren Ringelpullovern.

Ich schlendere die Straße entlang – die reine Provokation. Nicht eine Sekunde denke ich darüber nach, wie ich eigentlich aussehe. Ein Metzger mit koscherem Fleisch. Das sagt mir nichts: Schwein kenne ich, Hammel, Rind. Aber was ist koscher? Dann komme ich an einem Restaurant vorüber. Es duftet aromatisch. Ich schlucke, ich rücke das Koppel gerade, betrete kurzentschlossen das Lokal, setze mich langbeinig an einen Tisch. Der Wirt kommt zögernd. In einer Ecke sitzen drei ältere Männer in normaler Straßenkleidung an einem Tisch, ein Langhaariger trägt etwas Kaftanartiges. Ich bestelle Bohnensuppe. Die ist scharfgewürzt, und zum erstenmal im Leben esse ich ein Gericht mit Knoblauch. Die Löffel sind mit Ketten am Holztisch befestigt, das finde ich schlimm. Alles ist spottbillig, kostet nur Pfennige.

Ich bemerke die Spannung im Raum nicht, ich löffele. Sitze da mit Schulterriemen, Koppel und Braunhemd und löffele gierig. Die vier mustern mich wortlos, erschreckt. Das ist doch ungeheuerlich! Dann kommt der mit dem Kaftan zu mir herüber. »Sie verzeihen, junger Mann, mißverstehen Sie nicht, aber mit der SA-Uniform können Sie doch hier nicht sitzen.« – »Das ist nicht SA, das is 'ne Uniform von der Hitlerjugend.« – Er ist besorgt. »Sie bringen sich um Kopf und Kragen. Wissen Sie denn nicht, daß wir Gezeichnete sind? Juden.« – »Das interessiert mich nicht. Es schmeckt ausgezeichnet bei Ihnen.«

Ich spreche von Suppen, er spricht von Dingen, die ich nicht verstehe und nicht verstehen kann. Ich lasse mich nicht beirren.

An den folgenden Tagen probiere ich alle Gerichte durch. Mich wundert nicht, daß außer dem Wirt und dem Langhaarigen kein anderer Gast im Raum ist, wenn ich eintrete. Nach einer Woche tritt der dann doch noch mal an den Tisch. »Hören Sie, jetzt müssen wir Ihnen höflich verbieten zu kommen. Sie bringen uns und auch sich in größte Gefahr!« Auch der Wirt sagt: »Hören Sie auf den Rebbe, mein Junge.« Die Stimmen der beiden sind so eindringlich, daß mir die Sache nun wirklich bedrohlich erscheint. Doch ich ziehe den falschen Schluß. »Die mögen mich nicht!« denke ich, und mit pubertärem Beleidigtsein sage ich zu mir: »Nun gut, wenn die Juden mich nicht wollen, gehe ich eben meine Suppe anderswo essen.« Daß man immer erst klug wird, wenn es zu spät ist. Ich bin fünfzehn.

FLIEGER, SIEHST DU DIE SONNE …

Alles ging zielgerichtet darauf zu. Die Hetze gegen Polen – plötzlich ist der Krieg da. Von heute auf morgen. Ich bin nicht erschüttert. Alle haben schon was gemunkelt. Für mich ändert sich zunächst nichts. Morgens fahre ich zur Lehre in die Zirkusstraße, nachmittags bolze ich auf dem Sportplatz. Wacker Leuben hat eine hervorragende A-Jugend. Kreisklasse. Beinahe gibt es sogar einen Transfer für mich in eine Klubmannschaft. Es geht zwar nicht um Millionen, aber – ich bin begehrt und bekannt bis Zschachwitz hin.

Die Wochenschau im Kino posaunt Jubeltöne von den Kriegsfronten. Ich gehe nur wegen des Hauptfilms hin: immer wieder Lingen, Moser, Rühmann und mein Filmidol – der coole Schlawiner und Erzganove René Deltgen.

Ratzbatz bin ich siebzehn. Reif für das Schlachtfeld. Vater hat sich was ausgeklügelt. »Gleener«, sagt er, »wenn de einigermaßen Grips im Koppe hast, dann meldeste dich zu irgendetwas, wo man recht lange lernen muß. Am kompliziertesten ist de Fliecherei. Voraussetzungen haste: Karten kannste ne bloß stächen, sondern och läsen. Mach 'ne Funkerausbildung. Jeder Lehrgang bringt dich weg von der Front.« Oh, mein Papa! Mein bauernschlauer Vaddel! Er ahnt, daß mein Jahrgang 25 in ganz Europa verscharrt liegen sollte.

FLIEGEN!

Na klar, da gibt es Vorbilder, solche Tausendsassas wie Mölders, Galland, Immelmann, Udet und so. Ich melde mich freiwillig. Im Juni 1943 komme ich auf die Kriegsschule für die Luftwaffe in Werneck bei Schweinfurth. Vorher bringe ich noch eine Segelfliegerausbildung hinter mich, die Flugscheine A und B habe ich in der Tasche.

Mein technisches Interesse am Flugzeug ist gleich Null; ich habe den Drang zum Fliegen, nicht zum Flugapparat. Das ist die reinste Genußsucht. Diese Freiheit dort über den Wolken … Ich hab nischt für heldische Märsche übrig, aber die Fliegerhymne schmettere ich. Der Erde entfliehen … Saint-Exupéry hat das beschrieben.

In Werneck ist das alles ja noch wie Segelurlaub – Sommerwetter, gleißende Sonne. Und da ist man doch wer – Offiziersschüler mit 18 und den blauen Schwingen auf den Kragenspiegeln. Ein Foto aus dieser Zeit zeigt einen Schuljungen mit viel zu großen Augen und einem viel zu weiten Uniformkragen. Ich bin weit weg vom Schuß. Was kann der Krieg anderes für mich werden als ein bombastisches Abenteuer mit glimpflichem Ausgang. Die zwei Dutzend Feindflüge während der Ausbildung sind die reinsten Vergnügungsrundflüge.

Navigationstraining … Funkerlehrgang. Dann noch ein halbes Jahr zum Motorkursus nach Kaufbeuren bei München. Ein Jahr war rum, und ich Fahnenjunker. Jagdflieger. Fliegerfahnenjunker, frisch von der Schulbank abkommandiert zum Kampfgeschwader 66 der Luftverteidigung West nach Schweinfurth.

Da steht auf dem Flugplatz die Messerschmitt 109, damals das schnellste Flugzeug. Am Rande des Rollfeldes stehe ich mit meinem Kindergesicht. Der Kommandant mustert mich erstaunt: »Daß se uns jetzt Pimpfe schicken! Kriegen Sie das Ding da überhaupt hoch?« Er zeigt hinüber zu dem Jäger. Ich reiße die Hacken zusammen und schreite straff los. Wolln doch mal sehen!

Was ich zuerst sehe, ist ein riesengroßer Arsch. Der Kopf des Mannes steckt in der Motorhaube. Ich räuspere mich. Der Kerl muß doch gehört haben, daß einer kommt. Ich stehe da wie ein Affe. Keine Reaktion. Himmel noch mal, ich bin auf der Kriegsschule so geschliffen worden, jetzt will ich als Portepee-Träger auch in aller Form ge-

Ich war 19: ein Kind als Krieger

grüßt werden. Ich sage: »Hallo!« und dann brülle ich: »Sie!!!« und abgehackt: »Still-ge-stan-den!!!« Knallhart. Da dreht sich der Arsch weg, ein Kopf mit weißen Haaren kommt zum Vorschein. Der grinst mich an, grüßt nicht. »Meenste mir?« – »Selbstverständlich, können Sie nicht grüßen?« artikuliere ich präzise. »Sie sind der Neue, wat?« – »Ja, ich bin der Neue.« Da klettert er langsam, ganz langsam die kleine Treppe herunter, tritt an mich heran. »Wat is'n los?« – »Sie sollen mich grüßen!« – Er schiebt sein Gesicht näher heran, wischt sich die Hände an einem Lappen ab und spricht: »Eene schmiern kann ick dir!« Ich koche vor Wut. Was fällt dem denn ein? Diesem Stabsgefreiten. Gefreiter ist schon schlimm, Oberge-

31

freiter noch schlimmer. Aber lebenslang ein Stabsgefreiter! Irgendwie bin ich hilflos.

»Jetz kannste einsteijen. Denn sag ick dir wat. Und denn, wenn de de Kiste hochjebracht hast, unterhalten wa uns weita, wa?« Finsterster Berliner Jargon. Ich habe eine bohrende Wut im Leib, steige ein, mache alles, was der angeordnet hat, lande sicher. Ich schiebe das Kabinendach zurück. Da kommt der Weißkopp angerannt, kloppt mir wie wild auf den Schultern herum und lacht lauthals. »Dufte! Det war jut, Kleena, ernsthaft!« Das war Katschke vom Prenzlauer Berg in Berlin, der beste Mechaniker der Welt. Es geht einem über die Lippen wie Öl – Katschke! Er hat dann nach dem Krieg eine Werkstatt in der Nähe der Schönhauser, die später vom Sohn weitergeführt wird. An der Decke hingen dort tatsächlich noch originale Holzpropeller …

Wir sollen in Schweinfurth den Kugelfischer-Konzern beschützen, eine monumentale unterirdische Rüstungsschmiede, die größte Deutschlands. Die Amis und Engländer kommen mit Lancaster, Spitfires und Moskitos, in Pulks bis zu fünfhundert Maschinen. Wir haben nicht mal ein Dutzend zur Abwehr. Das Benzin geht zur Neige. Wer aufsteigt, muß mit dem Tod rechnen.

Ich will nicht sterben. Ich steige aus und nicht auf! Abgestiegen. Degradiert. Gefreitenwinkel. Nicht mal Stabsgefreiter. Ich hab mit mir gerungen, wollte kein Feigling sein … aber überleben. Mit 17 geht man gewöhnlich mit seiner ersten Poussage händchenhaltend im Stadtpark spazieren. Man liegt nicht hinterm MG!

Drei große Anflüge machen die Amerikaner innerhalb weniger Stunden, dann liegt die Stadt Schweinfurth in Schutt und Asche. Wieviel Leute da umkamen! Leichenberge! Ihres Lebens sicher waren nur die Leute untertage – in den Werkstätten für Waffen und Munition. Die Maschinen bleiben unversehrt, die Produktion läuft weiter. Der Krieg auch, und für mich ist das erst der Anfang.

ICH WAR 19

Wegen Befehlsverweigerung ist der degradierte Gefreite Ludewig nach Holland versetzt worden. Der Feldflughafen liegt etwas außerhalb der Kleinstadt Assen, ach was, das ist bloß ein größeres Dorf. Mehrere Höfe und in der Mitte eine Kirche. Wir sind alle privat einquartiert. Eigentlich geht's uns blendend. Ich werde gut versorgt von den Wirtsleuten, direkt liebevoll – bilde ich mir ein. Bringe denen natürlich auch mal Butter oder Zigaretten mit. Die haben einen Sohn in meinem Alter, den Jan. Wir gehen sogar mal angeln. Nahezu Idylle.

Ich gewinne einen sehr guten Freund, den Norbert Kampe. Der stammt aus Oppeln, Schlesien-Ober. Ein Pfundskerl, ein glänzender Flieger. Ich seh das noch vor mir, wie er neben der Maschine steht. Ich sage: »Brille rauf und Ohren spitz!« und stoße ihn mit dem Ellbogen in die Seite. Der klettert rein, startet. Und da kracht es. Als er abheben will, wird ferngezündet. Das Flugzeug zerbirst, alles fliegt durcheinander, Metallstücke, Körperteile … Grauenvoll. Ich höre mich vor Entsetzen noch heute schreien.

Sie finden die Täter, holländische Widerstandskämpfer. Und der Jan ist dabei. Feldgericht. Alle werden an die Wand gestellt. Der Kelch scheint an mir vorübergegangen zu sein, ich bin nicht im Exekutionskommando. Nicht auch das noch, nicht auch noch jemanden hinterrücks töten müssen! Aber sie haben sich etwas ausgedacht, ich werde zum Offizier befohlen. Eine Chance zur Bewährung soll ich bekommen. Mir werden kleine Plakate in die Hand gedrückt. Darauf steht in deutsch und holländisch, daß als »Vergeltungsmaßnahme für den feigen Anschlag« am nächsten Morgen die Kirche von Assen niedergebrannt werde. Ausführender: Gefreiter Rolf Ludewig und sein Kommando. So lautet der Befehl.

Die Zettel müssen wir überall im Dorf ankleben. Es ist gespenstisch, kein Mensch läuft auf der staubigen Straße herum. Ich habe das Gefühl, als beobachten mich tausend Augen hinter den Gardinen. Beklemmend. Wie soll ich das als Bengel verstehen? Alle moralischen Werte sind verschoben oder aufgehoben: Mitleid, Gerechtigkeit. Ich bin doch kein Brandstifter! Was soll ich tun? Nochmal verweigern?

Nachts schleiche ich zum Pfarrhaus, klingele. Es öffnet ein grauhaariger älterer Mann, der sich einen Mantel über das Nachthemd geworfen hat. Die Inkarnation eines gütigen Bilderbuchpfarrers. Ich sage ziemlich kläglich: »Entschuldigen Sie, ich soll etwas Furchtbares tun. Sonst werde ich erschossen! Ich bin neunzehn!« Und ich reiche ihm das Papier mit dem Befehl. Der Pfarrer läßt mich eintreten, liest das Gedruckte. »Was soll man da machen? Da kann man nichts machen«, sagt er in gebrochenem Deutsch. Ich zucke mit den Schultern. Wo bleibt Gottes Hilfe? »Steht da nicht ein Schuppen dicht an der Kirche?« – »Ja, es sind Geräte und Werkzeug drin.« – »Räumen Sie alles aus. Ich komme in zwei Stunden mit dem Kommando. Da muß das Holzhäuschen leer sein. Wie Sie das machen, ist Ihre Sache.«

Plötzlich habe ich mich wieder aufgerappelt. Jetzt weiß ich, was ich tun werde. Es ist ein verdammt hohes Risiko. Drei Mann gehören zum Brennkommando. Wir nehmen Benzinkanister, Streichhölzer und Stroh mit. Ich hab mir die Sache noch mal genau angeguckt. Der Schuppen grenzt direkt an die geklinkerte Kirchenmauer. Er wird lichterloh brennen wie Zunder, die Wand aber bleibt unversehrt, höchstens angerußt vom Qualm. Ich erkläre den Soldaten überzeugend, daß wir den Schuppen sozusagen als Feuerholz benutzen, damit die Kirche dann umso gründlicher abbrennen könne. Es kommt kein Widerspruch, ich glaube, die haben auf Anhieb verstanden. In einer halben Stunde ist der Holzbau nur noch Asche.

Eine Stunde später stehe ich hackenklappend vor dem Kommandeur. Der brüllt mich zusammen: »Was soll ich mit Ihnen machen!? Sie sind schon degradiert, ich müßte Sie – wozu soll ich Sie denn noch degradieren!? Sie Verbrecher!!« Ich antworte: »Der Anbau gehörte zur Kirche. Ich habe den Befehl ausgeführt. Wenn Sie es befehlen, muß ein zweites Mal abgeräumt werden, aber nicht von mir!« Ich habe mein Todesurteil gesprochen. Der Offizier ist außer Fassung: »Fre-

che Sau! Sieht aus wie ein Mufti mit abstehenden Ohren ...«
Er bricht plötzlich ab. Der Teufel weiß warum. Mein
Schutzengel hat ihm die zarte Hand auf die Lippen gelegt.
Ich bin eben ein Sonntagskind ...

Der Pastor trägt in das Kirchenbuch ein, daß ein deutscher
Gefreiter – er kennt ja meinen Namen nicht – im September
1944 durch persönlichen Mut das Gotteshaus von Assen
gerettet hat ...

INFERNO IM HÜRTGENWALD

Arnheim, Nimwegen, Remagen ... Der Krieg scheint kein
Ende zu nehmen. Wir haben Unterstände im Wald gebud-
delt, spielen Karten. Dann: Ein Feuergefecht, ein Panzer-
vorstoß. Innerhalb von Minuten liegen dreihundert Tote
neben einem. Das dauert wirklich nur drei Minuten, während
vorher vier Wochen kein Schuß gefallen ist. Wochenlang ganz
harmlos, die Sonne scheint. Ich hole meine Verpflegung, und
plötzlich fahren Panzer auf und ballern los. Und Artillerie.
Und das knallt, und überall Tote! Einen will ich retten: das
Gehirn, die Schädeldecke, das hab ich nicht gesehen. Der hat
Kopfschützer auf. Der Militärarzt sagt: »Hör auf, rumzu-
schreien! Du siehst doch, der Mann stirbt!« – »Aber der lebt
doch noch! Der atmet! Helfen Sie!« Da nimmt der Arzt dem
die Kappe ab. Die Schädeldecke ist weg, das freie Gehirn, das
nur noch Reflexe zeigt. Agonie! Aber er lebt noch, das Herz
schlägt weiter. Es ist die Apokalypse! Diese Wirklichkeit kann
man nicht schildern, der reale Krieg ist nicht schilderbar.

Den Hürtgenwald bombardieren sie zwei Tage lang. Dau-
erfeuer. Achtundvierzig Stunden nur Detonationen, Splitter-
bomben. Die Bäume stehen kahl, keine Äste mehr dran, nur
abgebrochene Stämme. Daß sich da überhaupt noch irgendwas am Boden bewegt, ist ein Wunder. Nicht eine Minute,
nicht eine Stunde, zwei volle Tage Trommelfeuer. Ich höre
nichts mehr, völlig taub. Dachschaden. Schluß! In dem Wald
begreife ich sie, Vaters Geschichten aus Frankreich. Mein Verdun liegt bei Remagen!

BIN ICH EIN MANN? oder
WIE ICH ENTJUNGFERT WURDE

Der Ami ist ja hinter mir her! Ich bin die Zielscheibe! Ich drehe eine Schleife, jetzt muß der geblendet in die Sonne hineinfliegen. Der kann mich ja gar nicht treffen. Da rumst es! Das Plexiglas splittert. Höchste Zeit! Fallschirm! Ich steige aus und schwebe, die Wiese kommt näher – da ein Schlag an den rechten Oberarm. Alles wird ganz weich. Bin ich in einen Haufen Watte gefallen? …

Im Krankensaal des Glasgower Lazaretts liegen zwölf Verwundete, alle älter als ich. Die meisten amputiert. Der Kanadier, der mich vom Erdboden aus sozusagen ein zweitesmal abgeschossen hat, konnte gut zielen. Er war stark motiviert. Ich erfahre es später. Der Mann hat Frau, Kinder und sein Haus in England bei einem V2-Angriff verloren. Mein Kopf ist verbunden, der Arm, der Unterleib, das rechte Knie in Gips.

Neben mir liegt einer aus Köln. Der klagt unablässig in Kölsch: »Wat soll isch nu ohne Arme Trompete blasen, wat?« Das ist makaber. Aber immerhin lebt er. Ein Plexiglassplitter ist in mein rechtes Auge eingedrungen und hat sich mit dem Sehnerv verheiratet. Sowas ist 1944 inoperabel. Links sehe ich wie ein Habicht. Rechts nischt. So kann ich zwar ab und an ein Auge zudrücken, aber es kommt doch sehr darauf an – welches! Im Oberarm trage ich noch heute ein Geschoß herum. Aber sonst haben sie mich ganz ordentlich zusammengeflickt.

Wenn da nicht die Sache mit dem Unterleib wäre! Der Kölsche Kerl erweitert sein Repertoire um den Satz: »Wat is, Jung, denn kannste woll später nisch pimpern?« Diese stereotype Nachfrage macht mir schwer zu schaffen. Sie haben im Lazarett einen deutschen Chirurgen, der ist Spezialist für Verletzungen dieser Art. Aber wer fängt sich schon einen Splitter ausgerechnet am Schwanz ein, es sei denn, er bespringt eine Eiche? Der Chirurg – eine Fleischergestalt – tritt an mein Bett und sagt: »Morgen fließt Blut, mein Junge. Ich erklär's dir.« Und er erzählt was von Fisteln und Wucherungen, daß mir ganz übel wird. »Du kriegst eine Novokain, und dann guckste mich 'ne Weile an. Und wenn de dann wieder aufwachst, und ich hab'n Bart, denn fragste: ›Herr Doktor, woher haben Sie denn den Bart?‹ Und der mit dem Bart antwortet: ›Was heißt Doktor? Ich bin Petrus!‹« Das findet der saukomisch. 'n feineren Humor hätte der sich auch gar nicht leisten können in dieser Metzgerei ...

Als ich zu mir komme, trägt der Mann an meinem Bett keinen Bart. »Täglich Verbandswechsel!« ordnet der Stabsarzt an. Die Nurse nickt. »Nurses« – so werden die englischen Krankenschwestern genannt. Die sind Pflegerinnen, wir sind Verletzte. Sonst nichts. Sie verbinden mich nun also jeden Tag neu, und ich schreie jedes Mal wie am Spieß vor Schmerzen. Alles war mit Katzendarm genäht. Manchmal setzt sich der Arzt ans Bett. »Na, wie fühlste dich?« – »Keine allzu großen Schmerzen, wenn ich ruhig liege.« – »Naja, weil du nicht kannst, nicht wahr.« – »Was kann ich nicht?« Ich verstehe kein Wort. In dieser Beziehung bin ich ja total unschuldig in Gefangenschaft geraten, als Jungfrau quasi. Der Arzt sagt bedeutungsvoll. »Das wird schon, das wird schon. Der Katzendarm fault von selbst weg. Da müssen wir keine Fäden ziehen.« Da fällt mir ein Stein vom Herzen. Aber dann rückt der Tag X heran.

Sie schieben einen Paravant vor mein Bett. Und dann trippelt sie auf Hackenschuhen heran. Himmel, ist das eine Braut! Die neue Nurse! Ich schlucke. Wo haben sie denn die hervorgeholt, jung, vollbusig, knackig, sexy? Die trägt keinen Büstenhalter unter dem Kittel. Und dann beugt sie sich tief über mich, wickelt den Verband da unten ab, wischt immer drumherum. Der Arzt guckt interessiert zu. Ich sehe die Brüste wackeln, plötzlich wird mir vor Schmerz fast schwarz vor Augen. Ich bekomme eine Erektion. »Au!« schreie ich, »das tut viehisch weh!« Der Arzt ruft: »Weiter!« Und die Schwester bearbeitet mich mit den Händen. Ich stöhne erst vor Schmerzen, dann vor unendlicher Erleichterung. Ich öffne die Augen. Die gute Fee ist verschwunden. Ich werde sie nie wiedersehen. Der Stabsarzt wischt sich mit dem Taschentuch die Stirn ab: »Geschafft!«

DAS WASCHBRETT, DAS DIE WELT BEDEUTET

Dreitausend Mann und kein OKW-Befehl mehr ... Januar 1945. Sie haben die Kriegsgefangen im Lodge Moor Camp 17 bei Sheffield in Cages – sogenannte »Käfige« – gesteckt. Auch ich bin ein Prisoner of War, ein POW. Sie wissen nicht, wohin mit mir. Ich bin nur Gefreiter, ein degradierter Leutnant. Ein Aufmüpfiger? Einer, der Hitler Widerstand leistete? Ein Befehlsverweigerer? Einfach nur ein Feigling? Die Engländer sind fair. Ich werde mit einem Automobil in das Offizierslager – Cage 1 – gefahren.

Träume ich? Die laufen da alle in voller Montur rum, mit all ihrem Lametta, den Ritterkreuzen und Ehrenspangen. Vor allem Offiziere von U-Booten, Kaleu's. Ein Luftwaffen-Oberleutnant tritt an mich heran: »Stehn Se mal stramm!« Ich reiße mich zusammen. Muß ich hier im Gefangenenlager Gehorsam zeigen? Der zeigt auf meinen Gefreitenwinkel. »Was ist denn das?« – »Das ist Feigheit vor dem Feind, Herr Oberleutnant!« – Da spuckt der feine Herr mir ins Gesicht. Cage 1 – ein Käfig voller Narren?

Der Lagerkommandant, der englische Major Philipp Rosenthal, ein deutscher Jude, emigrierter Besitzer der gleichnamigen Porzellan-Manufaktur, blättert mein Soldbuch durch. Dann sagt er: »Theaterbaracke!« Ich kriege einen Zettel wie vom Wohnungsamt und humpele los ...

In der Baracke kauern die Männer um den kleinen Kanonenofen, auf dem Brot röstet. Rundherum vierzehn Doppelstockbetten. Ich mache mein Männel, grüße höflich, »Guten Tag! Ich bin hier eingewiesen.« Keine Reaktion. »Ich stehe hier rum. Sie sehen, daß mein Bein noch in Gips ist. Das ist nicht sehr höflich.« Keiner sagt was. »Mein Name ist Rolf Erik Ludewig. Ich bin wegen Befehlsverweigerung zum Gefreiten degradiert. Ich sags gleich hier.« Endlich bequemt sich ein Älterer. »Ich bin Doktor Eckart Hachfeld. Bis Ihr Bein gesund ist, können Sie mein unteres Bett haben. Ich schlafe solange oben.« Er ist in Lothringen geboren, Jurist, in Erfurt gelandet, hat drei kleine Söhne dort und ist, wie die anderen, lange nicht in der Heimat gewesen. Ich bin ja zwischendurch mal auf Urlaub nach Dresden gefahren.

Und nun hole ich aus und schwatze los. Wie der Zauberkünstler Kassner im Varieté »Frasquita« einen ganzen Elefanten verschwinden ließ. Wie sich zwei Nutten meinetwegen auf dem Damenklo geprügelt und an den Haaren gerissen hätten. Alles mit »nu« und »escha« und »gugge mal an«. Die biegen sich vor Lachen. Und Walter Feigl, auch 'n Doktor, Regisseur von der Wiener Burg, schüttelt den Kopf. »Mit diesem grauenvollen Sächsisch, Ludewig – was sollen wir bloß mit Ihnen in den ›Räubern‹ anfangen?« – »Ich verstehe immer ›Räuber‹«, sage ich. – »Sie sind in der Theaterbaracke. Willkommen beim ›Waschbrett‹«. So heißt das Lagerkabarett unter Leitung Dr. »Elimar« Hachfelds.

Wir spielen in der Wäschebaracke Sonntagsmatineen für die POW's, die nicht zum Gottesdienst gehen, und auch einige Abendvorstellungen zu Feiertagen. Lagerthemen und -konflikte werden satirisch aufgespießt, aber man schreckt auch vor Klassik nicht zurück. In der Baracke ist ein knappes Dutzend Profi-Schauspieler untergebracht, Musiker, Bühnentechniker, Kostümbildner und mit Hachfeld auch ein Autor. Meine erste Rolle wird der Kosinsky aus Schillers Räubern. Es gibt kein Textbuch. Die Dialoge hat Feigl aus dem Gedächtnis und nach Diktat der Mimen verfaßt. Masken- und Bühnenbildner Adolf Mahnke bastelt einen eindrucksvollen böhmischen Wald aus Drähten. Rolf Werner bemalt phantasievoll die Prospekte. Ich habe einen kurzgeschorenen Schädel, Yul-Brunner-Frisur, bekomme eine Lockenperücke verpaßt und habe mit dem Schlachtruf: »Sind's diese? Ja, sie sind's!« auf die Bühne zu stürmen. Ich stürme wie wildgeworden. Das Publikum brüllt vor Freude. Ist das mein Durchbruch? Nee, ich bin bloß mit der Perücke am Draht hängengeblieben. Da stehe ich mit meiner Platte!

Einen zweiten Erfolg erringe ich im »Diener zweier Herren«. Der Titel und der Name Carlo Goldoni sagen mir absolut nichts. Ich spiele den Silvio, den Sohn von Dottore Lombardi, und ahne mit keiner Faser, daß dieser Herr Goldoni später mal zehn Jahre meines Lebens bestimmen wird. Wir spielen wie die Teufel gegen die Langeweile und den Frust des Lagerlebens an.

Dreitausend Mann und keine Frau … Die Gefühle verwirren sich. Einer unserer Damendarsteller ist infolge eines realen Eifersuchtsdramas brutal im Löschteich ertränkt worden. Ich habe die Worte »schwul« oder »Schwuchtel« noch nie gehört. Oder gar »Transvestit«. Wir brauchen einen neuen Schauspieler, der in das zierliche Kostüm paßt. Es meldet sich einer. Er heißt Klaus Kinsky, hat riesengroße Augen, ist von schmaler Gestalt und ein bißchen unheimlich.

… Rund zehn Jahre später, auf jeden Fall noch vor dem Mauerbau in Berlin, fahre ich mit Armin Mueller-Stahl zum

Im Lodge Moor Camp 1946: Szene aus Georg Kaisers »Soldat Tanaka« (Rolf Ludwig links)

Ku'damm, Richtung Steinplatz. Wir wollen uns den Film »One Heart und eine Krone« anschauen, mit der Hepburn und Gregory Peck. Ich sage: »One Heart und eene Krone.« Minchen heult auf: »Das geht nicht gut heute!«

An der Schaubühne steht eine Litfaßsäule mit einem Riesenplakat. Da ist in Bombenlettern, etwa 2000 Punkt groß, gedruckt: »KLAUS KINSKY LIEST« und dann ganz winzig in Kursbuchschrift »Francois Villon«. Das soll geraderüber in einem Hotel der Luxusklasse stattfinden. Ich sage zu Mueller-Stahl: »Minchen, den kenne ich!« – »Erzähl keine Scheiße«,

Landpartie nach Dobritz:
der sechsjährige Rolli

Mit Vater und Oma und
der »halben« Tante Friedel

Bis an die Zähne bewaffnet: 1933er Ferien im Schrebergarten

Erster Schultag 1932

*Fahrt auf einem
Elbdampfer*

Die Familie 1943

1948: Laienspielgruppe der FDJ Radebeul mit »Flachsmann als Erzieher« (Ludwig stehend)

Dresdener Volksbühne 1949: als Emile in »Non olet« mit Partnerin Ingeborg Werzlau

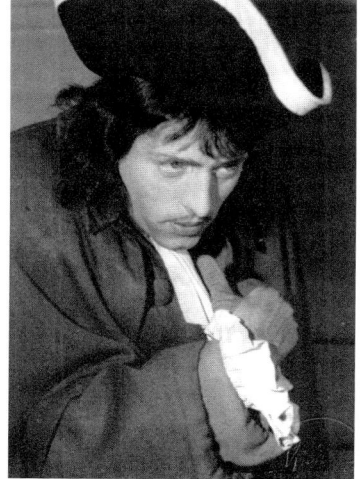

Metropol-Theater Berlin 1951: Ludwig als Dritter Buffo in »Madame Pompadour«

Die Schauspielklasse an der Dresdener Akademie für Musik und
Theater, 1948

Theater am Schiffbauerdamm 1953:
Kotschkarew in »Die Heirat«
von Nikolai Gogol

Tingelei
mit den
ersten
Dresdener
Jazz-Sym-
phonikern,
vormals
Joe Dixie,
um 1950

»Der Hauptmann von Köln«,
DEFA-Film von 1956

»Die fromme Marta«
Ursula Meißner mit
Rolf Ludwig als Ramirez im
Theater am Schiffbauerdamm

Als Spion Spatz
im DEFA-Film
»Thomas Müntzer«,
1959

Berliner Volksbühne 1958: als Mosca in »Volpone«
mit Franz Kutschera

Wiedersehen nach 30 Jahren! Treffen mit Franz Kutschera, dem
Bühnenpartner u.a. in der »Heirat«, »Der Widerspenstigen
Zähmung«, im »Sommernachtstraum« und im »Tollen Tag«, 1992
in München

sagt der. »Wetten, daß …«, sage ich. Der Saal ist brechend voll.

Natürlich kommt Kinsky nicht um 21 Uhr, und auch noch nicht um halb zehn. Alles harrt aus. Und wie er dann kommt: in flatterndem offenem Trenchcoat, mit wirrem Haar und

irrem Blick! Er geht nicht durch den Mittelgang, nee, er läuft über die Tische, ungestüm. Weingläser, Flaschen, Teller fliegen durch die Gegend. VILLON-KINSKY! Die Leute sind aus dem Häuschen. Wir sitzen etwas versteckt in der Ecke. Minchen hat den Kinsky noch nie spielen sehen, er ist begeistert. Der Kerl liest grandios, dem muß man einfach alles verzeihen. Ich habe später Wolf Biermann und Horst Drinda Villon sprechen gehört. An Kinsky kommt keiner ran.

Aber auch so kommt man nicht an ihn ran. »Na«, sagt Mueller-Stahl, »wat is'n nu?« – »Ich schaffe das«, sage ich. Wir drängeln uns nach vorn. Der Mime ist nach hinten verschwunden. Da gibt es eine Art Garderobe, vor der steht ein Zerberus. »Ich möchte zum Kinsky«, sage ich. Der Stämmige bellt: »Der will niemand sehen!« – »Bestellen Sie ihm 'n schönen Gruß vom Ludewig aus dem Lodge Moor Camp« –

41

der Bursche zieht die Brauen hoch – »aus dem Gefangenenlager. Hier steht ein Zeuge des Beginns seiner Karriere!« Der Mann verschwindet, und im Handumdrehen wird die Tür aufgerissen. »Mensch!!!« Wir liegen uns in den Armen. Der Kneipenzug fährt ab ...

Jetzt im Winter 1945 aber spielt Kinsky die Rosalinde in »Wie es euch gefällt«. Im Repertoire haben wir auch Leseabende mit Texten von Rilke und Hesse und von Eckart Hachfeld. Ich weiß damals schon, daß aus Elimar mal was ganz Großes werden muß. Über Jahrzehnte verbindet mich eine enge Beziehung mit ihm, meinem 15 Jahre älteren väterli-

42

chen Freund. Wir haben uns bis zu seinem Tode 1994 nie aus den Augen verloren, nahmen gegenseitig Anteil an unseren Erfolgen. Hachfeld schrieb als »Amadeus« im STERN, verfaßte Texte für die Lach- und Schießgesellschaft, für Hanne Wieder, Wolfgang Neuss, Kay und Lore Lorentz, Edith Hanke, Katja Ebstein. Auch Udo Jürgens' »Aber bitte mit Sahne« stammt aus Hachfelds Feder. Nach Werner Finck Deutschlands größter Kabarettexter, meine ich …

Neben dem Lager befindet sich ein Feldflugplatz der Engländer. Am 13. Februar 1945 steigt von dort ein Pulk von Lancaster-Bombern auf. Es ist nachmittags 16 Uhr. Wir fragen uns: Welche Stadt ist wohl heute dran? Es ist Dresden. Man verteilt im Lager kopierte Luftbildaufnahmen. Ich bin erschüttert, kann allerdings das ganze Ausmaß des Grauens noch nicht erfassen. »Du bist doch Kartograph«, sagen die Mitgefangenen. »Sag doch mal, ist das hier meine Straße?« Und ich werde zu einem »Jakob, dem Lügner«, wie auch die spätere Romangestalt von Jurek Becker. Ich schwindle das Blaue vom Himmel herunter. »Nee«, sage ich, »das ist nicht die Pfotenhauerstraße. Ich kenne die Dresdener Stadtpläne doch ganz genau. Dein Haus steht noch. Was da in Trümmern liegt, ist zwei Straßen weiter.« Manche sind wirklich beruhigt.

Mein Kupferstecher-Beruf bringt mir außerdem noch zweierlei ein: mehr Brot, Zigaretten, Schokolade und – 28 Tage verschärften Arrest. Denn ich fälsche. Aus Weißblechdosen habe ich eine Matrize gewerkelt und drucke Geldscheine der Lagerwährung, mit der man in einem Tante-Emma-Laden einkaufen kann. Die Monate vergehen, fast glaube ich, daß dieses Camp 17 mein ganzes Leben sein wird.

GENERATION OHNE ABSCHIED
DER SONNTAG, Heft 35/1985:

Ich hab den Kopf ganz schön weggenommen im Krieg … Aber mich nun immer davor drücken zu müssen, über meine Jugend zu sprechen? Andere sagten, ah, ich bin im Erzgebirge aufgewachsen, als der Krieg zuende ging, war ich sieben. Und die denken, der Ludwig ist so und so alt. In der SA kann er

*nicht gewesen sein, aber HJ bestimmt. Natürlich! Diese Angst,
daß man als Faschist verschrien wird, weil man in diese Zeit
hineingeboren wurde und den Mist mitmachen mußte. Betrogen, ja! Um die Erinnerung betrogen. Gezwungen sein zu
vergessen ... Ich wußte nicht, was ich falsch gemacht hatte. Ich
bin mit siebzehn in den Krieg, mit einem Volksempfänger groß
geworden und nur braunes Zeug. Langsam, ganz langsam
begriffen wir, was passiert war. Wir sahen im Lager Filme
über den Nürnberger Prozeß, über die Konzentrationslager.
Das Wort fassungslos ist so abgenutzt, aber DAS WAR
UNFASSBAR! Und dann das Nachdenken. Ich sagte mir,
jetzt bloß nicht gleichgültig werden.*

Irgendwann Anfang 46 bekommen wir in Lodge Moor deutsche Zeitungen, darunter ein Hamburger Abendblatt. Abge-
druckt sind auch vier Gedichte von einem gewissen Wolfgang
Borchert und eine Folge seiner Erzählung »Die Hundeblume«. Das Hörspiel folgt am 13. Februar, am Jahrestag der
Vernichtung Dresdens.

Mir zieht es die Beine unterm Bauch weg. Ich bin fassungslos, daß einer das aufgeschrieben hat, was ich nicht in
Worte fassen kann. Er tat es in einem schweren Fieberrausch,
aber wahrscheinlich deshalb so intensiv. Ich fühle mich betrof-
fen, getroffen, mitten ins Herz: »Pilot, zum Flugzeug sage
NEIN! Panzerfahrer, zum Panzer sage NEIN!« und »Was
auch immer im Frieden geschieht, ich sage JA!«

Es gibt wirklich keinen anderen, der das Kriegsgeschehen,
diese Jahre, so tief empfunden hat wie Borchert. Wie einen
Fiebertraum. Ich denk da an die »Hundeblume«, den Schlüssel zu seiner Seele. Der zum Tode Verurteilte mit seiner Ein-
samkeit, seinem Todesschweiß. Wie er den Trinkbecher
umklammert hält ... Ich setze mich hin und schreibe hemmungslos an Wolfgang Borchert, Hamburg, Ida-Ehre-Thea-
ter. Ich wußte nicht, daß das die Kammerspiele waren. Natürlich duze ich ihn. »Lieber Wolfgang Borchert, das, was Du
denkst und schreibst, das denke ich auch, ich kann's nur nicht
niederschreiben. Ich will alles von dir lesen, hier im engli-

schen Gefangenenlager. Schick mir alles.« Er hat es getan und mir auch noch zwei Briefe geschrieben. Die gab ich dann später seiner Mutter Martha. Die Schriftstücke befinden sich jetzt im Museum in Hamburg.

Anfang 1947 halte ich im Cage 1 vor den deutschen Offizieren die erste Borchert-Lesung, selbst auf die Gefahr hin, im Löschteich zu enden. »Generation ohne Abschied« steht auf den selbstgemalten Plakaten. Die Ordensträger gucken mitleidig bis hohnvoll. »Was haben Sie sich dabei gedacht?« schnarrt mich einer an. »Viel gelernt habe ich«, antworte ich. Durch den Krieg bin ich Pazifist geworden. Eindeutig …

Fast wörtlich dieselbe Frage höre ich Jahrzehnte später in Strausberg, östlich von Berlin. Ich bin eingeladen, vor NVA-Offiziersschülern »eine kulturelle Maßnahme durchzuführen«. Den Borchert-Abend.

Ich werde mit einem Jeep abgeholt. Im Speisesaal hocken etwa zweihundert geschlauchte Kadetten. Nach einer halben Stunde ertönt ein Pfiff. Die Signalpfeife. »Aus! Aufstehen! Links und Rechts ohne Tritt marsch!« Die gucken zwar erstaunt, marschieren aber willenlos hinaus. Nicht einer hat was gesagt. Eine schweigende Herde! Der junge Oberstleutnant quetscht empört über die Lippen: »Ihre pazifistische Scheiße können wir uns ersparen! Kommen Sie mit!« Wohin will der mit mir?

Aber in einem Nebenraum ist nur das kalte Buffet aufgebaut, mit dem man Künstler nach der Kultur üblicherweise abfüttert. Radeberger Pilsner, Nordhäuser, naja. Ich sage zu dem Offizier: »Das müssen Sie mir erklären, das mit dem Pazifismus. Ich bin völlig anderer Meinung als Sie.« Wir haben uns dann fürchterlich in die Wolle gekriegt – ein Wortgefecht vor Verdun, Remagen, Sheffield und Strausberg in einem. Nach einer Viertelstunde kapituliert der, guckt mich prüfend an und sagt: »Ich bitte um Entschuldigung. Ich war vorlaut. Trinken Sie einen mit uns.« Und der Major, der dabeisteht, meint: »Alle Achtung, Herr Ludwig!« Der Jeep hält erst am Morgen wieder vor meiner Pankower Wohnung, und meine Frau ist dummerweise noch nicht zur Ballettprobe in der Staatsoper …

Ein paar Tage später kehre ich in die »Eiche« ein. Das ist eine Kneipe in Pankow, in der »Ehemalige« verkehren. Es ist die »letzte Station im demokratischen Sektor«, hier feiern sie Abschied, bevor sie nach ihrer abgesessenen Knaststrafe offiziell in den Westen dürfen. Ich bin dort Stammgast, gern gesehen, obwohl ich hartnäckig im Osten bleibe. Das sind keine Politischen, sondern echte Knackis.

Ich erzähl denen beim Bier und Kurzen das von Strausberg und von Borchert. »Wer is'n det, eh?« Ich rezitiere zwei Gedichte. Die hören tatsächlich zu. »Mann«, sagt der eine, »wenn die det nich hörn wolln, erzählste den Schorf eben hier! Schieß los!« Da reitet mich der Deibel. Ich hole die Texte aus der Wohnung, setze mich in der »Eiche« vor den Tresen und lese. Eine Stunde lang. Es ist mucksmäuschenstill. Sie rauchen und saufen weiter, ab und an gibt einer der Kellnerin ein Zeichen, die Luft aus den Gläsern zu lassen. Und sie spenden Applaus.

Finstere Burschen. Einer in Volkspolizeiuniform haucht mir seinen Alkoholdunst ins Gesicht und gesteht mir: »Ick bin jar nich echt, wa. Ick klaue. Ick bin een Hauptmann von Köpenick jewissamaßen!« Ein anderer mit 'nem richtigen Ganovennamen, so wie Staketen-Ede, haut mich an: »Eh, Chef, jibste ma een Blauen? Ick jeh morjen rüba, krichste wieda. Ehrenwort!« Ich gebe ihm den Hunderter. Ade. Ein paar Wochen später kommt ein Päckchen. Absender unlesbar. Es enthält zehn Packungen Rothändle. Das ist meine Lieblingsmarke. Und 'n paar Tafeln Schokolade. Dazu einen Zettel: »Ich hab dir nich vergessen. Det Theata mit den Schischipusch hat mir jefalln. Ick denke an dir. Mir gehts jut. Ede.« Er meint Borcherts Geschichte von Sisyphos. Meine Frau Ilse spottet: »Siehste, Kunst bringt was ein!« Ich sage ihr nichts von dem Hunderter.

Ich habe wohl tausend und eine Borchert-Lesung gemacht, landauf landab von Anklam bis Zittau, auch »drüben« vor dem Mauerfall. Vor Tausenden beim Fackelschein 1948 auf den Trümmern der Frauenkirche in Dresden, vor Hunderten viele Male auf den Brettern des Deutschen Theaters, vor einem einzelnen Gastwirt nach der Polizeistunde. Das jüngste Programm nach einer Idee meines Kollegen Bernd Stempel heißt »Als Distel bin ich morgen wieder oben.« Borchert – eine Seelenverwandtschaft. Ich kann diesen Jungen nicht vergessen, der mit 26 Jahren starb. Borchert ist bei mir kein Verzweifelter, nicht nur der Dichter einer betrogenen Generation. Sein Nein zum Krieg heißt Ja zum Leben. Und dennoch: Nach den Borchert-Lesungen hab ich keinen guten Schlaf. Ich wühle immer wieder etwas in mir hoch, mit dem ich wohl nie fertig werde …

TO BE OR NOT TO BE!

Die erste Entlassungswelle ist an mir vorbeigerollt. Ich habe mir die Sache selbst gründlich vermasselt. Man muß im Camp vor der Rückkehr in die Heimat eine Gesinnungsprüfung über sich ergehen lassen. Die Skala reicht von A bis C+. Die Note A bescheinigt einem eine demokratische Haltung; B klassifiziert den ungefährlichen Anpasser; C sind die aktiven Nazi-Mitmacher und C+, als deren Steigerung, die Kriegsverbrecher, die Unverbesserlichen. Ich wollte besonders originell sein, aber mein Verhöroffizier, ein gewisser Michael Stone, später ein von mir hochgeschätzter Theaterkritiker und Feuilletonist in Berlin, ließ – jedenfalls damals – jeden englischen Humor vermissen. Er fragt mich: »Was halten Sie von Hitler?« – Ich sage: »Ich kannte ihn nicht näher!« Er malt in alle Spalten ein C+. Noch mehr Zeit zum Nachdenken. Dann aber – 1947 – bin ich frei!

Ich muß verrückt sein! Freiwillig bleibe ich ein Vierteljahr länger, als auf dem Entlassungspapier steht, im Lodge Moor Camp. Gerade haben wir George Bernhard Shaws »Der Mann des Schicksals« auf dem Spielplan. Ich kann die Kollegen nicht im Stich lassen, ich bin hochgradig infiziert mit dem Theatervirus. Es steht für mich felsenfest: Meine Zukunft wird auf der Bühne sein! Wo auch immer. Die besten Reverenzen von Feigl habe ich, mein Sächsisch habe ich auch noch. Muß ich zum Mundarttheater?

In Hull werden wir nach Deutschland eingeschifft. Die

Engländer kontrollieren scharf. Alle müssen ihre Seesäcke öffnen. Acht Stangen Zigaretten, je vier Pfund Tee und Kaffee habe ich zwischen Socken und Drillich verborgen. Unermeßliche Reichtümer. Ich lege einen Band Shakespeare obenauf. Hamlet. Der Sergeant dreht den Nationaldichter in der Hand herum. »To be or not to be!« schmettere ich ihm mit Pathos entgegen. Er grinst, läßt mich passieren.

Im Hamburger Hafen stürzen sich Dutzende Kinder wie Schmeißfliegen auf mich. Ich werfe Kekse in die Luft, die prügeln sich. Einem Mädchen gebe ich 'ne Büchse Corned Beef. Seltsamerweise esse ich das noch heute ganz gern. In der Lüneburger Heide, in dem wunderschönen Land, werden wir Heimkehrer für vier Wochen in das Munsterlager gesteckt. Quarantäne. Doch wir haben Hummeln im Hintern, wir wollen weiter. Für vier Leute fälsche ich perfekt Passierscheine. Wir verabschieden uns am Altonaer Bahnhof. Nie wieder werden wir was voneinander hören.

Ich habe nur ein Ziel: Borcherts »Draußen vor der Tür«. Doch Premiere ist erst am 21. November an den Hamburger Kammerspielen mit dem unvergleichlichen Hans Quest, dem der Dichter das Stück gewidmet hat. Am 20. November stirbt Borchert in Basel. Er erfährt nicht mehr, wie ergriffen und aufgewühlt die Leute nach der Aufführung an der Alster nach Hause gehen – durch die Trümmer …

Der Quest. Ich sitze Mitte der Fünfziger in einer Bierkneipe in Westberlin, bei Franz Diener, das ist 'ne Künstlerkneipe des ehemaligen Boxidols. Vor der Mauer war ich dort öfter. Ich bin also schon ein bißchen im Tee – da kommt der Hans Quest rein. Ich erstarre natürlich sofort in Achtung vor dem großen Schauspieler, dann gehe ich zu ihm rüber und sage: »Guten Abend, mein Name ist Rolf Ludwig, ich bin an der Volksbühne in Ostberlin engagiert, mache Lesungen mit Texten von Wolfgang Borchert. Darf ich mich mal 'n paar Minuten zu Ihnen setzen. Sie haben ihn doch persönlich gekannt?« Ich wurde nicht gerade abgekanzelt, aber Quest winkte lustlos ab: »Ach, hör'n Se doch auf, das ist doch längst vorbei!« Da war ich grenzenlos enttäuscht.

… Bei Ida Ehre spiele ich in den Hamburger Kammerspielen »Wir sind noch einmal davongekommen« von Thornton Wilder an der Seite von Erwin Geschonneck. Ich bin der Dinosaurier, unkenntlich, denn ich stecke in einem gepanzerten Kostüm mit Sehschlitz und sage den bedeutenden Satz: »Mich friert!« Ich lechze nach größeren Herausforderungen …

DER FENSTERSTURZ ZU DRESDEN
Schauspielstudio Klaus Heydenreich
Lübeck, Danziger Straße 6
       20.8.1947
Herr Ludewig ist seit dem 1. August 1947 Mitglied und Schüler meines Studios. Bereits nach der von mir abgehaltenen Eignungsprüfung hatte ich den Eindruck einer besondren schauspielerischen Begabung, die sich in der kurzen Zeit des bisherigen Unterrichts ganz besonders stark verdichtet hat. Ohne Übertreibung kann ich behaupten, daß mir in meiner langjährigen Praxis als Oberspielleiter und Schauspieler noch keine so eindeutige und besondere Begabung vorgekommen ist. Ich bin überzeugt, daß sich in einer wahrscheinlich außerordentlich abgekürzten Ausbildungszeit – gerechtfertigt durch die bereits in der Gefangenschaft erworbene schauspielerische Praxis – ein Talent entwickeln wird, das weit über dem Durchschnitt liegen wird. Ich betrachte es als einen besonderen Glücksfall, daß Herr Ludewig sich meiner Ausbildung anvertraut hat, und erblicke in der Kostbarkeit dieses Materials eine besondere Lehrverpflichtung.
gez. Klaus Heydenreich

In Lübeck wohne ich bei meinem Großvater und bekomme mein erstes Engagement. Sie brauchten einfach einen, der so aussah wie ich. Eine Wurzen. Ich spiele den Diener im »Elga« von Gerhart Hauptmann, muß eine Tasse Tee auf die Bühne bringen. Die hatten da die Bühne mit einem Schleier verhängt, in dem ich mich auch prompt mit meiner Teetasse verhedderte … Das war der letzte Auftritt in Lübeck.
Nach ein paar Wochen aber packt mich die Sehnsucht: Ich

muß nach Dresden, zu den Eltern. Und wenn es nur auf vierzehn Tage wäre ... Aber dazwischen liegt die Zonengrenze. Mit den restlichen Zigaretten kaufe ich mir einen Schlepper. Der bringt mich nach Boizenburg. »Da hab ich einen Pfad«, sagt der. Er betreibt ein Kompensationsgeschäft mit einem russischen Sergeanten, die tauschen irgendwas und – ich lande in einem russischen Keller. Mit den allerletzten Zigaretten komme ich frei ...

Am Hauptbahnhof steige ich aus dem Zug, trete auf den Vorplatz, Richtung Prager Straße. Ich kann machen, was ich will, mir auf die Lippen beißen, den Zeigefinger unter die Nase drücken, die Tränen halte ich nicht zurück. Ich heule hemmungslos. Was waren die Luftbildaufnahmen gegen diese grauenhafte Wirklichkeit!

Es gibt Situationen, da kann man nicht weg. Mich überfällt ein solches Mitleid mit dieser geschundenen Stadt. Vor dem Bahnhof ein einziges Trümmerfeld. Wie hohle Zähne stehen Brandmauern, schwarze Fensterhöhlen gähnen. Ich laufe durch die Innenstadt, von einem Behördengebäude ist der gesamte Giebel weggebombt. In der ehemaligen Amtsstube hängt neben dem Stahltresor an der verbliebenen Wand noch die Dienstordnung. Der Altmarkt, Fürstenzug, Zwinger, Italienisches Dörfchen, Semperoper – es gibt kein Dresden mehr! Aus dem Großen Garten karren ein paar Frauen einen starken knorrigen Ast heraus. Irgendwie kommt es mir vor, als bewegten sich die Menschen im Zeitlupentempo. Ein Schreckensbild. Daß überhaupt jemand überlebt hat!

Leuben liegt abseits der Bombardements. Unsere Straße wirkt wie ein Wunderland. Mutter ist die Fee. Sie sagt: »Da bist du ja«, weint ein bißchen und bäckt einen Kuchen. Mehl und Zucker hat sie was-weiß-ich-nicht-woher. Ein Brot kostete zwanzig Mark, die Zigarette acht. Vater räuspert sich vor Rührung stark, schlägt mir auf die Schulter, daß ich in die Knie gehe. Er hat den Splitter in meinem Oberarm getroffen, wir können uns jetzt gegenseitig unsere Einschüsse zeigen. Sentimentalität ist nie eine Sache meiner Eltern gewesen. Ich schlafe im Wohnzimmer auf dem buckligen Sofa, für die Besucherritze bin ich zu erwachsen. Ich war drei Jahre fort ...

Es gibt Situationen, wo man einfach nicht wegkann. Da sind tatsächlich ein paar Leute, die versuchen, aus diesen Wirren herauszukommen – unvorstellbar! Wir müssen was Neues anfangen, sagen sie. Wo ein Mensch seine Jugend verbracht hat, gibt es immer besondere Fixpunkte. Was früher lang und riesig erschien, mißt nur noch Minuten und Zentimeter. Aber das hat alles etwas mit Heimat zu tun, ohne Kitsch und falsche Träne. Ich empfinde im Winter 1947 eine seltsame moralische Verpflichtung, in Dresden zu bleiben. Und dann ist da noch diese ungeheure Gleichheit! Alle haben nichts.

Nun gut, manche sind gleicher. Eine von denen lerne ich kennen. Eine Adlige. Uta von Otto. Die blonde schicke Chefin vom Dresdener Schwarzmarkt ist eine clevere, eine schillernde Person. Ich bin ein hübscher Kerl und werde sozusagen ihr Playboy. Nicht der einzige, wie ich bald mitkriege, aber wir wohnen sogar ein paar Wochen zusammen. Sie ist 'n halbes Dutzend Jahre älter als ich, hat Spaß an meiner Unerfahrenheit, bringt mir – ja, ja – etliches fürs Leben bei, macht sozusagen mit mir die Belastungsprobe auf die ärztliche Kunst meines Lazarett-Chirurgen. Unermüdlich schleppt sie für mich Rothändle, Lucky Strike, Butter, Weißbrot, exzellenten Rasierschaum und Kaffee heran. Ich fühle mich wie später Jack Lemmon bei Irma La Douce. Ich bin auf Daunen gebettet und hänge ein bißchen herum.

Bis auf ein paar Stunden privaten Schauspielunterricht in Lübeck und meine »Waschbrett«-Praxis habe ich nichts aufzubieten. Ich lese in der Zeitung, daß eine Akademie für Musik und Theater in Dresden eröffnet wird, und schaffe es tatsächlich, zum Vorsprechen vorgeladen zu werden. Lehrer an dieser gehobenen Schauspielschule sind Erich Ponto, Albert Finohr, Willy Court und Günter Hanke vom Staatstheater Dresden. Der Brief endet: »... bitte bereiten Sie sich entsprechend vor.« Nun bin ich ja ziemlich faul. Ich denke mir, der Kosinsky hat mir im Lager soviel Glück gebracht, den nimmste ... Schiller haut immer hin.

An einem Dienstag, vormittags um halb elf, tigere ich mit doch etwas weichen Knien auf der Mendelssohnallee vor einer prunkvollen, wie durch ein Wunder unbeschädigten Villa hin und her. Ich schau mir das Gebäude an. Hat es einem Juden gehört oder einem neureichen Dresdener Zigarettenfabrikanten? Die großen französischen Fenster liegen tief, haben einen niedrigen Sims. Bis zum Rasen hinunter sind es höchstens ein Meter zwanzig. Da geht mir ein strahlendes Licht auf. Natürlich, das ist es doch! Jetzt weiß ich, was ich tun werde.

Theater – so hat es mir in Lodge Moor der Feigl, dieser Wiener Doktor von der Burg, eingebleut: Theater heißt Übermittlung! Mit Herzklopfen trete ich in den großen, sonnendurchfluteten Raum, bin wahnsinnig aufgeregt. Da sitzen die Herren aufgereiht. Keine Bühne. Aber auch hier, nach hinten zum Garten hinaus, diese riesigen Fenster. Ich schaue zaghaft in das Gesicht von Erich Ponto. »Die alkoholische Gärung ist die Gärung des Alkohols ...« Na klar, hab ich Tränen gelacht in der »Feuerzangenbowle«. Ponto sitzt in vorgebeugter Haltung, leidet unter einer Rückgratverkrümmung – rein medizinisch, versteht sich. Und wenn es auch kitschig klingt: Seine Augen waren voll unendlicher Güte, voller Menschlichkeit! Er nickt mir zu. »Bitte.«

Ich räuspere mich, beginne etwas belegt: »Ich wollte Ihnen eigentlich etwas aus den ›Räubern‹ sprechen, aber ich habe eine bessere Idee. Ich habe hier in Dresden, obwohl ich erst wieder kurz in meiner Heimatstadt bin, einige Schriften von Stanislawski in die Hand bekommen. Das hat mich fasziniert ...«

»Ja, komm'n Se mal zur Sache!« sagt Ponto. Nanu, sind die etwa nicht hellbegeistert? Ich dachte gerade, in der russischen Zone wäre der Stanislawski ... Ist doch auch'n Russe.

»Ich spiele Ihnen eine Etüde. In völliger Pantomime, ohne Requisiten. Der Vorwurf: Ich bekomme eine Nachricht, die mich zutiefst erschüttert, und aus mir den Menschen macht, den ich Ihnen darstelle.« – »Ja, bitte.« Noch ein Blick. Ich öffne pantomimisch ein Kuvert, nehme den Brief heraus, falte ihn auseinander, lese ... lese ... Pausen sind Gold wert auf der

Bühne. In der Zeit kannst du was erfinden, nach deinem Text angeln oder einfach bedeutungsvoll gucken. Das kommt meist gut an. Nur zu lang dürfen sie nicht sein!

Ich lese also meinen Brief durch – einer der Herren in der Stuhlreihe wechselt den Beinüberschlag – , nicht beirren lassen, Rolf, denke ich, bloß nicht zu dicke werden! Du mußt jetzt den Ausdruck verändern, steigern. Die Pupille wird weiter, die Hand mit dem Papier beginnt zu zittern, wackelnd wanke ich zum Fenster, will ich mich festhalten? Nee, das ist zu wenig. Ich ringe nach Luft, ich ersticke, ich brauche Luft. Den Fenstergriff drehe ich zittrig herum, öffne die großen Fensterflügel … atme tief durch. Quatsch, das reicht noch nicht! Ich hebe meinen Arm vor die Augen, weil mich die Sonne blendet, taumele in den Raum zurück, um Anlauf zu nehmen. Es sind ja nur eins zwanzig Höhe! Jetzt aufs Ganze, jetzt setze ich meinem Leben ein Ende. Drei-vier große Schritte, und ich hechte kopfüber aus dem Fenster …

Hinterm Haus aber hat das Gelände ein starkes Gefälle! Ich schreie auf. Gerade kommt eine bildhübsche junge Dame den Weg herunter, Eva Anders, später eine hinreißende Pianistin. Sie will mir aufhelfen, da beugt sich oben Erich Ponto zum Fenster heraus und ruft schnarrend: »AUF-GE-NOMMEN!«

ACHTEN'S AUF DIE STRICH'L

Von wegen kein Beinbruch. Ich laboriere eine Weile mit dem lädierten Knie herum, aber ich gelte jetzt als ordentlicher, eingeschriebener Schauspielschüler. Ich bin wie ein Schwamm, sauge alles in mich auf – lese Theaterliteratur, renne zwischen den Kursen in die Bibliotheken, studiere die Dramatiker, spiele in einer FDJ-Laientheatergruppe, besuche Proben an den Dresdener Bühnen und Konzerthäusern.

In Dresden-Bühlau, im Tanzsaal eines ehemaligen Landgasthofes, probt die Dresdener Staatskapelle unter dem Dirigat von Generalmusikdirektor Joseph Keilberth. Ich habe vom Vorabend noch einen Ölschädel, fortgeschrittenen Haarspitzenkatarrh infolge des Alkolatgenusses. Allgemein wird in der Nachkriegszeit eine Menge gesoffen. Die Leute, die Arbeit haben, schuften schwer und brauchen den sinnesfrohen Ausgleich; viele müssen ihr Bombentrauma wegspülen. Und wer tatenlos herumlungert, beweint beim Sprit sein Schicksal. In jenen Jahren pflege ich die ersten zarten Beziehungen zum Teufel Alkohol, ich ahne nicht, daß er später mal mein Duzfreund sein wird.

In Bühlau also probt Keilberth »Till Eulenspiegels lustige Streiche«, Richard Strauß' sinfonische Dichtung von 1890. Mein Kopf wird immer leichter, denn was ich höre, ist genial. Der Konzertmeister, ein spindeldürrer Zweimetermann, der gerade halbverhungert aus russischer Gefangenschaft gekommen ist und wie ein verwelktes Teeblatt aussieht, zupft und streicht wie ein Teufelsgeiger. Ich bin hingerissen von der Virtuosität.

Die Proben sind anstrengend, auch für mich als Zuhörer. Immer wieder ertönt das »Stop! Die Einsätze, meine Herrn Soachsen!« Keilberth ist Bayer, Münchener. »Oachten's g'fälligst auf dia Strich'l!« Und er klopft mit dem Stab auf das Pult. Da schraubt sich der lange Konzertmeister vom Stuhl hoch und sagt in breitem Sächsisch: »Herr Geenerolmusikdiregtor, ich strichle hier seit zähne. Jetz hab'sch'n Bederfnis. Und zwar 'n tringendes für gleene Schungen. Wenn Se nich'n baar Minuden Pinkelbause gäben, weeß'sch ne, was ich due. Dann freß'sch meene Geije!« Keilberth sieht auf die Uhr. »Ich bitte um Entschuldigung. 's ist joa schoan ein Uhr. Fünf Minuten Pause.«

Das Klo ist auf dem Hof. Ich stehe mit dem Ersten Geiger am Becken. Dahinter haben sie die Wand geteert. Wir glotzen entrückt auf die schwarze Mauer, alle Männer dieser Welt haben beim Wasserlassen diesen somnambulen Gesichtsausdruck. Da geht die Tür auf, und Keilberth kommt herein, stellt sich neben uns. Totenstille. Nur Tröpfeln. Da sagt der Konzertmeister: »Sähn Se, Herr Geeneralmusikdirektor, hier is der eenzsche Ort, wo man sich vor Ihnen was herausnähmn darf.« Dann lacht er blödsinnig, weil er sich wahnsinnig witzig findet. Pause. Joseph Keilberth kontert: »Wie Sie sehen, ziehen Sie auch hier den kürzeren!«

Ich verbürge mich für diesen Treppenwitz, ich war als Rechtsaußen an der Pinkelrinne Zeuge!

In der Theaterakademie werde ich Klassensprecher und soll die Verbindung zum sogenannten Lehrkörper aufrechterhalten. Ich weiß nicht mehr alle Namen meiner Kommilitonen; da sind die Brüder Möbius, Zwillinge. Heiner inszenierte viele Jahre am Berliner Theater der Freundschaft, Dieter ging 1949 mit Peter Böhlke in den Westen. Die sind jetzt in Wien, glaube ich. Dann war da noch die bildhübsche, zauberhafte Heidi von Strombeck, die in München den großen Schauspielkollegen Peter Lühr heiratete und an den dortigen Kammerspielen engagiert ist. Dann die Margit Weinert …

Nach meinem Fenstersturz humpele ich – mit Gipsbein – zu Erich Ponto und bitte ihn, mich mal richtig auf Herz und Nieren zu prüfen und nach Möglichkeit mir privat Schauspielunterricht zu erteilen. Vom Lodge Moor Camp erzähle ich, vom Feigl und Hachfeld. Darauf lädt er mich zur ersten Privatstunde am Nachmittag ins Hotel »Excelsior« ein, das sich in Bahnhofsnähe befindet. Ponto wohnt nicht weit davon entfernt in der Wiener Straße. Im Restaurant bestellt er eine Flasche Rotwein. Ich schlucke tapfer mit, obwohl ich schon damals beim bloßen Betrachten einer Weinflasche Sodbrennen bekomme. Ich bevorzuge damals Bier und Klaren. Der Privatunterricht bei Ponto besteht darin, daß ich wie ein Wasserfall erzähle und er mir geduldig zuhört. Nach zwei oder zweieinhalb Stunden unterbricht er mich und sagt: »Ich geb Ihnen das Schwarz auf Weiß. Sie werden Schauspieler!«

Kurz darauf geht Erich Ponto nach Stuttgart. Der Bühnenbildner Karl von Appen wird kommissarischer Intendant des Dresdener Staatstheaters. Ihn löst ein Herr van Diemen ab, später maßgeblicher Mann in der bundesdeutschen Yellow Press und langjähriger Förderer und Lebensgefährte der Schauspielerin Thekla Carola Wied. Der hält in der ehemaligen Villa des NSDAP-Reichsleiters Mutschmann einen Vortrag über die Zukunft der Dresdener Theater und der angeschlossenen Schauspielakademie. Ich bin als Studentensprecher dabei, und mir stehen die Haare zu Berge. Der hat doch überhaupt keine Ahnung, was an der Akademie läuft! Ich kann meinen vorlauten Mund nicht halten: »Sie gestatten, das ist doch alles nur Bla-Bla! Nichts – gar nichts davon werden Sie durchsetzen!« Ein paar Tage später bin ich relegiert. Rausgeschmissen nach acht Wochen Studium.

ERSTES ENGAGEMENT AN DER STRASSENBAHNHALTESTELLE

Da stehe ich nun mit meinem schwarz auf weiß »nachweislich mangelndem schauspielerischen Talent«. In Leuben steige ich aus der Straßenbahn, um mich am Sportplatz von Wacker Leuben vorbei, auf dem ich als linker Läufer vom neunten Lebensjahr an wahre Triumphe gefeiert habe, kleinlaut nach Hause in die Siedlung zu trollen. Ich fühle mich wie früher nach der Rückgabe einer Rechenarbeit in der Volksschule. Es ist ja auch derselbe Weg.

Soll ich künftig etwa den Griffel führen und Karten stechen? In einem Gasthof nahe der Haltestelle, in dem wir Fußballer früher unsere Siege mit Limonade begossen, ist nunmehr die Volksbühne Dresden untergebracht. Ein kleiner Herr kommt mir auf der Straße entgegen. Mich muß ein Teufel geritten haben, oder ist es ein siebenter Sinn? Jedenfalls stelle ich mich dem in den Weg und frage: »Entschuldigen Sie, gehören Sie zum Theater?« Der sieht mich verwundert an. »Ja.« – »Ich bin soeben aus der Schauspielakademie geflogen, komme aus englischer Gefangenschaft und möchte ums Verrecken gern Schauspieler werden.« Da schiebt der seine Brille auf die Stirn, mustert mich von allen Seiten. »Wie lang sind Sie?« – »Ein Meter achtzig«, antworte ich zackig. – »Ich probe zur Zeit ›Die Bresche‹ von einem Russen, Lawrentjew. Dazu brauche ich noch einen Signalgast. Kommen Sie morgen um zehn Uhr!«

Der kleine Herr ist Paul Lewitt, Oberspielleiter an der Volksbühne Dresden. Für die Rolle des »Boy« im Stück »Victoria« erhalte ich pro Vorstellung fünf RM sowie eine Probenpauschale von 30 Mark. Gleiches gilt für die Rolle des Redaktionssekretärs und Jungen Mannes in einem Stück von Ilja

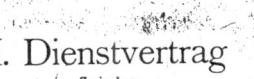

I. Dienstvertrag

Zwischen

der r Deutschen Volksbühne Dresden G.m.b.H.

vertreten durch die Herren Sauer, Lewitt und Bochmann

und

Herrn, ~~Frau, Fräulein~~ Rolf-Erik L u d w i g, Dresden
ist folgender Vertrag abgeschlossen worden:

§ 1.

Das Mitglied ist für die Kunstgattung als Schauspieler

und für das Kunstfach als Schauspieler-Anfänger angestellt.

für ~~das~~ — die Deutschen-Volksbühnen-Theater in D r e s d e n angestellt.

Die Bezeichnung des Kunstfachs wird durch das in der Anlage bezeichnete Rollengebiet ersetzt — ergänzt.
(Dieser Satz kann auch gestrichen werden, wenn das Kunstfach ausgefüllt wird.)

§ 2.

Der Vertrag beginnt am 1. September 1948
und endigt am 31. August 1949

§ 3.

Das Mitglied hat zu beanspruchen:

1. ein Gehalt von
   - im ..... Vertragsjahre monatlich / ~~jährlich~~ 150.—RM (in Worten Einhundertundfünfzig RM)
   - im ..... Vertragsjahre monatlich / jährlich RM (in Worten RM)
   - im ..... Vertragsjahre monatlich / jährlich RM (in Worten RM)

2. ein Spielgeld für jede Vorstellung, in welcher das Mitglied beschäftigt ist, gleichviel ob in einer oder mehreren Rollen, im Betrag von
   - im ..... Vertragsjahre RM (in Worten RM)
   - im ..... Vertragsjahre RM (in Worten RM)
   - im ..... Vertragsjahre RM (in Worten RM)

   Dieses Spielgeld wird monatlich — jährlich — für die Dauer der Spielzeit mal gewährleistet

3. für die Mitwirkung in einer zweiten oder dritten am gleichen Tage stattfindenden Vorstellung eine Vergütung
   von RM

4. für die Mitwirkung in einer durch Rundfunk, Telefon usw. übertragenen Vorstellung eine Vergütung
   von RM

5. für die Mitwirkung in einer aus dem Senderaum des Rundfunks übertragenen Vorstellung eine Vergütung
   von RM

§ 4.

Besondere Vereinbarungen über die Art und den Umfang der Leistungen und über angemessene Beschäftigung:

Ehrenburg. Da bin ich erst mal drin im Geschäft, nach einer Woche kennen mich alle im Ensemble. Ich quatsche wie mir der Schnabel gewachsen ist, erzähle vom Lagerkabarett, von unseren Inszenierungen, bin binnen kurzem der Pausenclown der Volksbühne. Eines Tages nimmt mich der Schauspieldirektor Günter Sauer beiseite. »Also, wir werden Sie engagieren, Sie bekommen einen regulären Anfängervertrag bei uns.«

DAS PFEIFKONZERT

Einhundertfünfzig Mark im Monat! Dafür habe ich in vier Wochen 26 Vorstellungen. Hauptsache: ENGAGIERT! Ich spiele alles, quer durch den Garten, darunter auch im Weihnachtsmärchen die Krähe Sarah. Den Erzähler gibt Otto Stark, der später in Dresden das Kabarett »Die Herkuleskeule« leitet und in Berlin »Distel«-Direktor wird. Ein Ziehsohn von Paul Lewitt und dessen Frau Charlotte Küter, die ebenfalls an der Volksbühne engagiert ist. Das Ehepaar verlagert mitunter sein Eheleben auf die Probebühne. »Die Bresche«, in die ich als Signalgast gesprungen war, ist ein ziemlicher Erfolg geworden.

Mit Tempo gehen wir an die nächsten Russen. »Onkel Wanja« von Tschechow. Und dann die »Wassa Shelesnowa«. Die Titelrolle hat Paul Lewitt seiner Gattin zugedacht. Wir werden Zeugen von Ehekrächen. Fordert Lewitt von seiner Frau beispielsweise eine präzisere Haltung auf der Bühne, verlangt die von ihm, daß er das Badezimmer gefälligst künftig nicht in ein Rasierschaumbad verwandeln soll. Und in dem guten Jackett sei wieder ein riesiger Ölfleck! Gorkis Szenen steigern sich zu Szenen einer Ehe. Die Worte fliegen wie Tennisbälle. Plötzlich kommt keine Antwort von Lewitt mehr. Wir stieren in den Zuschauerraum. Der kleine Mann ist verschwunden. Die Küter ist außer sich, sie schaut die Bankreihen entlang. »Um Gottes willen! Der kann sich doch nicht in Luft auflösen!« Dann stemmt sie ihre Ärmchen in die Seiten. »Kommt mal herunter, Kollegen!« Paul Lewitt hockt zusammengekauert unter seinem Regiepult, die Brille über der Stirn, den Kopf in die Hände gestützt und – weint. Er weint! Die Probe wird abgebrochen.

Charlotte Küter, diese herrliche Schauspielerin, ist durchdrungen von dem Verlangen, auch Regie zu führen. Ich spiele den Waffenhändler im »Beaumarchais« von Friedrich Wolf. Wir tanzen im wahrsten Sinne des Wortes nach ihrer Pfeife, wie beim Fußball. Mit der Trillerpfeife versucht die Küter, sich bei den disziplinlosen Kleindarstellern durchzusetzen. Typische schwatzende Dresdener. Ein sächsisches Gebabbel erster Güte. Drei Pfiffe sind das Zeichen für absolute Ruhe unter den Statisten. Zwei Pfiffe bedeuten: Achtung für die Darsteller! Den größeren Rollen ist ein einmaliger Anpfiff vorbehalten. Ein einziges Pfeifkonzert.

Günter Sauer und Peter Palitzsch, damals Chefdramaturg, dann Brecht-Jünger und heute eine Regiegröße, haben sich was ausgedacht: eine Matinee unter dem Titel »Dunkle Sinfonie«. Schwarze Lyrik. Langston Hughes. Dazu Gospel. Eröffnet wird mit der Szene »In der Halle des Bergkönigs« von Grieg. Alles verjazzt! Grandios! Wir Schauspieler halten schwarze Masken in den Händen, das soll symbolisieren, daß wir Farbige sind. Ansonsten tragen wir unsere Straßenkleidung. Neben mir steht Karl Wilhelm Streit, ein gestandener Mime, Mitte 50, gewöhnlich Knickerbocker tragend, in seinem dunklen Maßanzug. Weder er noch ich ahnen, daß ich vierzig Jahre später seine Tochter Gisela heiraten werde.

ICH WAR DER ERSTE BRUMMER

Die Jazztruppe wird von Joe Dixie geleitet, der Bandleader ist nicht nur in Sachsen bekannt. Ich spiele ganz passabel Gitarre, für die Band reicht's nicht aus, aber Dixies Sängerin Ruth Fuchs geht mit mir öfter auf Tingeltour durch sächsische Kleinstädte. Inzwischen ist meine Gage an der Volksbühne verdoppelt worden, aber mit 300 Mark kann ich Leben und Kneipe nicht bezahlen. Die Mugge – das Musikalische Gelegenheitsgeschäft – wird unentbehrlich. Ich mime bei Dixie den Conferencier, ich quatsche dämlich, hab ein paar witzige Bemerkungen auf der Pfanne, um die Leute zu unterhalten.

Das Leben unter dem fahrenden Volk ist nicht ungefährlich. Im Herbst 1949 haben wir ein Konzert in Ottendorf-Okrilla, wie melodisch das schon klingt. Bis 21 Uhr stehe ich noch auf den Brettern der Volksbühne. Aber alles kein Problem! Einer von Dixies Technikern besitzt – ein Reichtum! – ein Motorrad mit Seitenwagen. Der soll mich abholen, denn um elf Uhr nachts müssen wir vor Ort sein. Nach der Vorstellung lungert vor dem Bühnenausgang eine Vogelscheuche herum, von der Lederkappe hängen die Kinnbänder, darunter schaut ein Vogelkopp mit ganz spitzer Nase hervor. Der fast zwei Meter lange spindeldürre Körper steckt in einer Art Kunstlederpanzerung. »Hie, na«, sagt die Gestalt, »steig ein, ich fohr dich nach Ogrilla, daß es nur so rumst!« Ich klettere in den Seitenwagen.

Es beginnt zu nieseln. Der fährt wie vom Affen gebissen. Wir sind schon dreißig Kilometer vor dem Ziel, da macht die Chaussee eine scharfe Linkskurve. Der Ledermann nimmt sie kühn, ich fahre geradeaus. Besser: Ich fliege mit der Wanne auf ein Feld, zehn, fünfzehn Meter. Der Beiwagen bleibt stehen, ich höre bloß noch das Knattern des sich entfernenden Motorrades. Dann ist alles dunkel und still. Fast eine Dreiviertelstunde später nähert sich das Knattern wieder, denn erst vor dem Gasthof in Ottendorf hat der Kraftradpilot bemerkt, daß er solo ist. Das Konzert beginnt mit kleiner Verspätung, wird aber ein Riesenerfolg wie immer – und ich habe einen verstauchten Daumen sowie einen wunderbaren Aufhänger für meine Conference.

Aus Gütersloh erscheint an der Volksbühne ein neuer Bühnenarbeiter. Wolfgang Röder heißt der und ist ein waschechter Sachse, den Verwandte in den Kriegswirren Richtung Westen »verschleppt« haben. Nun ist er heimgekehrt an die Elbe und froh, den sächsischen Urlaut wieder zu hören. Ich ziehe mit meiner Gitarre durch die Lande, um Naturalien – vor allem Kartoffeln und Eier – einzuheimsen.

Es ist ganz schön anstrengend, allein einen Abend zu bestreiten. Der Röder ist in der Kneipe recht beweglich, hat keine Scheu vor den Leuten, scheint mir. Ich bringe ihm ein paar Griffe auf der Gitarre bei. Mensch, der ist ja 'ne Begabung! Und dann kann der was ganz Tolles: er imitiert alle möglichen Geräusche täuschend echt – mit dem Mund. Seine Glanznummer ist der Angriff eines Stuka-Fliegers, also die Ju-87. Die Leute toben, stehende Ovationen. Sie haben ja diese Töne nur allzu gut in Erinnerung. Mir hat Wolfgang die Pointe zugeteilt. Ich mache am Schluß der Darbietung: »Peng!« Das war die Detonation der Bombe. Seltsamer Humor von 1949. Natürlich bringt er auch die Dampflok, die Straßenbahn, einen Bienenschwarm und so etwas. Aber der Bomber bekommt die meisten Lacher.

Ein Sägewerksbesitzer und Holzhändler aus Elsterwerda klopft sich auf die dicken Schenkel vor Vergnügen. Wir sind aus dem Schneider, er hat einen Narren an uns gefressen. Immer wieder treten wir im Speiseraum seines Unternehmens auf, bekommen ein Gästezimmer in seiner Villa. Neben ein paar Sack Holz zahlt er uns sogar ein paar Mark. Wir werden reich!

In der Volksbühne inszeniert als Gast Erich Geiger vom Berliner Metropol-Theater »Die schlaue Susanne«. Ich lege ihm den Bühnenarbeiter Röder ans Herz: »Nehmen Se den, der muß Schauspieler werden!« Und Wolfgang bekommt seine erste Rolle. Nach den Proben liege ich mit einer »Schwarzen« vom Ballett, einer Rassefrau mit dunklen Locken, auf den Elbwiesen. Ganz keusch. Ich erzähle ihr was vom Mond. Sonst wäre ich gar nicht romantisch, erkläre ich ihr, aber der Mond … Auch ein paar Verse dichte ich ihr. Ich rezitiere, während die Elbe träge dahinfließt. Sie hört ein paarmal aufmerksam zu, dann versetzt sie mich. Ich wandele allein bei Mondschein am Elbufer. Wolfgang druckst ein bißchen herum, die »Schwarze« heißt plötzlich Frau Röder. Eine Bilderbuchehe, die bis zum Tode des Gründers der »Vier Brummer«, dieses seit den fünfziger Jahren so sehr beliebten Gesangsquartetts, im Jahre 1993 eisern hält.

VERGNÜGUNGSSUCHT IM HYGIENEBAD

Sepp W. Schlamminger ist Süddeutscher, genauer Münchener, und spricht wie Beckenbauer oder Polt. Er spielt in »Tiefe Wurzeln«, wie wir Sachsen sagen, »ä Nächer«, einen Schwarzen mit bayerischem Touch. Die Dresdener Mädels finden ihn hochinteressant. Als ich mal in seinem Zimmer nach Zigaretten stöbere, stoße ich im Nachttisch auf eine Hunderterpackung mit Präservativen der Fa. Fromms Act. »Meine Wochenration«, prahlt der Sepp. Auf dem Weißen Hirsch bewohnt er ein möbliertes Zimmer bei einer theaterinteressierten Witwe, wie er überhaupt die kunstsinnige Damenwelt Dresdens kennt.

Charlotte Meentzen, die Besitzerin der gleichnamigen Kosmetikfirma, ist regelrecht verknallt in uns Theaterleute. Ab und an gibt sie Feste – damals sagt man noch nicht Parties – in ihrer Villa nahe des Dresdener Zoos. Schlamminger und ich rennen nach der Vorstellung in Leuben zur Straßenbahn. Um Himmelswillen nichts verpassen! Die Sehnsucht nach Vergnügungen ist in den Nachkriegsjahren wirklich eine Sucht. Ich hole in Riesenschritten und Riesenschlucken meine verlorene Jugend nach. Vor der Meentzen-Villa wachen zwei Bronzelöwen. Über dem einen hängt – wie ein lässig hingeworfener Mantel – kopfüber der lallende Peter Palitzsch. Drinnen ist ein Höllenlärm. Swingmusik, Boogie. Man schenkt sich gegenseitig Methylalkohol ein.

Der junge Schauspielkollege Wünsche, der später im Berliner Ensemble landen wird, kommt mit glasigen Augen zu mir heran und fragt in breitem Sächsisch: »Wie machst'n du dis? Wieso sächselst'n du ne?« Ich behaupte: »Es liecht an der Sprechtechnik.« Ich hatte in der Gefangenschaft immer versucht, mittels anderer Dialekte das Sächsisch loszuwerden. So kann ich ganz gut berlinern und ein bißchen weanern, plattdütsch. Nur das Hannoveranerisch klappt nicht. Darum hab ich später immer den Peter Frankenfeld beneidet. »Sprech- und Atemtechnik, mein Lieber«, sage ich jovial zu Wünsche, » sind das A und O des Schauspielberufes. Du läufst, so schnell du kannst, dorthin, wo der Feuerlöscher hängt, dann schlägst du zweimal – bumm, bumm! – gegen die Tür, drehst dich um und schreist aus voller Brust: ›Rache!!!‹ Mehr nicht.« Und der ist ganz schön angeteert, rennt in einem fort, schreit aller drei, vier Minuten lauthals »Rache!«, bis er endlich, von Alkolat betäubt, umfällt. Wir brechen auf. Schlamminger murmelt immer was von Hygiene. Er meint es wörtlich. Günter Sauer, Margit Weinert, der Sepp W. und ich nehmen auf dem Heimweg noch ein Vollbad im Bassin vor dem Hygiene-Museum.

AUFERSTANDEN AUS RUINEN

Im Alltag des Gauklerdaseins ist die Gründung der Deutschen Demokratischen Republik im Oktober 1949 irgendwie an mir vorbeigegangen. »Geh nie in eine Partei, mei Gleener«, hat mein Vater Richard mir stets eingetrichtert. Ich halte mich daran. Kommunismus und Sozialismus sind für mich schöne Utopien. Aber das klappt mit den Menschen nicht. Es stimmt was nicht an diesen Wesen. Sie hängen eine Hakenkreuzfahne zur Küche raus, und ein paar Wochen später eine rote. In der Mitte des ausgeblichenen Stoffes sieht man noch ein kräftigrotes Kreisrund, wo mal das Emblem aufgenäht war. 1989 ein weiteres Mal: Von den Autoaufklebern am Heck mit dem DDR-Oval werden einfach ein D und das R durchgestrichen. Fertig ist die Laube!

Die, ich schätze, nicht mal zwanzig Prozent echter Kommunisten im Heer der SED-Opportunisten und Karrieristen tun mir leid. All die vierzig Jahre lang. Sie waren auf verlorenem Posten, manche wußten es sogar. Gedanklich und gefühlsmäßig stehe ich auch links. Hab meinen Franz Mehring studiert in den Anfangsjahren des neuen Staates ... Mir hat schon imponiert, was die da 1949 so vorhatten, bis zum Hals in den Trümmern. Ich bin für einen sozialen Staat. Die Leute sollen nicht um Essen oder ein Dach über dem Kopf bangen. Aber die Gesellschaft darf auch nicht so funktionieren, daß eben auch die Menschen bloß noch funktionieren. Es muß schon Raum für Kreativität sein, das ist doch nicht zuviel verlangt. Himmel, es sind doch nicht Millionen, die schöpferisch wirken wollen!

Am meisten gewurmt hat mich immer die völlige Humorlosigkeit. Wenn mal irgendwo gewitzelt oder gelacht wurde, haben die immer gleich einen Aufstand gewittert. Dieses Kleinmütige brachte einen zur Raserei ...

Ende 1949 kommt Rudi Schiemann bei einer Tingelei in so einer sächsischen Textilstadt auf die Bühne – mit dem Neuen Deutschland in der Hand, dem ND, dem Zentralorgan der SED. Er betrachtet die Titelseite und lacht. »Des eenzsche, was stimmt, is des Dadum!« Schiemann war das Operettenidol Dresdens, ein Komiker ersten Ranges. Die Leute liebten ihn – ein Volksschauspieler! Das nützte ihm gar nichts. Die Genossen haben ihn kurzerhand eingesperrt. Nach einem halben Jahr ist Schiemann wieder draußen, haut mir vor dem Auftritt auf die Schulter: »Därr Ludwich!« Dann geht er raus auf die Bühne. »Da bin ich wiedr!« Und er singt, als sei nichts geschehen »Auf der grünen Wiese …« Aber er kann's nicht lassen, der Schalk wohnt tief in ihm. Der Buffo zieht das ND aus der Tasche, ganz langsam, entfaltet die Zeitung, daß es auch der Blindeste sieht. Die Leute tuscheln entsetzt. Ist der wahnsinnig? Schiemann fängt an zu glucksen. Im Saal ist es ganz leise geworden. »Nee, nee, nee, es hat sich nischt geändert!« Diesmal lassen ihn die Allmächtigen in Ruhe. Unberechenbar.

Was soll das für ein Land werden? Arbeiter-und Bauern-Republik, Königreich oder Operettenstaat? Die Hymne jedenfalls hat mir auf Anhieb gefallen. Sie erinnert mich an Hans Albers. Schon in »Wasser für Canitoga« fand ich es umwerfend, wie der blonde Junge dieses »Goodbye, Johnny!« schmetterte. Anfang der Fünfziger sitze ich im »Ganymed«, einem Nobelrestaurant am Schiffbauerdamm, nahe dem Bahnhof Friedrichstraße in Berlin. Feine Küche und ungeheure Prominenz. Ausgesuchte Atmosphäre. Kaffeehausmusik mit Geige und Piano. Plötzlich kriegen sich zwei Männer in die Wolle, sie brüllen einander an. Der eine entreißt dem Stehgeiger das Instrument, der andere schubst den Klavierspieler vom Hocker. Beide spielen »Auferstanden aus Ruinen« – das Duo Hanns Eisler und Paul Dessau! Der Dessau läßt zwischendurch seine Kinderhymne »Anmut sparet nicht noch Mühe!« anklingen, worauf Eisler wieder »aus Ruinen aufersteht«. Es klingt beides schön. Ich bin der einzige Zuhörer, und ich teile diesmal sogar den Geschmack der neuen

Landesherren. Wie denen gefällt auch mir – vielleicht wegen der Kriegsschule – der Eislersche Marschrhythmus besser. Die SED-Oberen hingegen denken wahrscheinlich schon an glänzende Paraden. Vielleicht steckt auch in mir ollem Schweden neben dem Sachsen doch noch irgendwo ein winziger Preuße!

WIE ICH SCHURICKE RETTETE

Wir proben Grillparzers »Weh dem, der lügt!«. Ich habe die undankbare Rolle des Atalus, des Neffen vom Bischof Gregor. Gar keene Rolle! Unspielbar! Ich bin bloß Stichwortgeber. Aber ich lerne Helmut Ahner kennen. Der spielt die Hauptrolle, den Küchenjungen Leon. Wir befreunden uns.

Für den Dresdener Rundfunk übernehmen wir beide die Doppelconference einer heiteren Unterhaltungssendung. Den Titel hab ich vergessen. So eine buntgemischte Sache, nach russischem Vorbild wohl Estrade genannt. Live. Am Sonntagnachmittag im Hygiene-Museum. Da drinnen hat der Rundfunk auch seine Redaktion und die Studios. Die Großankündigung dieses Tages ist Rudi Schuricke. Alle Teenager und auch das Mittelalter verdrehen vor Entzücken die Augen. »Wenn bei Capri die rote Sonne im Meer versinkt …« Schuricke ist die absolute Spitzennummer! »… ziehn die Fischer mit ihren Booten aufs Meer hinaus, und sie legen in weitem Bogen die Netze aus.« Ich habe die hohe Ehre, IHN anzusagen. Erst witzele ich mit Ahner noch ein bißchen herum, irgendwas über Lebensmittelmarken, Igelitschuhe und so.

Dann aber erstarren wir in Ehrfurcht. Schuricke tritt ans Mikrofon, und beginnt. »… hör mein Herz, wie es singt –« Aus. Sense. Kein »Bella-bella-bella-Marie …« ist zu hören. Das Mikrofon ist tot, mausetot. Man hört nur ein zierliches, hohes Stimmchen. Ist das der berühmte Schlagertenor? Das soll Schuricke sein!? Diese Fistelstimme? Den Leuten steht der Mund vor Schrecken offen. Mir auch. Das dauert etwa dreißig Sekunden. Und die sind auf der Bühne verdammt lang. Endlich klappt mein Mund wieder zu, ich stürze zu dem Sänger, reiße ihm das Mikro aus der Hand. Der hebt schützend den Arm, denkt der, ich will ihn verprügeln? Dann trompete ich tenoral mit meiner Bühnenstimme in den Saal. Ich rezitiere ein Gedicht von Kästner, es ist ziemlich lang. Derweil beheben hinten die Techniker den Schaden. ICH HABE SCHURICKE GERETTET! Einen Witz schiebe ich noch nach. Dann ist das Mikrofon wieder frei für die »Caprisonne«. Und sie geht schöner unter denn je. »Bella-bella-bella-Marie, vergiß mich nie!«

EINE TASSE KAFFEE MIT KÄSTNER

Den Kästner habe ich so tadellos drauf, weil Ahner und ich beschlossen haben, im Staatstheater Kabarett zu inszenieren. Erich Kästners »Jahreszeiten« halten wir für das Dresdener Publikum für passend, schließlich ist er ein Landsmann. Ich habe Bedenken. »Wir können doch um Himmelswillen nicht einfach so auf der Bühne öffentlich Texte verwenden. Da müssen wir doch Tantiemen zahlen.« Ahner winkt ab. »Wir schreiben dem Kästner 'n Brief.« Was hätten wir zahlen können? Nichts. Kästner antwortet sogar aus München. Wir könnten seine Texte nehmen, er wolle kein Geld dafür. Im Herzen sei er ja immer noch Dresdener, gerade habe er seinem Vater eine Villa in Strehlen gekauft, und er wünsche uns Toi-toi-toi. Der Abend wird ein toller Erfolg. Ahners Verdienst, ich bin nur die Beilage.

Wir kriegen raus, daß Kästners Vater »drühmsch« in der Neustadt wohnt. Da haben wir eine Idee. Wir besuchen den alten Herrn, und bieten ihm – sozusagen als Tantieme für die uns überlassenen Texte – an, beim Umzug in den anderen Stadtteil behilflich zu sein. Wir packen über hundert Kisten und Kästen mit Büchern voll. Vater Kästner ist mächtig stolz auf seinen Sohn. In dreißig Sprachen hat man »Emil und die Detektive« übersetzt. Er zeigt uns die fremden Schriftzeichen auf den Titeln. Eine Woche später bekommen wir erneut einen Brief aus der bayerischen Landeshauptstadt. Erich Kästner bedankt sich ganz herzlich. Wenn wir einen Wunsch hätten, er würde uns den nach Kräften erfüllen. Hallelujah! Ahner will unbedingt nach Berlin. Kästner zieht die Fäden, mein

Freund Helmut landet bei einem Rundfunksender an der Spree – als Sprecher. Heute noch ist er Schauspieler und vor allem durch Synchronarbeiten bekannt. Aus dem bildhübschen ranken Kerl von früher ist allerdings inzwischen ein Zweieinhalbzentnermann geworden. O Natur!

Ich habe damals 'ne Menge Wünsche, bitte Kästner um Aufschub. Als ich dann 1952 im Theater am Schiffbauerdamm in Berlin bin, löse ich diesen »Gutschein« ein. Mein Wunsch, so schreibe ich, ist es, mit ihm eine Tasse Kaffee zu trinken. Er ist einverstanden. Ich fahre nach München, treffe Erich Kästner in einem Kaffeehaus. Mir fallen sofort seine buschigen Augenbrauen auf und der leicht sächsische Singsang in der Stimme. Wir trinken 'n »Schälchen Heeßen«. Ich erzähle von meinem Werdegang, und dann reden wir über Dresden. Ich berichte wohl sehr plastisch, wie mir bei meiner Rückkehr in die abgebrannte Stadt zumute gewesen ist. Und ich überhöhe nicht, wenn ich sage, daß wir beide Tränen in den Augen hatten. Wohl anderthalb Stunden dauert unsere Unterhaltung, und Erich Kästner bekommt dann von mir bis zu seinem Tode noch mehrere Briefe, nimmt Anteil an meiner Bühnenlaufbahn.

ICH LIEBE DIE OPERETTE!

Die Dresdener Volksbühne wird mit dem Staatstheater vereint, besser gesagt, von ihm aufgesogen. Ich bin die zweite Spielzeit dabei, laut Vertrag als »Jugendlicher Komiker, Rollen nach Individualität für Schauspiel und Operette«. Im Mai 1949 ist meine Gage abermals erhöht worden. Bei Willy Court, dem Leiter der Abteilung Schauspiel an der Staatlichen Akademie für Musik und Theater, eben jener Schule, die mich an die Luft gesetzt hat, nehme ich privaten Schauspielunterricht. Er hat mir schon 1948 bescheinigt:

»Herr Rolf Ludewig ... hat die ihm gestellten Aufgaben zur vollsten Zufriedenheit gelöst. Seine außergewöhnlich starke, eigenwillige Begabung gibt zu den besten Hoffnungen Anlaß. Sein Arbeitsgeist, seine Intelligenz und seine menschlichen Vorzüge sind lobenswert. Rolf Ludewig ist laufend und immer

zu vollster Zufriedenheit der Veranstalter und Regisseure in öffentlichen Studio-Aufführungen und Rundfunksendungen eingesetzt worden.«

Ich bin ein bißchen stolz auf mich, spüre aber irgendwie, daß ich auf der Stelle trete.

Aus München reist Martin Hellberg, Professor Martin Hellberg, an. Er soll auf der Betriebsvollversammlung eine Rede zum Ableben der Volksbühne halten. Wir warten gespannt. Mein erster Eindruck: Der Mann ist ja noch theatralischer als sein Ruf! Er tritt schleppend ein, in seinem Gesicht liegen abwechselnd Trauer und Freude. Aber es kommt noch besser. Er spricht nicht gleich los, nein, er stützt sich lange und bedeutsam auf das Pult, läßt den Blick schweifen, wirft den Kopf nach hinten, reißt die Ärmchen – er ist ziemlich kurz geraten – weit auseinander und donnert mit Stentorstimme: »Ich la-hiebe die Ope-rette!« Wir ahnen Schlimmes. Wir sind Schauspieler, wenn der die Operette liebt – na, gute Nacht!

Dann beginnt er seine Rede, so mit Worten wie »mal frischen Wind auf die Bühne bringen« und so. Ein neuer Besen! Das wird dann fast beleidigend für uns. Unser erster jugendlicher Held, der Hans Helm, ein strahlend schöner Mensch, Erbe von mehreren Kinos in Berlin, steht auf: »Das ist doch unerhört! Das müssen wir uns nicht anhören, komm, Heinz, wir gehen!« Heinz Spitzner, der mit Helm eng befreundet ist und sich später am Berliner Boulevard-Theater einen Namen machen wird, springt ebenfalls hoch. »Wir gehen!« Totenstille im Raum. Der Professor ist fassungslos. Das ist mein Moment. Als die beiden an der Tür sind, rufe ich ihnen zu: »Ich bitte euch, lieber Hans, lieber Heinz, gewährt mir die Bitte, ich sei bei eurem Abgang der Dritte!« Damit folge ich ihnen. Ich höre noch: »… fristlos entlassen!«

Wir warten vor der Volksbühne an der Straßenbahnhaltestelle, an der ich zwei Jahre zuvor Paul Lewitt angesprochen hatte. Helm und Spitzner steigen in die Straßenbahn Richtung Innenstadt. Ich winke hinterher. Peng! Da stehe ich mal wieder – diesmal mit meinem bescheinigten Talent. Oben auf

Wolke Sieben reckt und streckt sich mein Schutzengel nach dem Mittagsschlaf, guckt zur Erde runter, sein Blick fällt auf Dresden-Leuben …

Ein Finger tippt mir auf die Schulter. Ich fahre erschrocken herum. Hinter mir hat sich unbemerkt Hans Pitra angeschlichen, bis vor einer Viertelstunde noch mein Intendant. Ich denke: »Mein Gott, will der sich an meiner Lage nun weiden. Erst fristlos kündigen, und dann noch ein Donnerwetter loslassen!? Das haste aber nicht verdient.« Aber der grinst so merkwürdig. Er sagt: »Das habe ich gut gemacht, was?« – Ich gucke ihn baff an. Er fährt fort: »Ich will dich nämlich was fragen. Ich bin nach Berlin berufen worden. Artur Maria Rabenalt, der UFA-Filmregisseur, ist von seiner Funktion entbunden worden. Ich bin der neue Intendant des Metropol-Theaters. Kommste mit – nach Berlin?« Es ist keine Bank da zum Hinsetzen! Ja, ei verbibsch! BERLIN!!!?

KONKURRENZ FÜR FRED ASTAIRE

Dritter Buffo bin ich und jugendlicher Komiker. Ab 1. März 1950 zahlt man mir monatlich tausend Mark brutto. Ich schwebe über die Schönhauser Allee. Das Metropol-Theater spielt im Kino Colosseum. Gleich um die Ecke, in der Stargarder Straße 66, habe ich ein Untermietzimmer mit einem großen Aquarium. Seither liebe ich die Fische. Wenn ich nachts mehr oder weniger betrunken nach Hause komme, spreche ich mit ihnen. Wir unterhalten uns fast jeden Abend. Es sind wilde Zeiten, die Allee kann man sich rauf- und runtersaufen, von der U-Bahn-Kneipe bis hin zum Café Nord.

Getreuer Trunkenbold an meiner Seite ist Lothar Creutz. Der war schon in Dresden Dramaturg an der Volksbühne und hat mich – wie auch Peter Palitzsch und Günter Sauer – behutsam an die Weltliteratur herangeführt. Ein hochintellektueller Kopf. Darum nahm Pitra auch seinen Dramaturgen mit ans Metropol. Als wir uns an der Elbe von Vater Creutz verabschiedeten, der als Glasmaler einen Vertrag in den USA angenommen hatte, legte der mir seinen Sohn ans Herz: »Herr Ludwig, passen Sie auf meinen Jungen auf.« Ich passe

Dienstvertrag

Zwischen

der ___ **Intendanz des Metropol-Theaters** _____

vertreten durch _____ **Herrn Intendant Hans Pitra** _____

und

Herrn ~~xxxxxxxxxxxx~~ **Rolf Ludwig** _____

ist folgender Vertrag abgeschlossen worden;

§ 1.

Das Mitglied ist für die Kunstgattung als ___ **Buffo und jugendl. Komiker** _____

und für das Kunstfach als _____

für das — ~~der~~ **Metropol-** -Theater in _____ **Berlin** _____ angestellt.

Die Bezeichnung des Kunstfachs wird durch das in der Anlage bezeichnete Rollengebiet ersetzt — ergänzt.
(Dieser Satz kann auch gestrichen werden, wenn das Kunstfach ausgefüllt wird.)

§ 2.

Der Vertrag beginnt am _____ **1. Februar 1950** _____

und endigt am _____ **31. Juli · 1950** _____

§ 3.

Das Mitglied hat zu beanspruchen:

1. ein Gehalt von **DM 800.-- für Februar 1950**

~~xxxxx Vertragsjahre~~ monatlich **1000.--** DM (in Worten **Eintausend ab 1.3.50** DM)

im ___ Vertragsjahre monatlich / jährlich _____ DM (in Worten _____ DM)

im ___ Vertragsjahre monatlich / jährlich _____ DM (in Worten _____ DM)

2. ein Spielgeld für jede Vorstellung, in welcher das Mitglied beschäftigt ist, gleichviel ob in einer oder mehreren Rollen, im Betrag von

im ___ Vertragsjahre _____ DM (in Worten _____ DM)

im ___ Vertragsjahre _____ DM (in Worten _____ DM)

im ___ Vertragsjahre _____ DM (in Worten _____ DM)

Dieses Spielgeld wird monatlich — jährlich — für die Dauer der Spielzeit _____ mal gewährleistet

3. für die Mitwirkung in einer zweiten oder dritten am gleichen Tage stattfindenden Vorstellung eine Vergütung von **einer halben** ~~DM~~ **Tagesgage**

4. für die Mitwirkung in einer durch Rundfunk, Telefon usw. übertragenen Vorstellung eine Vergütung von _____ DM

---

in dem Sündenbabel Berlin auf Creutz auf, und der auf mich. Bis in den frühen Morgen …

Als erstes bekomme ich die Rolle des Marquis de Brisac in der »Madame Dubarry«. Adi Appelt, der Erste Buffo, ist krank, Joe Schorn, der Zweite, wurde übergangen und grollt. Aber dennoch darf ich seine dreijährige Tochter Uta in der

70

Garderobe auf den Knien schaukeln, und sie sagt immer »Onkel Freund« zu mir. Die Kleene mag mich, ich kann meine Kollegin Uta Schorn auch heute noch gut leiden.

Der Korrepetitor, der seinen Flügel draußen in Nikolassee stehen hat, rauft sich die Haare. Ich kann nicht besonders gut singen, nun ja, eine Ballade schon mal, wie später im Deutschen Theater die Berliner Lieder. »Zickenschulze.« Ich schmettere auch Volkslieder. »Es blies ein Jäger wohl in sein Ho-ho-horn!« Aber Operettenarien!?

Auch Anni Peterka-Stoll, die Balettmeisterin, schwankt zwischen Lachkrämpfen und Wutausbrüchen. »Füße hoch! Eins-zwei – eins – zwei!« Ich muß ihr unendlich dankbar sein, meine krummen Fußballer-Beine verhakeln sich ständig. Die beiden Soubretten Inge Detlefsen und Traudel Tomaschek schütteln die Köpfe: »Das geht nicht gut! Ein Buffo muß tanzen können!« So mache ich aus der Not eine Tugend. Ich stelle mich auf der Bühne neben die beiden und ahme sie auffällig und ungelenk nach. So wie Danny Kaye oder Helmut Lohner, die arbeiten mit den Beinen – aber seitenverkehrt. Das Publikum brüllt vor Lachen. So fällt auch nicht weiter auf, wenn ich gesanglich mal danebenhaue. Schließlich bin ich laut Vertrag auch als jugendlicher Komiker engagiert. Die Soubretten sind beleidigt, denn die Zuschauer bewundern statt der langen wohlgeformten Damenbeine meine O-förmigen Häkelhaken.

Den König in der »Dubarry« spielt als Gast Franz Kutschera, der vom Theater am Schiffbauerdamm kommt. Er beobachtet mein Bemühen, Fred Astaire den Rang abzulaufen, aufmerksam. Dann kommt er zu mir und sagt: »Eigentlich gehörst du ins Schauspiel.« – »Aber das will ich doch. Ich hab sowieso den Verdacht, daß mich Pitra nur wegen meiner Karriere als linker Läufer bei Wacker Leuben mit nach Berlin genommen hat!«

Tatsächlich gibt es in Berlin so eine Theaterelf, in die ich mit Kußhand aufgenommen werde. Hans Pitra ist ein fanatischer Fußballanhänger. Vielleicht habe ich die Rolle des Marquis de Brisac bloß wegen meiner Dribbelkünste bekommen?

Kutschera sagt bedeutungsvoll: »Ich will sehen, was ich für dich tun kann.«

Vorerst nichts. Denn ich bleibe zwei Spielzeiten am Metropol, spiele, singe »Die kleinen Mädchen im Trikot« und stolpere als Buffo an der Seite von so wunderbaren Kollegen wie Oda Troll, Fred Kronström und Gerd Frickhöffer über die Bühne. Mit Frickhöffer verbindet mich bis zu seinem Tode vor einigen Jahren eine herzliche Freundschaft. Mit seiner Frau Irene, die in Baden-Baden wohnt, wechsele ich ab und an Briefe.

Die Nachkriegszeit bringt eine besondere Empfänglichkeit für das Heitere auf. Das Theater ist für mich, als jungen Menschen, wie ein Rausch. Man kommt schneller durchs Leben, wenn man heiter ist. Ich entkrampfe noch heute die Leute gern, daß sie gelöst aus dem Theater gehen. Abgestempelt will ich nicht als Komiker werden und auch nicht immer den Pausenclown abliefern. Aber heiteres Theater betreibe ich für mein Leben gern.

Im Metropol spiele ich bis 1952 unter anderem in »Frasquita«, »Madame Pompadour« und »Bolero«. Die Operettenfassung vom »Bolero« komponiert Eberhard Schmidt. Es ist eine Welturaufführung. Ich spiele einen Knecht, eine Wurzen. Abends ziehe ich mit Schmidt durch die Schönhauser, und er redet eindringlich auf mich ein: »Wenn du so weitersäufst, dann nimmt es ein schlimmes Ende mit dir.« Er hat, sagen wir mal, zweikommavier Promille, ich einskommadrei. Er umarmt mich. »Ich mag dich. Aber warum, um Himmelswillen, gehst du nicht in die Partei?« – »Ich gehe in keine Partei, Eberhard.« – »Ein schlimmes Ende nimmt es mit dir. Dann singen wir wenigstens das Spanienlied!« Und wir singen aus voller Kehle auf der Allee. Schmidt war 1936 im Spanienkrieg, er ist überzeugter Kommunist, hat seinen Kopf »für die Sache« hingehalten. Das nötigt mir Respekt ab.

Wir kehren irgendwo ein, ins »Lolott«. Er erzählt mir zum hundertstenmal in breitem Oberschlesisch, wie sein Bruder – der Schauspieler Alexander Schmidt – die Russen zum Narren gehalten hat, als die einmarschierten. Er hockte in einem

Apfelbaum und mimte den Verrückten, turnte mit affenarti-
ger Behendigkeit zwischen den Ästen herum und trällerte
»Hallihallo!« Doktor Mabuse im Obstbaum. Die Soldaten
ließen ihn in Ruhe …

Am nächsten Tag treffe ich Eberhard Schmidt wieder.
»Trinkst du noch?« fragt er und hat seinen Pegel schon wieder erreicht. – »Nein, ich habe Probe. Ich bin stocknüch-
tern.« – »So biste mir am liebsten. Komm, wir gehen in den
Kulturbundclub und lassen uns vom Fritze Cremer malen!«

HERR LUDWIG, SIE BRENNEN!

Ich habe einen Neuerer-Vorschlag gemacht und dafür
gesorgt, daß die Bühnenarbeiter zu Vorschlaghammer und
Meißel greifen. Allerdings stoße ich auch nicht auf Widerstand, denn ich fordere dazu auf, ein etwa zwei Meter hohes
und einen Meter breites Loch vom Zuschauerraum aus durch
die Brandmauer zum Nebenhaus freizuschlagen sowie eine
Verbindungstür einzusetzen. Hinter der Wand befindet sich
der Schankraum des benachbarten Lokals, zu dem wir nun
einen direkten Zugang bekommen. Bei Regenwetter gelangen wir trockenen Fußes in das »Werk II«.

Das ist eine echte Berliner Stampe mit einem großen blan-
ken Holztisch auf einer Art Empore. Dort oben sitzt nach
der Vorstellung das Ballett. Die trinken Likör, kichern und
werfen schon mal ein paar Blicke zu den Herren herunter.
Wir heben am Stehtisch Bier und Kurze. Ich erzähle Creutz
irgendwas, wedele mit den Händen herum. In der Rechten
halte ich die Zigarette. Plötzlich springt von der Empore eine
zierliche, kleine Blonde herunter, gießt mir ein volles Bier-
glas über Knie und Unterschenkel und sagt: »Herr Ludwig,
Sie brennen!« Da steigt er auch mir in die Nase – der brenz-
lige Gestank. In den weiten Umschlag meiner nagelneuen
Cordhose ist Glut gefallen und glimmt vor sich hin. Ich stehe
da wie ein Räuchermännel.

Ich kaufe eine große Pralinenschachtel und gehe hinauf zu
den Mädels, die unverschämt gackern. Schon immer habe ich
ein ausgeprägt gutes Verhältnis zum Ballett gehabt. Die Blon-

de ist verdammt hübsch mit ihren schrägstehenden schmalen Augen. »Das war aber sehr nett von Ihnen«, sage ich brav. »Ich konnte Sie doch nicht abfackeln lassen«, entgegnet sie …

Am nächsten Morgen liegt auf meinem Kopfkissen in der möblierten Stargarder ein blonder Schopf. Die Cordhose hängt über dem Stuhl, das Hosenbein ist noch feucht. Die Löschaktion hat absolut nichts genutzt, denn ich brenne lichterloh – für diese Ballettratte. In der Küche von Witwe Bolte setze ich Kaffeewasser auf. Als ich mit dem Tablett ins Zimmer zurückkomme, rührt das Mädchen mit dem Finger im Aquarium herum. »Ich bleibe bei dir«, sagt sie mit Bestimmtheit. So lernte ich meine Frau kennen – Ilse Hurtig, damals 18jährig, geboren in Baumschulenweg, Tochter eines Berliner Gastwirts. Wir ziehen zusammen um die Ecke, an die Plumpe, wo der Herthaplatz ist. Ückermünder Straße, zwei Zimmer zur Untermiete …

DER »VATER« VON KOSLOWSKY

Im »Boccaccio« habe ich wieder eine kleine Rolle. Ich muß nur auf einem Faß herumklopfen. Was ich aber da alles anstelle! Ich mache im wahrsten und übertragenen Sinne des Wortes ein Riesenfaß auf. Ich trommle, tanze mit dem Ding, hechte darüber. Der Tenor Willi Brandes ist stinksauer und eifersüchtig. »Kein Mensch achtet auf meinen Gesang, meine gottvolle Stimme, wenn du auf dem Scheißfaß rummachst. Du zerkloppst uns die ganze Arie!«

In einer der Vorstellungen sitzt Wolfgang Langhoff. Zwei Wochen später bekomme ich eine Einladung zum Vorsprechen am Deutschen Theater. Es ist wie verhext. Auch Franz Kutschera kommt zu mir und sagt: »Du, der Fritz Wisten und der Dramaturg Günter Ruschin, die woll'n dich da am Schiffbauerdamm mal sehen.« Wieder mal zwischen zwei Heuhaufen. Vorsichtshalber und um meine Entscheidungsfreudigkeit zu schärfen, kehre ich in eine Destille ein.

Am nächsten Morgen wache ich mit schwerem Kopf auf, meine Beine entscheiden für mich: das Theater am Schiffbauerdamm ist näher an der S-Bahn-Station Friedrichstraße.

Im Hof steht ein kleiner Herr. Ich sage: »Ich bin Rolf Ludwig, ich soll hier vorsprechen.« – »Ja, der Chef kommt gleich, gehen Sie doch solange in die Kantine.« Das isses. Ich bin in die Kantine geschickt worden. Der Nachdurst ist der beste Durst. Ich lösche.

Dann gehe ich auf die Bühne, an die Rampe. Ich bin leicht angeheitert. »In Gefangenschaft«, sage ich, »habe ich schon Theater gespielt. Da hatten wir einen, der wollte unbedingt Dichter werden. Der hat ein Stück geschrieben. Das heißt ›Der Vater‹, nicht von Strindberg, und daraus will ich Ihnen etwas spielen. Ich bin der Sohn.« – »Wie heißt der Dichter?« – »Koslowski, Richard Koslowski.« Das war glatt erstunken und erlogen. Ich lasse mir einen Stuhl geben und beginne, mir einen Text zu überlegen. Da entsteht eine bedeutungsvolle Pause. Das finden die schon großartig. Ich sage: »Den Haupttext hat der Vater.« Ich höre dem imaginären Partner zu. Dann rufe ich unvermittelt: »Nein! Nein! Nein!« Damit sie merken, daß ich auch laut sein kann. Wieder eine Pause. »Gut, gut«, sagen Wisten und Ruschin, »das reicht. Wie hieß der Autor?« – »Krumbiegel«, sage ich. »Engagiert.«

EINE KISTE WEIN VOM MINISTERPRÄSIDENTEN

Meine erste Premiere im Theater am Schiffbauerdamm ist »Der Brauthandel« von Goldoni. Umwerfend in einer Nebenrolle der Westberliner Schauspieler Alfred Chogo. Auch die anderen.

Nur kurze Zeit spiele ich an der Seite von Michael Degen, einem glänzenden Sprecher. Der ist aus Israel gekommen, demonstriert seine Sprachkultur im »Spieler« von Gogol. In einem fort mäkelt er an meinem Sächsisch herum.

Wir bleiben in Kontakt. Für eine Produktion des ZDF nutzt der Regisseur Peter Beauvais, Ehemann der jüngst vestorbenen Sabine Sinjen, 1978 die Babelsberger Studios. Hauptrollen haben Michael Degen und Herbert Grönemeyer. Als ihnen ein Schauspieler ausfällt, bekomme ich eine Nebenrolle – für Ostgage. Nach den Dreharbeiten eilt der Aufnahmeleiter herbei und drückt mir einen Briefumschlag mit tausend

Mark in die Hand. Westmark! Als erstes kaufe ich mir davon im Intershop eine Kassette von Loriot. Beauvais fordert: »Ich brauche Sie im Smoking!« Einverstanden, aber ich habe keinen. Ich trage zu der Zeit meine ewige ausgebeulte Cordhose und 'ne schwarze Lederjacke. Am Ku'damm lassen sie für mich diesen Edelanzug schneidern, ich sehe blendend aus. »Als Souvenir und Dankeschön vom Regisseur!« sagt die Kostümbildnerin am letzten Drehtag und drückt mir eine große Plastetüte in die Hand. Den Smoking habe ich bis heute noch zweimal getragen: zu meiner zweiten Hochzeit im Juli 1990 und zu der ersten meiner Tochter im Juni 1995. Nach dem Mauerfall treffe ich Michael Degen im Hotel Steigenberger und im Europa-Center Berlin. Er gibt mir Tips und Tricks, wie man Gagen entprechend seinem Marktwert erhandelt ...

Kollegen am Schiffbauerdamm 1953. Ursula Meißner, die in der letzten »Turandot«-Vorstellung so herzzerreißend heult, und noch mehr, als Armin Mueller-Stahl ihr ein Abschiedsständchen geigt. Sie geht dann mit ihrem Mann, dem griechischen Botschafter, nach Hellas. Ilse Nürnberg und Margarethe Kupfer, die später auf der Bühne in Gorkis »Feinden« verrückt wird und den Wahn hat, immer etwas suchen zu müssen. Franz Kutschera natürlich, der Kinderdarsteller Charles Brauer. Martin Benrath verläßt uns bald in Richtung Düsseldorf. Klaus-Jürgen Wussow, der ja im Alter in die Medizin wechseln und sich Professor Brinkmann nennen wird, nimmt ein Engagement in Stuttgart an. Alfred Schieske, Albert Garbe und Wolf von Benneckendorf, der mir mehrmals eine Rose auf den Garderobentisch stellt und seinen kleinen Aschenbecher schenkt, bis ich herumdruckse: »Herr von Benneckendorf, das, was Sie glauben, is nich. Ich bin nicht ...« Da läßt er mich in Ruhe.

Eine kollegiale langjährige Freundschaft beginne ich von der Zeit am Schiffbauerdamm an mit Armin Mueller-Stahl, dem damals blutjungen Anfänger, obwohl er der einzige Mensch ist, mit dem ich mich je geprügelt habe ... Wir nahmen im »Ganymed« eine Kleinigkeit zu uns. Ist es nun der eiskalte Wind im Januar? Oder war es wirklich ein Gläschen zu viel? Jedenfalls behauptet »Minchen« Mueller-Stahl, er könne 100 Meter in 12,4 Sekunden laufen. Ich zweifle stark daran. Das wäre ja fast Weltrekord! Ein Wort gibt das andere, und plötzlich rollen wir uns auf der Weidendammer Brücke im Schnee, boxen uns immer ernsthafter, er hält mich im Schwitzkasten. Ich poche aufgebend mit den Fäusten auf den Boden. Da gucken wir uns an und – beginnen lauthals zu lachen. Zwei erwachsene Männer. Wir klopfen uns gegenseitig den Schnee von den Mänteln, machen auf dem Absatz kehrt und laufen die Friedrichstraße in Richtung Eszterhazy-Keller hinunter …

THEATER DER ZEIT, Heft 7/1971
… und es war eines Tages eine kleine Sensation, als der Operettenkomiker zum ›seriösen‹ Theater überging. Oder auch keine. Denn da hatte jemand Operette gespielt mit jungenhaftem Charme: und einer Nuancengenauigkeit dazu, die an Qualität zu dem oft fahrlässig fabrizierten Gegenstand Operette fast unangemessen gut geriet. Schauspielerische Ansprüche waren sichtbar, die sich sichtlich selber lenkten, regulierten; oft über den von der Regie gesetzten Ergebnisanspruch hinaus. Bei alledem war dieser Rolf Ludwig (in Berlin von dem unerbittlich strengen Theater- und Literatur-Mentor Paul Mochmann einer beständigen Aufmerksamkeit und gelegentlich ratender Hilfe für wert befunden) gleichzeitig von jeher ein richtiger Tausendsassa auf der Bühne …

Ich bekomme am Schiffbauerdamm Bombenrollen in Mantel- und Degen-Stücken. Hauptrollen. In der »Frommen Marta« liege ich als Don Ramirez am Boden und muß sagen: »Alle hielten mich für tot. Aber ich lebe, ich habe das Duell bestanden.« Unten sitzt bei der Premiere der alte Eduard von Winterstein und röhrt mit unnachahmlicher Stimme hemmungslos: »Wer ist denn da-a-as?« Es war das höchste Lob, das er jemals öffentlich vergeben hat.

Als meine Partnerin spielt die wundervolle und bildhübsche Ursula Meißner. Ihr großer Kummer ist die zu kleine Brust. Die wird so fest zusammengepreßt und hochgeschnürt, daß Ursula direkt wie eine vollbusige Spreewälder Amme aussieht. Aber um welchen Preis! »Guck mal, Rolf«, sagt sie und reißt das Korsett herunter, »überall Blutergüsse!«

Die Übersetzung des Stückes von Tirso de Molina aus dem Spanischen hatte Wintersteins Sohn, Gustav von Wangenheim, besorgt. Regie führte Kurt Jung-Alsen. Das Bühnenbild war von Roman Weyl.

NATIONALZEITUNG vom 24. Januar 1953
»DIE FROMME MARTA« VON MOLINA TRIUM-
PHIERT IM THEATER AM SCHIFFBAUERDAMM
Wohl abgestimmt das sympathische Liebhaberterzett mit dem
für Situations- und Wortkomik hochbegabten Rolf Ludwig –
der wie hier nie seine Grenzen überschreiten sollte – als Don
Ramirez ... Keine Lücke im Stück, keine Lücke in der Insze-
nierung und keine Lücke im Zuschauerraum; dafür brau-
sender Beifall, weit über den ›Eisernen‹ hinaus. So ist's recht!

In der Premierenpause öffnet sich meine Garderobentür und herein tritt ein Mann, der aussieht wie Otto Grotewohl, der Ministerpräsident der DDR. Es ist Otto Grotewohl mit seiner Gattin. »Herr Ludwig«, sagt er, »ich habe einen schweren Arbeitstag hinter mir. Aber jetzt mußte ich so sehr lachen, bin so guter Laune. Aus dem Gästehaus der Regierung, dem ›Johannishof‹, wird man Ihnen und Ihren Kollegen zwei Kisten Wein herüberbringen. Eine gute zweite Halbzeit wünsche ich und eine schöne Premierenfeier.« Wieder zum Alkohol genötigt! Vom Staatsoberhaupt! Als wir dann nach der Vorstellung endlich abgeschminkt sind und ins Foyer hinaufkommen, sitzt dort der große Kollege Raimund Schelcher, dessen Buch noch geschrieben werden muß, inmitten von bestem Rheinwein. Jahrzehnte später wird er vom Teufel Alkohol heimgeholt werden. Aber er schläft, in den letzten Stunden von seiner Kollegin Felicitas Ritsch noch zum christlichen Glauben bekehrt, friedlich ein ... Schelcher also hockt neben dem kalten Büfett. Er ist im Stück nicht dringewesen und auch nicht in der Premiere der »Frommen Marta«, hat aber dienstbeflissen den ›Johannishof‹-Boten die Kisten abgenommen, zwei bis drei Flaschen in sich hineingegossen und lallt uns freudig entgegen: »Wir waren großartig!!!«

DER 17. JUNI 1953 – EIN DUO NEUSS UND LUDWIG?

In Westberlin kenne ich einen Architekten. Was heißt kennen? Wir haben irgendwo in Charlottenburg mal zusammen einen gehoben. Was heißt einen? Es waren mehrere. Dieser Mann jedenfalls hat eine Villa am Lietzensee und mich dorthin eingeladen. Wir reden über Gott und die Welt, und im Radio redet Ernst Reuter, der Bürgermeister von Berlin, das heißt der drei Westsektoren. Ich höre immer was von Panzern und Leipziger Straße und Stalinallee. Mein Pazifistenherz hämmert vernehmlich. Ich muß blind gewesen sein die letzten Wochen.

Die Titelseite der »Morgenpost« zeigt das Datum des 17. Juni 1953. »Bleib ruhig«, sagt der Baufritze und gießt mir noch einen Whisky ein, »die Grenzen sind bloß 'n Moment dicht. Fährste eben morgen wieder rüber!« Da denke ich plötzlich an Elimar, meinen Freund Hachfeld. Ich rufe ihn an. »Mach dir keinen Kopp. Ich laß mir was einfallen!« Für den ist klar, daß ich im Westen bleibe. »Ich schreib für dich und den Neuss 'n neues Programm«, meint der, »hauste eben mit dem zusammen auf die Pauke!«

Am nächsten Tag, am 18., lerne ich Wolfgang Neuss kennen, den blitzgescheiten Kabarettisten mit der losen Schnauze, für die Eckart Hachfeld die Texte schneidert. »Ick hab da schon 'n Partner. Kiek dir mal den Müller an«, rät der mir. »Der paßt zu mir wie 'n Latschen. Mal sehn, ob du mir paßt!« Ich bin unentschlossen, telefoniere nach Ostberlin. Gerhard Frickhöffer, Buffo am Metropol-Theater, in dem ich noch in laufenden Stücken – zum Beispiel im »Boccaccio« – gastiere, erzählt, daß am Schwarzen Brett ein Aushang von Intendant Hans Pitra hängt. Darin steht sinngemäß, daß der Schauspieler Rolf Ludwig die Republik verraten und sich freiwillig in die

Hände des Klassenfeindes begeben hat und anderer Blödsinn. Da beginnt es schon, mich zu wurmen.

Ich rufe Fritz Wisten an, den Chef vom Schiffbauerdamm. Wisten sagt: »Gut, daß du dich meldest. Jetzt wissen wir wenigstens, wo du bist. Willst du vertragsbrüchig werden?« Will ich vertragsbrüchig werden? Die Kollegen hängenlassen? Hab ich im Westen auf der Bühne überhaupt eine Chance? Ich drehe meine paar Ostmark, die ich noch habe, in den Fingern herum. Der Architekt hat mir 'n Fuffziger zugeschoben – West. Wie weit kommt man mit fünfzig Mark? Wisten ruft mich bei Hachfeld zurück. »Ist doch alles Quatsch, Junge. Deine Wohnung haben die zwar versiegelt, aber bitte komme morgen zur Probe. Zehn Uhr. Schiffbauerdamm.« – »In Ordnung, Vadder!« Ich darf ihn so nennen, denn Wisten ist wirklich so etwas wie mein väterlicher Freund.

Am nächsten Vormittag steht mein alter DKW, Baujahr 1936, den ich ein Jahr zuvor von meinem Dresdener Onkel Hans für'n Appel und 'n Ei gekauft habe, vor dem Theater am Schiffbauerdamm und ich auf der Probebühne – wie immer …

ILSE MACHT FURORE

Für das ehrgeizige blonde Mädchen an meiner Seite, meine Ilse, ist die Ost-West-Sache längst nicht entschieden. Gruppentänzerin am Metropol – soll das wirklich alles gewesen sein? Wir lernen bei einer Eisrevue das Kunstlaufpaar Maxie Herber und Ernst Beier kennen. Die beiden setzen meiner Verlobten einen Floh ins Ohr. Ist das Eis etwas für Ilse? Sie fährt nach Düsseldorf, um das Schlittschuhlaufen zu erlernen. Ein Star will sie werden! Doch sie fliegt in jeder Hinsicht – auch bildlich gesprochen – auf die Schnauze. Das Eis hat eben keine Bühnenbretter!

So landet sie beim Stadttheater Bielefeld. Wir führen eine Lebensgemeinschaft fast ohne Gemeinschaft. Einmal im Monat fliege ich von Berlin-Tempelhof nach Hannover und zuckele dann mit dem Zug weiter nach Bielefeld. Dort am Stadttheater gibt es einen Dramaturgen, der heißt Heiner Kruse. Ist das etwa der …? Ja, mit dem war ich im Lodge

Moor Camp in der Theaterbaracke. Ilses Ballettmeister ist Peter Rolle, ihr Partner Heinz King. Die Männer machen später in München eine weltbekannte Ballettschule auf, vorerst aber feiert das Duo Hurtig/King in Westdeutschland Erfolge. Ilse und Heinz gehen nach Düsseldorf.

Ich bin in der Zwickmühle. Natürlich will ich ihr die Karriere nicht vermasseln, aber andererseits kann ich auch nicht auf sie verzichten! Wir schreiben uns Berge von Briefen. Kommt sie – kommt sie nicht zurück? Ich zermartere mir das Hirn, während ich abends durch die Kneipen am Prenzlauer Berg ziehe. Dann spreche ich bei Max Burghardt, dem Intendanten der Staatsoper in Ostberlin, vor. Ob Wisten mir den Tip gegeben hat, weiß ich nicht mehr ganz genau. Ich erkläre: »Meine Verlobte ist Ballerina in Düsseldorf. Helfen Sie mir, daß sie zurückkommt.« Und Burghardt, der natürlich die Ballettszene im Westen verfolgt, sagt, als sei es das Selbstverständlichste von der Welt: »Kein Problem. Wir fertigen einen Vertrag aus. Sie wird Solotänzerin. Ob sie das und mehr kann, wird sie beweisen müssen.«

Ich bin sofort an den Rhein geflogen, habe Ilse in Düsseldorf den Vertrag unter die Nase gehalten. »Wenn du das unterschreibst, biste Solotänzerin. Nicht Gruppengirl am Metropol. Nee, Staatsoper!!!« Die schreit nicht auf vor Freude. Ich bin baff. Zwei Tage und Nächte diskutieren, streiten und vertragen wir uns wieder. Immer wieder im Kreis. Dann sage ich: »Wenn du unterschreibst, heirate ich dich!« Glatte Erpressung! Sie greift zum Füllfederhalter …

Und dann steht sie mit ihren Koffern wieder vor der Tür in der möblierten Grellstraße in Berlin. Wir ziehen um die Ecke in die Preußstraße, zwei Zimmer, Bad und Küche mit Fenster! Insgesamt habe ich in Berlin dreizehnmal die Wohnung gewechselt – ein Nichtseßhafter! Wir heiraten drei Tage vor Weihnachten 1956. Trauzeugen sind mein Schauspielerkollege Wolfgang Preiß und seine Frau Ruth. Preiß ist damals immer klamm, und das Benzingeld für seinen Glamourschlitten Carmencia bezahle ich. Wir, die Brautleute, tuckern in meiner 1936er Reichsklassekiste zum Standesamt Prenzlauer Berg hinterher. Ilse schämt sich ein bißchen. Die anderen Paare haben sich blitzende Taxis geleistet. Der Standesbeamte ist hypernervös, überarbeitet, die Leute sind geradezu hochzeitsbesessen in jenen Jahren. Der Schwarzrock fingert unterm Tisch herum und findet den Knopf für das Tonbandgerät nicht. Ich drücke rauf, Ilse gluckst vor Lachen. Dann verliert der Mann auch noch seinen roten Faden und die Worte seiner vorgeschriebenen Redevariante. Ich glaube, wir werden nicht mal auf lebenslange gegenseitige Treue und die zum Arbeiter- und Bauern-Staat vereidigt. Preiß ist irgendwie gerührt, drückt sich eine Träne weg, er hat uns beide in sein Herz geschlossen ...

»Jungfer - Sie gefällt mir« – Ludwigs Ehefrau Ilse Hurtig, Solotänzerin an der Staatsoper Berlin

... Zwei Wochen später macht er uns ein extraoriginelles Hochzeitsgeschenk. Preiß hat ein Haus im Grunewald, er lädt uns zum Sonnabendnachmittag ein. Wer die Preißens besucht, muß sich mit dem Namenszug an der Zimmertür verewigen. Als er später nach Baden-Baden zieht, nimmt er tatsächlich die Grunewalder Tür mit ... Ilse und ich kommen ins Wohnzimmer. Wir gucken – und denken, wir trauen unseren Augen nicht. Auf der Couch sitzt leibhaftig mit zerknittertem Gesicht – Luis Trenker! Das Idol meiner Kinder- und Jugendjahre! »Der Berg ruft!« Und neben ihm Marianne Hold, in die der Meisterkraxler unsterblich verliebt ist. Kein Silbe kann man unterbringen. Trenker redet, vor allem mit den Händen. Seine Finger krallen sich beim Erzählen förmlich in den Fels hinein, hektisch wie nischt! »Muatter, hob i gsagt, Muatter ...« Ein Naturtalent, der Mann. Es ist eine Tortur für mich, den ganzen Abend meinen Mund halten zu müssen. Das Ergebnis wird eine fröhliche Zecherei. Berge in Flammen. Wir sind fasziniert ...

DER LEBT JA NOCH!!!
BERLINER ZEITUNG vom 24. August 1955
Da spielt nämlich Rolf Ludwig, schon immer ein bemerkenswerter Darsteller, als Truffaldino die Rolle seines Lebens (seines bisherigen, versteht sich). Das tut er mit all dem verschlagenen Mutterwitz, mit der kecken List und der verschmitzten Gewandtheit, die so ein armer italienisch Junge zu Goldonis Zeiten brauchte ... Und er spielt ihn mit so behender, tänzerisch anmutiger Gewandtheit, mit so beinahe artistisch perfekter und genauer Beherrschung der sprachlichen und der körperlichen Darstellungsmittel, wie man lange nichts dergleichen auf den Berliner Nachkriegsbühnen sah. Vieles war hinreißend komisch: die Eßpantomime des Heißhungrigen, der gewaltige Spaghettikrieg, und was dabei besonders imponierte: alles blieb kontrolliert, nichts wurde ins Billige und Platte überzogen ... Das Publikum spielte wacker mit. Es klatschte in die offene Szene, es klatschte zur Pause, es klatschte am Ende, bis noch der Eiserne Vorhang sein Pförtchen öffnete – es klatschte, als müsse es selber bei dreißig Grad Hitze unter der Sonne von Venedig sein Brot mit Beifall verdienen ...

Bert Brecht will das Theater am Schiffbauerdamm unbedingt haben, denn hier ist seine »Dreigroschenoper« uraufgeführt worden. Die Staatsoberen fühlen sich gebauchpinselt, daß ein Weltautor Domizil im ersten deutschen Arbeiter- und Bauern-Staat nehmen will. Und schon ziehen wir um – das Ensemble mit Fritz Wisten an der Tete – in die wiederaufgebaute

Berliner Volksbühne. Wisten ist befreundet mit Brecht, er kennt ihn seit der Zeit seiner Bekanntschaft mit dem Dichter Arnolt Bronnen in den zwanziger Jahren. Die Berliner Kunstszene witzelt: »Der Wisten geht solange zum Bronnen bis er brecht.« Die erste Premiere am Luxemburgplatz ist der »Wilhelm Tell«. Vadder Wisten sagt zu mir: »Weeßte, für Klassiker scheinst du mir nicht die nötige Reife zu besitzen. Du bist mir zu verspielt und zu verquatscht. Spiel du mal deine Mantel- und Degen-Rollen! Da kommt noch was auf dich zu!«

Aber ich bekomme dennoch meinen Auftritt im »Tell«. Eines Nachmittags werde ich angerufen. »Um Himmelswillen, der Heinz Gieß ist krank geworden! Ludwig, Sie übernehmen!« Natürlich eile ich hin. Gieß spielt den 1.

Fritz Wisten: Der Hauptmann von Köpenick 1930 grüßt den Hauptmann von Köln 1959

Jäger, er ist ungefähr zwei Meter fünfzig groß, nur wenig übertrieben. Der Hintern seiner krachledernen Hose hängt mir irgendwo in den Kniekehlen. Alles wird notdürftig zusammengeheftet. Ich sehe aus wie eine Schießbudenfigur aus Florian Geyers wilder verwegener Jagd. Wildschweine würden sich vor mir fürchten oder vor Lachen tot umfallen. Die Armbrust wiegt drei Zentner.

Ich habe gleich zu Beginn die zwei gewichtigen Passagen:

»Da kommt ein Mann in voller Hast gelaufen!« und dann zum Baumgarten, den Peter Marx marmeladebeschmiert spielt: »Ihr seid mit Blut befleckt. Was hat's gegeben?« Lächerlich. Zweimal vor sich hingesagt, dann hat man das drauf. In der Gasse zum Auftritt stehen die netten Kollegen Gerry Wolff und Hans Joachim Hanisch. Gerry grinst verschmitzt. »Also, denk dran, Rolf: Da kommt ein Ast mit einem vollen Mann gelaufen!« Und Hanisch korrigiert: »Da kommt ein Mann mit einem vollen Ast gelaufen!« – »Quatsch«, sagt Wolff, »da kommt ein voller Mann mit einem Riesenast gelaufen!« Das macht mich wahnsinnig. Es läutet.

Vorhang auf, ich muß raus. »Da kommt ein Mann in voller Hast gelaufen!« Ha! Ich drehe mich triumphierend zur Gasse hin, stecke kurz die Zunge zu den Kollegen raus. Baumgarten taumelt heran, stürzt zu Boden. Funkstille. Nischt! Blutleere im Kopp! Mein Gott, der zweite Passus! Dann höre ich mich ursächsisch stammeln: »Ihr seid mit Blut beschmiert, was is'n bassiert?« Vielleicht bin ich wirklich zu komisch für Schiller?

Otto Tausig ist aus Wien gekommen, vom Scala-Theater, einer linksgerichteten Bühne, die geschlossen wurde. Beginn und Mitte der fünfziger Jahre ist die Zeit der Rückkehrer, emigrierte jüdische Künstler aller Sparten sehen in diesem jungen deutschen Staat, der sich so viel vorgenommen hat, eine Zukunft. Theaterleute aus Wien erhalten in Berlin Engagements an der Volksbühne, bei Brecht, am Deutschen Theater. Wolfgang Heinz, seine Frau, die Erika Pelikowsky, Karl Paryla, Fritz Links, Mathilde Danegger, Trude Bechmann, Lilly Schmuck, Peter Sturm, Hortense Raky. Die fallen mir auf Anhieb ein, es sind viele mehr.

Also auch Otto Tausig. Ein wunderbarer Mensch und schauspielerisch ein Könner. Er inszeniert 1955 an der Berliner Volksbühne den »Diener zweier Herren«. Wisten hat Wort gehalten, ich bekomme den Truffaldino, den Diener, die Hauptrolle. Tausig kommt prinzipiell zwanzig Minuten zu spät auf die Probe, aber dann macht er Dampf. Sehr korrekt, sehr präzise, kurz, intensiv. Er bändigt meine ungeheure Spielfreude ohne mich zu hemmen, ich darf meine Kreativität austoben, aber nicht wuchern lassen. Tausigs Einfälle überschlagen sich. Später sagt er zu mir: »Es hat keinen Konkurrenten für dich gegeben, der dir das Wasser reichen konnte. Ohne dich wäre der ›Diener‹ in Berlin nie auf die Better gekommen.«

Er sagt es sehr viel später, vorerst lenkt er mich geschickt, nicht diktatorisch. Er weiß, daß Anordnungen mich unweigerlich an den Biertopp in die Kantine treiben. Roman Weyl, der Bühnenbildner, sprüht vor Ideen. Schon die Sache mit dem Spaghettivorhang ist umwerfend. Die Besetzung der Premiere habe ich noch heute im Kopf: Ursula Meißner spielte die Beatrice, eine Hosenrolle, welche später von Elfie Garden übernommen wird, Horst Schön war der Florindo, dazu Herbert Grün-

Mit Annegret Golding

baum als Pandolfo, Hans Ulrich als Dottore Lombardi, die Aufwärter des Gasthofes F.W. und Kurt Mikulski, der mit dem Schlachtruf: »Das ist ja ekelhaft!« durch das gesamte Stück läuft. Die Smeraldina gab Annegret Golding, die später den Schauspielerberuf an den Nagel hängte, Medizin studierte und Oberärztin für Kardiologie wurde … Ihren Part spielt dann Erika Grajena, den Silvio übernimmt Hans Joachim Hanisch.

86

BZ am ABEND vom 25. August 1955
Fraglos hat Rolf Ludwig am Gelingen dieser Aufführung den
Löwenanteil ... Er ist nicht nur die Hauptperson des Stücks,
sondern zugleich der Schauspieler des Abends ... Menschlich
überzeugend gibt er auch einigen nur auf äußere Wirkung
berechneten Episoden tieferen Gefühlsausdruck, so in jener
köstlichen Szene, in der er, der stets Hungrige, seinen beiden
Herren – einer ist ein verkleidetes Mädchen – leckere Speisen
servieren muß und, selbst von übergroßem Appetit gepeinigt,
über das Glanzstück eines glibbrig-schaukelnden Puddings
herfällt!

Es wird ein Riesenerfolg. Fünfundzwanzig Minuten lang klatschen und trampeln die Zuschauer, rufen »Bravo!« Dann donnert der Eiserne Vorhang runter, und wir kriechen durch das kleine Türchen zur Rampe vor.

DIE WELT vom 24. August 1955
Dabei hatte der Regisseur, der Otto Tausig heißt, vieles grob
und umständlich gehandhabt, und Ursula Meißner suchte
ihrer Hosenrolle mit einer erzwungenen Kindlichkeit beizu-
kommen, die manchmal nicht leicht auszuhalten war ... Den
Diener zwischen den beiden Herren, den Truffaldino, spielt
Rolf Ludwig, ein netter Junge mit lustigem Schopf, keine
gewaltsam ›komische Figur‹. Er macht seine Rolle zur großen
Schau des Hungers oder der Verfressenheit. Ein Traum von
Nudeln, der Umgang mit Suppe und Braten stimmen ihn
lyrisch und entschlossen, hilflos und leidenschaftlich. Und wenn
er mit dem Pudding wie mit einem Baby oder Hündchen zärt-
lich und beruhigend spielt, dann jauchzen die Leute über den
rührenden Ulk.

Es ist ein sehr akrobatisches Unternehmen für mich. Mit dem Wackelpudding auf einem Tablett muß ich über einen Tisch springen. Ich weiß, irgendwann wird es passieren. Und es passiert! Der Pudding wackelt gottserbärmlich – »Mein Gott, der lebt ja noch!« – und rutscht vom Teller. In hohem

Bogen saust er durch die Luft, durch die Saiten der Harfe und landet auf dem Fußboden des Orchestergrabens. Truffaldino: »Was soll's? Da haben wir eben Schnittkäse!«

Ab 1955 zehn Jahre lang: gefeierter Truffaldino im »Diener zweier Herren«

Nach den zwei Stunden Vorstellung bin ich klatschnaß und ziemlich kaputt, habe entsprechenden Durst. Ich wohne in der Koppenstraße 28, nahe dem Ostbahnhof. Neubauten und Mietskasernen gemischt. Ein paar Häuser weiter ist eine echte Stampe, die hatte ich eines freien Nachmittags für mich entdeckt. Der Raum zieht sich nach hinten wie ein langer Schlauch. Vorn rechts steht die Theke. Ganz hinten quer haben sie das Sofa postiert. Darauf thront ein Herr. Ich sage artig: »Guten Tag!« Es geschieht nichts. »Bitte ein Bier.« Keine Reaktion. Der Kerl hinterm Tresen sieht mich mit leerem Blick an. Edgar Wallace's tote Augen von London sind gar nichts dagegen. Ich wiederhole: »Ich hätte bitte gern ein Bier.«

Nischt! Der poliert seine Gläser. Dann guckt er nach hinten zu dem Herrn auf dem Kanapee. Ich frage: »Was is'n hier los?« Der Tresenmensch trocknet die Finger ab. »Er hat nicht genickt.« Hä? Bin ich in einer Filiale von Wuhlgarten oder wie? »Was heißt: Der nickt nicht?« – »Sag ihm ›Guten Tag‹!« – »Herrjeh, ich hab doch ›Guten Tag‹ gesagt.« Ich gehe also o-beinig zum Sofa. »Entschuldigen Sie, ich wünsche Ihnen einen besonders schönen Tag!« Eigentlich befolge ich keine Befehle, aber hier schien es vonnöten, um was zum Trinken zu bekommen. Und für ein Bier sage ich schon mal »Guten Tag!«

Der auf dem Sofa nickt nun endlich. Damit läuft der Hahn. Ich erfahre im Laufe des Abends, daß es sich um die Kneipe eines Ringvereins handelt. Aufgenommen werden nur Vorbestrafte. Der Verein sorgt finanziell und mit moralischem Zuspruch für die Angehörigen von Knastbrüdern. Der Chef auf dem Sofa ist so eine Manne-Krug-Type, glatzköpfig, vielleicht Mitte Vierzig.

Ich darf bei ihm Platz nehmen. Die Säufersonne ist für die Ganoven noch nicht aufgegangen. Das Milieu ist Gold wert für einen Schauspieler. Ich halte es mit einem meiner Vorbilder, dem Heinz Rühmann, der in seinen Lebenserinnerungen sinngemäß zu der Erkenntnis kommt: Je natürlicher man aus Erlebtem schöpfen kann, desto überzeugender bewegt man sich auch auf der Bühne …

Allmählich füllt sich der Laden, und da ich beim Boss am Tisch sitze, stehe ich auch unter seinem persönlichen Schutz. Nun wollen die schrägen Kerle natürlich wissen, was ich so treibe. Schauspieler? So wat hatten sie noch nie dort! Ich erzähle also vom »Diener« und 'n paar Kantinenschnurren, die hören zu. Dann fragt der Boss, ob man da nicht mal zugucken könne. »Na klar«, sage ich, »ich besorge zwei Freikarten.« – »Wat heeßt: zwee!« poltert der. »Zwanzig! Für alle hier!« Die anderen nicken ergeben. Zusammengerechnet hocken da vor mir bestimmt ein paar Dutzend Jahre Zuchthaus. »Keine Freikarten. Wir zahlen selbstverständlich!« Ich rufe vom Tresen aus das Künstlerische Betriebsbüro der Volksbühne an. »Für Sonnabend hätte ich gern 18 Kaufkarten und zwei Freikarten!« Das geht in Ordnung. Nun bin ich gespannt ...

Sonnabend. Es hat schon zweimal geklingelt. Ich gucke durch den Spion im Vorhang. Das kann doch nicht wahr sein. Da sitzen die Brüder – wie die Freunde der italienischen Oper unter Leitung Gamaschencolombos aus Billy Wilders »Manche mögen's heiß« – tatsächlich im Parkett. Im Smoking! An ihrer Seite die aufgeputzten Damens, Bräute und Ehefrauen. Nun weiß ich, daß ich spielen muß wie ein Teufel, wenn ich noch jemals wieder ein Bier in deren Vereinslokal bekommen will. Ich springe wie ein Teufel über den Tisch. Die Leute lachen aus vollem Hals, meine schweren Jungs auch. Es wird eine Riesenvorstellung.

Beim Abschminken denke ich, nee, jetzt gehste nicht in die Kneipe. Das sieht ja so aus, als willste Lobhudeleien abfassen. Warte mal lieber 'n paar Tage, dann guckste mal vorbei und fragst eher beiläufig: »Na, war ick nich jut?« Aber der Zapfer läßt mich gar nicht erst eintreten. »Der Ofen is aus, Schauspieler!« – »Hab' ick denen nicht gefallen?« – »Doch, doch. Aber wo warst'n nach dem janzen Zauber? Wir ham hier für dich 'n schweret Buffet uffjestellt! Dankeschön wollten wa dir sagen. Und wer nicht kam, warst du! Brauchst nich mehr zu kommen, wa!« Ich kann machen und erklären, was ich will, für mich bleiben Ringverein und Kneipe geschlossen. Die wissen eben noch nicht, wie perfekt ich Geldfälschen kann ... Was lehrt uns das? Seid stets höflich zu Ganoven!

JUNGE WELT vom 25. August 1955
... und Rolf Ludwig als Truffaldino. Dieser junge Schauspieler hat nach einem etwas verhaltenen Anfang sich großartig in diese Rolle hineingespielt, daß man Rolf Ludwig als die Entdeckung des Abends betrachten muß, von dem noch vieles zu erwarten ist, wenn die Leitung der Volksbühne es versteht, diesen jungen, begabten Schauspieler richtig zu entwickeln, zu fördern und ihm zu helfen.

Wir spielen den »Diener zweier Herren« zehn Jahre lang! Mit ungebrochenem Erfolg. Nach Parteilehrjahr, Schulungen, stundenlangem Marxismus-Leninismus und 48-Stunden-Woche wollen die Leute einfach mal nur lachen! Sich entspannen, gelöst sein, fast so wie es Dichterfürst und Rezensent Goethe nach einem Besuch der »Diener«-Vorstellung im Venedig des Jahres 1786 beschrieb:

»... so eine Lust habe ich noch nie erlebt, als das Volk laut werden ließ, sich und die seinigen so natürlich vorstellen zu sehen. Ein Gelächter und Gejauchze von Anfang bis zu Ende. Ich muß aber auch gestehen, daß die Schauspieler es vortrefflich machten. Sie hatten sich nach Anlage der Charaktere in die verschiedenen Stimmen geteilt, welche unter dem Volk gewöhnlich vorkommen ... Großes Lob verdient der Verfasser, der aus nichts den angenehmsten Zeitvertreib gebildet hat.«

Am 27. Juni 1965 ist die letzte Vorstellung vom »Diener zweier Herren«. Bühnenbildner Weyl hat auf der Szene überall Schaufensterpuppen aufgestellt. Auf einer Art Seufzerbrücke steht die Figur eines Anglers. Ich halte meinen Monolog, betrete die Brücke. Ich kieke und denke, mich treten achtundzwanzig Altenburger Gebirgsziegen. Die Puppe zwinkert mir zu. Gerry Wolff, dieser Bold, dieser Eulenspiegel, trägt das Kostüm des Anglers und stippt die Angel in einen Blecheimer, in dem kleine Fische herumschwimmen. Ich bin eine ungeheure Lachwurzen, und ich habe auf der Brücke noch so viel Text mit der Meißner zu spielen. Es gluckst in mir, ich würde zu gern herausprusten. Gerry steht starr wie eine Eins. Ich kann gar nicht zu ihm hinschauen, denke nur an den Text. Ich lache nicht. Die 275. Vorstellung geht glatt über die Bühne. Zehn Jahre meines Lebens im Dienste Goldonis sowie der zwei Herren Pandolfo und Lombardi.

DER HAUPTMANN VON KÖLN

Der Diener macht mich dem Theaterpublikum mit einem Schlag bekannt. Auf der Leinwand bin ich ein ziemlich unbeschriebenes Blatt. 1952 habe ich meinen ersten Film gedreht. »Sein großer Sieg«. Wolfgang Schleif war der Regisseur, die Hauptrolle hatte Claus Holm vom Theater am Schiffbauerdamm, ich spielte einen Sportreporter. Ansonsten noch ein paar kleinere Rollen in »Sommerliebe«, als Max Moor in »Drei Mädchen im Endspiel« und als Rebelledo im »Richter von Zalamea«, der unter Martin Hellberg in einer Rekordzeit von bloß vier Wochen gedreht wurde.

Man schickt mir 1956 das Drehbuch des »Hauptmann von Köln«. Slatan Dudow – ich bekam vor Aufregung Herzdrücken – hat mich angerufen. »Kuhle Wampe«, »Unser täglich Brot«, »Stärker als die Nacht«. Das kannte ich doch alles. Und jetzt soll ich die Hauptrolle kriegen. Bin ich nicht zu jung?

Slatan Dudow ist Bulgare, Anfang 50, Frauenkenner, Geizkragen und Vegetarier. Wo andere Leute baden, hält er in seiner Badewanne tonnenweise Gemüse frisch, Salat, Mohrrüben, Sellerie. Vor allem aber ist er ein Perfektionist. Akkribisch. Ich trage ein angeklebtes Menjou-Bärtchen. Dudow kommt morgens sehr zeitig ins Studio, zieht eine Lupe aus der Tasche, stößt mit seiner Nase fast gegen mein Kinn und schreit: »Banse!« Das ist der Chefmaskenbildner, der eilt mit schneeweißer Miene herbei. »Ja, Herr Dudow?« – »Hier steht ein Barthaar zu weit ab!«

Der ist so pingelig, daß es schon fast lächerlich wird.

In einer Szene muß ich sternhagelvoll sein. Wieder starrt er mir mit der Lupe ins Gesicht. Diesmal gefallen ihm meine Augen nicht. Der Blick ist zu klar. Doch in dem Fall kann Banse nichts ausrichten, er kann mir ja nicht Nebel in die

Pupille sprühen. Dudow entscheidet: »Gebt ihm Schnaps!« Wieder bin ich ein Opfer. Ich werde einmal mehr zum Alkohol genötigt – um der höheren Kunst willen …

Der Produktionsleiter bringt sechs Flaschen Bier und flößt mir sechs Schnäpse ein. Ich schiele ein wenig. »Wer bezahlt das alles, Herr Dudow?« fragt der Assistent. Dudow antwortet sofort: »Das Studio natürlich!«

Der Produktionsleiter seufzt. Meine Augen sind noch immer nicht glasig genug. Sie gießen noch ein paar Doppelte in mich hinein. Dann schleppen mich zwei kräftige Kerle vor die Studiotür ins Freie; ich sacke auf der Stelle zusammen. Sie reißen mich wieder hoch, schieben mich wieder vor die Kamera. Ich spiele ganz schnell, lalle, taumle und – kotze alles voll. »Prima!« ruft Dudow. »Gekauft!« Meine Augen sind enorm blutunterlaufen. Die Sache ist im Kasten, ich liege lang auf ein paar zusammengeschobenen Stühlen. Alles dreht sich um mich herum. Drehtag.

Ansonsten läßt Dudow unser individuelles Talent an der langen Leine laufen. Aber er bestimmt die Marschrichtung. Erwin Geschonneck zum Beispiel, ein Schauspieler, der sein Metier unbedingt beherrscht. Der kommt, hält sein Gesicht hin, baut sich auf, den braucht man bloß abzufotografieren – wie John Wayne oder Gary Cooper. Nur das Drumherum muß unter dem Schlachtruf »Ein bißchen Regie kann nischt schaden!« ergänzt werden. Das macht Dudow meisterhaft. Er setzt wie ein Maler noch Tupfer. Besonders bei den Nebenrollen, wie beim Gerhard Bienert. Mich muß er öfter bremsen. »Das geht nicht, Rolf! Das kannst du auf der Bühne machen, nicht im Film!«

SÄCHSISCHE ZEITUNG, Dresden, vom 14.12.1956
… Dudow läßt überall behutsam spielen; nichts wird überspitzt; der Held ist weder böser Ausbund noch Harlekin; gut ist die Mitte zwischen artistischer Verzerrung und bloßem Wahrhaftigkeitsstil gewahrt. So wirken die Gestalten glaubhaft.

Rolf Ludwig, als falscher Hauptmann erinnert nie, wie ande-
re junge Schauspieler, die bei der DEFA erste Hauptrollen
erhielten, eben an diesen Umstand. Erwin Geschonneck als
echter Hauptmann. Kurt Steingraf als Pferdapfel, Johannes
Curth als Franzke, Johannes Arpe als Dr. Seekatz sind als
recht gute männliche Darsteller in einem Atemzuge genau-
so lobend zu nennen wie Else Wolz als Frau Karjanke und
Marie-Luise Etzel als Daisy. Für die Rolle der Hannelore
bringt Christel Bodenstein Jugend und ein liebenswertes Äuße-
res mit.

NEUE ZEIT, Berlin, vom 11.12.1956
Rolf Ludwig, einem unserer begabtesten jungen Schauspieler,
wurde die Rolle des Hauptmanns übertragen, eine schwieri-
ge Rolle, in der er seinem angeborenen Temperament oft Zügel
anlegen muß. Nur an wenigen Stellen kann er ganz aus sich
herausgehen, seine ganze komödiantische Begabung zeigen.

Für die Szene mit dem Soldatentreffen werden 250 damp-
fende Eisbeine für die mampfende Masse in die Halle gebracht,
mit Sauerkohl und Kartoffeln. Mit einer Handkamera ging
der einarmige Kameramann Werner Bergmann zwischen den
Tischen herum … »Freßt!« rief Dudow befehlend. »Es ist ein
Soldatentreffen. Freßt! Und sauft!« Bier floß in Strömen. Und
ich stehe auf dem Tisch, besoffen. »Wo der deutsche Soldat
steht, steht er!« brülle ich, und falle in dem Moment lang hin.
Da braucht nichts mehr inszeniert zu werden. Das war's.

Manchmal drehen wir bis in die Nacht. Da will er durchziehen, irgend etwas noch verbessern. Heute nennt man so
etwas wohl Workaholic oder so. Wenn der Dudow durch-
drehte, drehten wir durch!

DER MORGEN, Berlin, vom 11.12.1956
Ist das ›nur‹ eine Filmhandlung? Nein, denn diese Film-
handlung ist so erschütternd und blutig wahr, für sie gibt es
so viel tatsächliche Geschehnisse, daß das Lachen in der Kehle
erstickt, wenn die grauenhafte Fratze einer wiedererstehen-

den Vergangenheit so deutlich wird wie in diesem Film. Henryk Keisch, Michael Tschesno-Hell und Slatan Dudow schrieben ein Drehbuch, das die westdeutsche Wirklichkeit in einem unbestechlichen Spiegel auffängt ... Alle diese Industriellen, Militaristen, korrupten Abgeordneten und die ganze flimmernde Wunderkiste des Wirtschaftswunders decken durch ihre satirische Überhöhung die beklemmende Gefährlichkeit der westdeutschen Gegenwart auf ... Wie sich Rolf Ludwig unbeholfen und verlegen in die Rolle des Hauptmanns hineinmanövrieren läßt, wie er allmählich an Sicherheit und Mut gewinnt, aber immer wieder ängstlich, geduckt und schüchtern wird, wie er schließlich in köstlicher benebelter Scharfsicht und fatalistischem Humor das vorausgesehene Ende auf sich nimmt, ist eine großartige Leistung.

BERLINER ZEITUNG vom 9.12.1956
... Aber dann fällt der Film auf weite Strecken aus dem einmal angeschlagenen Ton, nimmt sich feierlich, kommentiert sich selbst – da springt der Funke nicht mehr über und die Satire weicht einer massiven gewaltsamen Karikatur ... Wie Rolf Ludwig sich vom kleinen Kellner zum großen Hauptmann und Direktor – wider Willen beinah – wandelt, dabei hübsche komödiantische Extratouren reitet und mit einer geradezu nachtwandlerischen Sicherheit die penetrante, die totale Mittelmäßigkeit des Albert Hauptmann trifft, das bringt ihn weit nach vorne in die prominenten Reihen. Großartig in schneidenden Kontrast dagegen gesetzt dann der richtige Hauptmann Erwin Geschonnecks, der mit eiskalt rechnendem Zynismus die übelste Spielart dieser Kaste demaskiert.

Eine Einstellung dreht Dudow 24mal. Er ärgert sich – über Johannes Curth. Der ist später zeitweise Oberspielleiter im Leipziger Schauspielhaus, und seine Regiekunst beschränkt sich auf Anweisungen wie diese: »Macht euch über das Stück keine Gedanken. Lernt den Text. Es gibt eine Tür links zum Auftreten, gegenüber ist eine zweite, hinten die dritte, durch die man abgeht. Alles andere auf der Probe. Also drei Löcher zum Verschwinden, das übrige mache ich.« Dieser kleine, wie Theo Lingen näselnde und witzige Sachse hat soeben zum sechstenmal den Bund fürs Leben geschlossen. Und nun macht er einen entscheidenden Fehler. Er bringt seine frisch Angetraute mit zu den Dreharbeiten. Wenn Dudow eines nicht leiden kann, dann ist es Verwandtschaft am Drehort. Er bedeutet also der neuen Frau Curth mit bulgarischer Höflichkeit, daß sie sich in eine Ecke verpfeifen solle, nicht atmen, nicht husten.

Curth hat eine kleine Szene mit mir. Er kommt herein und muß in etwa sagen: »Herr Hauptmann, draußen ist folgende Situation. Der Ritterkreuzträger steht vor der Tür.« Dudow hält sein Okular in der linken Hand; links – das ist ein Alarmsignal. Ich hab insgesamt 125 Drehtage, kenne Dudow wie meinen Vater. Und den Curth reitet der Teufel, der will heute unbedingt ein bedeutender Filmschauspieler sein. Er knödelt, er drückt, versucht gar, hochdeutsch zu sprechen. Neue Klappe. Curth tritt ein, redet los. »Stop! – Herr Curth, wenn Sie hereinkommen, müssen Sie den Herrn Ludwig doch erst zur Kenntnis nehmen und dann erst sprechen.« Wir bringen es auf 24 Klappen. Ein gebrochener Oberspielleiter verläßt mit einer noch gebrocheneren Ehefrau das Studio. Mir tut er leid.

DER KURIER vom 22./23. Dezember 1956
Eine Story, die zwar dem Osten einen willkommenen Anlaß bietet, gegen den freien Teil Deutschlands zu polemisieren, die aber auch gleichzeitig Material für eine handfeste Satire liefert, der man attestieren muß, daß sie von den zahlreichen Versuchen, die die DEFA in dieser Richtung unternahm, zweifellos der beste ist. Kein Wunder, da die Regie in den Händen des alten bewährten Filmhasen Slatan Dudow lag, der zusammen mit Henryk Keisch und Michael Tschesno-Hell auch das Drehbuch schrieb. Man wird mit famos porträtierten Typen konfrontiert (allen voran der großartige Rolf Ludwig in der Titelrolle und Erwin Geschonneck als der echte Hauptmann). Das Monstre-Aufgebot an Schauspielern wird durch technische Perfektion (Farbe und Breitwand) ergänzt.

Auch mit mir dreht er anfangs die Einstellungen mehrmals. Doch genommen wird immer die erste Klappe. Das geht mir künftig in allen Filmen so, weil meine Konzentration am Anfang der Arbeiten immer am geballtesten ist. Beim soundsovielten Bier erfahre ich etwas von Gagen. Adolf Fischer, der Produzent und ehemalige Schauspieler – mal SA-Mann für die UFA, mal Kommunist für »Kuhle Wampe«–, ist ein Fuchs. Seine Worte: »Das ist die große Chance für Sie, wir machen eine Pauschale.« 125 Mark errechnen sich pro Tag – soviel bekomme ich als Filmanfänger. Nun gut, das summiert sich bei 125 Drehtagen.

Die Kollegen sagen: »Biste verrückt?« Ich beklage mich bei Dudow, und vier Tage später habe ich das Vierfache in der Tasche und zum Schluß noch eine Prämie.

Letzter Drehtag. Ich sage zu Dudow: »Vadda, die letzte Einstellung mit der Christel Bodenstein spiele ich im Handstand.« – »Du machst Spaß?« – »Nee, drehen wir erst laut Buch, und dann nochmal im Handstand. Aber dafür müssen die Männer von der Technik ein Faß Bier kriegen. Das spendierst du!« Dudow windet sich vor Geiz, andererseits will er zu gerne sehen, wie die Szene im Handstand wirkt. »Erpressung«, sagt er, »glatte Erpressung. Du bist ein Lump, ein Verbrecher. Aber gut, wenn du nicht umfällst, kriegt die Technik ihr Bier.« Christel kichert. Ich sage: »Christel, du läufst normal wie immer neben mir her, guckst aber runter. Ich spreche meinen Text von unten.« Der lautet: »Weißt du, ich bin zwar verurteilt worden, aber laß uns jetzt gut essen gehen.« So ungefähr. Die hat Mühe, ernst zu bleiben. Dudow guckt gespannt, dann beginnt er in seiner Geldbörse zu kramen. Das dauert ungefähr solange, wie mein Vater stets gebraucht hatte, um mir einen Fünfer für Eis zu geben. Knausrige Leute sollen ja lange leben. Dudow wird 1963 bei einem Autounfall ums Leben kommen – sechzigjährig.

Der Schluß des Films gefällt Dudow nicht. Es fehlt was, eine Überpointe. Der Regisseur grübelt und grübelt, spricht mit Brecht darüber. Der muß ihm nun vorgeschlagen haben, daß der Kellner Hauptmann sein Wissen um die »Verdienste« des echten Hauptmanns im Zweiten Weltkrieg vor Gericht nutzen sollte. Dadurch ergibt sich für den Staatsanwalt, gespielt von Werner Peters, die Möglichkeit zu einem Wutausbruch, denn nun will sich der kleine Hochstapler auch noch die »Meriten« der Ritterkreuzträger an die Brust heften ...

Apropos Meriten und Brust. Die drei Autoren Keisch, Tschesno-Hell und Dudow bekommen nach der Uraufführung im Filmtheater Babylon in Berlin den Nationalpreis der DDR, Erster Klasse. Und dann stellen die fest: »Ach herrjeh, da ist ja auch noch ein Hauptdarsteller!« Was soll's? Da erfindet man eben einfach im Kulturministerium einen Kunstpreis der DDR, ich werde der erste Träger, und Alexander Abusch heftet mir die Plakette ans Revers. Ich hab dann noch 'n Haufen solcher Orden und Ehrenzeichen – auch einen Nationalpreis Zweiter Klasse – erhalten, richtig wichtig ist mir aber eigentlich nur der Kritikerpreis der Berliner Zeitung, weil da auch das Publikum mitreden durfte.

Otto Tausig inszeniert den Filmstoff vom falschen Hauptmann auf den Brettern der Volksbühne mit Franz Kutschera, Sylva Schüler, Albert Garbe, der sozusagen den Filmpart von Geschonneck übernimmt, Peter Marx, Gerry Wolff, Steffie Spira und Hans Emmons. Es wird ein Erfolg, wenn auch für mich die Umsetzung des schon in zerhackten Einstellungen Gedrehten auf die Unmittelbarkeit der Bühne schwierig ist. Die Kritiker erkennen das gnadenlos. Mein Freund Carl Andrießen schreibt im EULENSPIEGEL:

Die Bühnenfassung des Films bietet im Grunde nur noch eine Paraderolle für den Darsteller des falschen Hauptmanns, dem alle übrigen Mitspieler freimütig die Stichworte zu liefern haben. Der Regisseur hat nur einfach diese Rolle inszeniert. Es ist überaus lustig, wie der arbeitslose Kellner nach und nach und gänzlich wider Willen in seine große Karriere rutscht – wunderbare Spielmöglichkeiten bieten sich dabei, und Rolf Ludwig nutzt sie ausnahmslos ... So gesehen haben wir tatsächlich ein ›Volksstück‹, eins allerdings, das vormals als scharfe Satire konzipiert wurde und jetzt als munterer Ulk erscheint.

DER KURIER (Berlin-West) vom 19. Mai 1959
… vor allem die artistische Beweglichkeit und das durchtrie-
ben-komödiantische Temperament Rolf Ludwigs hielten das
Interesse an der Sache wach, die Interesse kaum verdiente. Ein
Pendant zum ›Hauptmann von Köpenick‹ haben die Auto-
ren schreiben wollen. Ein kommunistisches Pendant zu
›Mikosch rückt ein‹ haben sie geschrieben.

Herbert Jhering in DIE ANDERE ZEITUNG von 27. Mai
1959
Rolf Ludwig spielte wie im Film den falschen Hauptmann.
Immer wieder bezaubert seine auf deutschen Bühnen seltene
Leichtigkeit … Rolf Ludwig ist der Berliner Schauspieler, der
den umwerfenden Komödieninszenierungen Giorgio Streh-
lers in Mailand gewachsen bleibt. Das Ganze: eine frische,
niemals plumpe Ensembleaufführung der Volksbühne.

Lothar Kusche in DIE WELTBÜHNE vom 3. Juni 1959
Tausigs Kabarett-Sinn, ebenso der des famosen Hauptdar-
stellers Rolf Ludwig, gereicht dem Ganzen zum Nutzen …
Daß überdies viel gelacht wird, kann niemand ernstlich
bedauern. Und natürlich ist es begrüßenswert, daß Rolf Lud-
wig mit sehr viel Witz (aber keineswegs mit zuviel Witz) so
deutlich zeigt, wie des falschen Hauptmanns märchenhafte
Karriere im Grunde ohne sein Zutun begann …

»WER SEINE FRAU LIEBHAT …«
… ein 1958 leicht und brav dahinplätscherndes Unterhal-
tungsfilmchen. In dem verfilmten Boulevardstückchen habe
ich keinen Riesenpart, aber dreißig Tage drehen wir wohl.
Die Hauptrolle – die »liebgehabte Frau« – spielt Leni Marenbach, einer meiner UFA-Schwärme aus der Dresdener Jugend-
zeit. Die Diva trägt überdimensionale Hüte und ist immer
entsetzlich gut drauf, aufgedreht bis zum Anschlag. Die Kollegen tuscheln mehr oder weniger laut: »Die kokst!« Ich hänge
bildlich gesprochen an ihren Lippen, wenn sie Schnurren über
Heinz Rühmann, Lingen und den von mir hochverehrten

René Deltgen erzählt, der immer knapp bei Kasse war. Er pumpte sich was bei Söhnker, Birgel und Matterstock, »vergaß« es zurückzugeben oder behauptete einfach: »Na hör mal, das hast du mir doch geschenkt!«

Unfreiwilliger Zeuge von Deltgens ewiger Geldknappheit bin ich selbst geworden: Wir spielen so um 1953 herum im Theater am Schiffbauerdamm Gorkis »Sommergäste«. Ich bin der Bürovorsteher Wlass und brauche dazu als Requisiten auch alte verstaubte Akten, die ich mir aus der Verwaltung besorge. Auf der Bühne sitze ich auch eine Weile, ohne Text zu sprechen, blättere in den Papieren rum und lese. Da ist auch was Handschriftliches bei. Ich entziffere: »Sehr geehrter Herr Direktor« undsoweiter »... finanzielle Notlage« undsofort »... bitte ich um einen Vorschuß von 150 Reichsmark. Heil Hitler! René Deltgen.« Natürlich reiße ich das Blatt sofort heraus, es wird mir später von Unbekannt gestohlen. Ich weiß nicht, warum, aber irgendwie schäme ich mich für meinen Filmhelden ...

Wir drehen Außenaufnahmen an Bord eines gemieteten Dampfers mitten auf dem Müggelsee. Regisseur Kurt Jung-Alsen kämpft mit einem Megaphon gegen Wind und Wellen an. Immer klappt irgend etwas Technisches nicht. Wir warten.

Während die Marenbach also aufgekratzt, möglicherweise durch Pervetin beflügelt, sehr charmant lächelt und die UFA-Zeiten hervorholt, sitzt Friedrich Gnass, ein Schauspieler vom inzwischen gegründeten Berliner Ensemble etwas abseits neben einem Kasten Bier. Es wird ja Einstellung für Einstellung gedreht. Das dauert eine Ewigkeit, besonders für die Nebenrollen, die mitunter lange Pausen zu überbrücken haben.

Zärtlicher als Fritze Gnass die Bierpulle mit seiner Hand umschließt, kann man keine Geliebte umfassen. Genußvoll trinkt er Schluck für Schluck, ich kauere mich neben ihm nieder. Der Holzkasten mit den Flaschen wirkt auf mich anziehend. Gnast sieht mich mit seinen wasserblauen Äugelein an und blubbert: »He, wärste man doch am Schiffbauerdamm

Ab 1955 zehn Jahre lang: gefeierter Truffaldino im »Diener zweier Herren«

Puck im »Sommernachtstraum«

Erinnerungen an Wacker Leuben? 1954: im DEFA-Film »Drei Mädchen im Endspiel«

Der erste Film mit Rolf Ludwig: »Sein großer Sieg«, 1953

Die »Promi-Elf« des Metropol

»Das Schwitzbad« von Wladimir Majakowski: Rolf Ludwig mit Otto Tausig und Marianne Wünscher

Hoch zu Roß mit Sohn Andreas 1967 bei Dreharbeiten in Görlitz

*»Das Feuerzeug«: Rolf Ludwig in der Rolle des Soldaten mit
einem der drei funkensprühenden Hunde, DEFA-Film 1956*

»Der Drache« in dritter Gestalt (Probenfotos)

Der Regisseur Benno Besson

»Die schöne
Helena«,
Rolf Ludwig als
Kalchas mit Fred
Düren als Paris,
Deutsches
Theater 1965

Ganz privat:
Rolf Ludwig mit dem
»Drachen« aus Meißner
Porzellan

beim BE geblieben, hättste Karriere machen können.« Ich –
als Jungschauspieler – sage: »Lieber, verehrter Herr Gnast,
ich glaube, ich bin beim Fritz Wisten ganz gut aufgehoben.«
Ein Wort gibt das andere, irgendwie entsteht ein kleiner
Streit. Gnass fragt, wann er denn nun endlich mal rankäme,
und dieser junge Schnösel – er meint mich – wäre doch wohl
etwas vorlaut, oder was? Da mischt sich Hauptdarsteller Albert
Garbe ein, ein Koloß von Mensch, ehemaliger Boxer. »Laß
den Kleenen in Ruhe, verstanden.« Mir wird schon etwas mulmig, denn ich weiß, daß Garbe in Leipzig schon mal einen
Kollegen am steifen Arm über einen Treppenschacht gehalten und in breitem Sächsisch gedroht hat: »Wenn de noch
een Wort sachst, denn laß'sch los.« Die beiden steigern sich
ein bißchen im Wortwechsel, auf einmal ist Gnass verschwunden. Mann über Bord! Er ist einfach rückwärts über
die Reling gekippt, rudert im Wasser wie wild mit den Armen
herum und schreit wie am Spieß nach Hilfe! Garbe guckt
unschuldig wie ein Säugling und wirft den Rettungsring runter. Wir hieven den Kollegen wieder an Deck, ein Gemisch
aus Müggelseewasser und Gerstensaft sprudelt aus Mund und
Nase.

Leni Marenbach qietscht vor Lachen gar nicht mehr damen-
haft. Abstinenzler ist Gnast nicht geworden. Als das Berliner
Ensemble später auf Gastspiel nach Moskau reist, schleppt der
Westberliner Mime zwei Koffer durch den Zoll – zweihundert Büchsen Bier.

EINE BOMBE AUF ULBRICHT?

Professor Sergej Petrow ist aus Moskau als Gastregisseur an
die Volksbühne gekommen und inszeniert »Das Schwitzbad«
von Wladimir Majakowski. Er spricht kein Wort Deutsch, als
Dolmetscherin fungiert eine Lettin. Petrow hat eine enorme
Ähnlichkeit mit Chruschtschow, dem sowjetischen Staatschef,
kahlköpfig, gemütlich, aber gleich ihm kann er auch schon
mal mit dem Schuh auf den Tisch hauen. Er brüllt uns mitunter an wie ein Stier. Das zeitigt keine Wirkung, denn wir –
Otto Tausig spielt den Erfinder, ich seinen Assistenten – wis-

sen ja nicht, was er schreit. Auch Ernst Kahler, später noch langjähriger Schauspielkollege am Deutschen Theater, der beim »Schwitzbad« als Co-Regisseur fungiert, zuckt mit den Achseln. Petrow schnauzt weiter. Die hübsche Dolmetscherin schweigt und weint still. »Warum, in Gottes Namen, weinen Sie?« – »Ludwig, es ist schrecklich. Er sagt solche Schweinereien.«

Im ersten Akt erfinden Tausig und ich eine Zeitmaschine. Ich habe die Aufgabe, eine Lampe möglichst weit zu schmeißen. Das ist ein Einfall von mir, den Petrow »gekauft« hat. Ich werfe also die Lampe, die an einem langen Gummiband befestigt ist, mit dem Spruch »Im Land der Gesänge heb dich zur Sonne über dem Marsch der roten Kolonne ...« oder so ähnlich in den Zuschauerraum. Ich habe nicht nur ein Talent zum linken Läufer, sondern auch enorme Wurfkraft.

Bei der Premiere fliegt die Lampe wie eine Rakete bis drei Meter vor die Staatsloge, in der Walter Ulbricht mit Anhang sitzt. Hektisch springen ein paar Gestalten hoch, bereit, mit ihren Leibern das Geschoß abzufangen. Die Zuschauer halten hörbar die Luft an. »Eine Bombe auf Ulbricht?« Aber da kehrt die Lampe schon wie ein Bumerang zur Bühne zurück. Erleichtertes Ausatmen. Nach der Vorstellung werden wir in die Loge gerufen, machen unseren Diener vor dem Landesherren. »Nu, Sie sin also dr Ludwich? Ju? Von Ihnen hört man ja schöne Sachen, ju? Sie müssen sich ein bißchen disziplinieren. Aber, ju, was Sie da heute gemacht haben ...« – »Aber, Herr Ulbricht, da kamen doch dann die Flugblätter aus dem Kronleuchter, hat das die Sache nicht ein bißchen wieder eingerenkt?« – »Ihren Kohl können Sie mit ihren Garderobengenossen machen, ju? Aber nicht mit uns.«

DIPLOMATEN UND KOMMUNISTEN

Wir tauschen die kleine Wohnung in der Koppenstraße gegen die große von Fred Rodrians Mutter. Die Feilstraße in Pankow-Niederschönhausen liegt in einem feinen Viertel. Nachbarn sind der Komponist Hanns Eisler und die Familie des Innenministers Karl Maron. Diplomatengegend nahe dem Bürgerpark. Rundherum stehen Villen, bessere und schlechtere Einfamilienhäuser, schräg gegenüber beginnt das »Städtchen«. Darin wohnen die Spitzen von Partei und Regierung, bevor sie sich später in echter Volksverbundenheit bei Wandlitz, nördlich von Berlin, ein Ghetto errichten lassen.

Pit, also meine Frau Ilse, die ihren Spitznamen durch eine Verballhornung des Grimmschen Ilsebill – Bill – Bilsebitt – Pit erhalten hat, wird eine Gastspielreise nach Ägypten angeboten. Na das war doch was! Ägypten! Sie hat mit ihrem Partner Peter Grötsch bei einem internationalen Tanzfestival die Goldmedaille gewonnen. Man ist sozusagen auf sie aufmerksam geworden. An den Nil reisen noch mehrere Künstler mit, darunter der Geiger Gustav Schmahl, die Harfenistin Jutta Zoff aus Dresden, die selbst vor einem Dudelsack nicht zurückschreckt. Ein paar Partei- und Wirtschaftsleute haben sich auch rangehängt, um zu sondieren, ob mit Ägypten was zu handeln wäre. So blättert denn der Minister für Handel und Versorgung, ein gewisser Merkel, dem Geiger die Noten um. Später erweist dieser Kontakt sich auch privat für mich als durchaus vorteilhaft, als ich einen neuen Kühlschrank brauche.

Delegationsleiter ist Rudi Engel, ein ehemaliger Spanienkämpfer und Adjutant von Ludwig Renn, Direktor der Akademie der Künste. Der schleppt einen Haufen Dollars im Brustbeutel mit sich herum, so daß dort kräftig high life im Hotel Semiramez herrscht. Engel, frisch geschieden, verliebt sich Hals über Kopf in Ilse. Die aber wehrt ab: »Nee, ich hab da so einen langen Trinker und Schauspieler, den liebe ich.«

Aber es entsteht eine gute Freundschaft aus dieser Nahostreise, an der ich dann auch teilhabe. Engel wohnt in Niederschönhausen in unmittelbarer Nachbarschaft und führt ein offenes Haus. Häufig sind wir zu Festen eingeladen, zu Diskussionsabenden. Ich lerne sehr viele, hochinteressante Leute kennen, auch mal aus Berufen, die nichts direkt mit dem Theater zu tun haben. Bodo Uhse, den Fimregisseur Kurt Maetzig, Li, die Witwe Erich Weinerts, und auch Arnold Zweig, der damals schon sehr schlechte, fast blinde Augen hat. Rudis neue Frau Marlene und ich kommen auf eine Idee.

Einmal in der Woche hole ich den Schriftsteller von zu Hause ab, wir spazieren ein Stück durch den Bürgerpark, setzen uns auf eine Bank, und ich lese ihm vor. Hauptsächlich »Die Perser« in der Übersetzung von Matthias Braun. Stundenlang unterhalte ich mich mit Zweig über Wolfgang Borchert und über den »Streit um den Sergeanten Grischa«, ahne noch nicht, daß ich in dem Film mitspielen werde.

Der Bürgerpark wird sozusagen eine meiner Universitäten, ebenso wie die Gespräche mit den anderen Gästen des Hauses Engel. Ich hole alles nach, was ich in der Jugend an Bildung versäumt habe, sauge deren Wissen in mich auf. Daß dieses Studium sehr wenig mit Hörsaalbänken und mehr mit Kneipengestühl und Halblitergläsern zu tun hat, beflügelt meinen Wissendrang ungemein.

Zum Beispiel Doktor Georg Honigmann, Chefredakteur der BZ am Abend, Distel-Direktor, Dackelfan und Erfinder des »Stacheltiers«, einer äußerst beliebten, satirischen Vorfilmreihe in den Kinotheatern. Szenarien dazu schreiben Lothar Creutz, Lothar Kusche, John Stave und andere Eulenspiegelautoren. Ein witziger Verein, der in der Berliner Niquet-Klause, Taubenstraße, seinen Stammtisch hat. Dort produzieren sie auch die meisten Ausgaben des Humor- und Satireblattes. Schauspieler wie ich werden an dem blankgescheuerten Redaktionstisch in genannter Kneipe geduldet, wenn sie quer und um die Ecke denken können.

Eines schönen Tages in den Sechzigern lehne ich mich in der Niquet-Klause im Stuhl zurück, gieße mir einen Schluck Bier in den Hals, stelle das Glas ab und sage lustvoll: »Wie gut schmeckt mir der Gerstensaft an meinem spielfreien Mittwoch!« John Stave schiebt die Brille auf die Nasenspitze, guckt mich darüberweg an, grinst bis zu den Ohren. »Heute ist Donnerstag!« Was???!! Fünf vor Sieben! Um halb Acht fängt die Vorstellung an. Schmedding, der Wirt, wählt hinterm Tresen die Nummer vom KBB der Volksbühne, reicht den Hörer herüber. Stave beruhigt die total entnervte Kollegin am anderen Ende der Strippe. »Wir dachten schon, der Ludwig ist wieder …« – »Nee, er kommt mit dem Taxi. Halten Sie die Leute hin!« Meinen ersten Auftritt spiele ich ungeschminkt …

Also Honigmann. Eine hochintelligente Berliner Kodderschnauze, aus englischer Emigration gekommen. Wir sitzen also in der Komischen Oper. Honigmann ist zu der Zeit liiert mit der Chansonette und Brecht-Schauspielerin Gisela May. Die Nationaloper Peking gastiert. Was dort an Akkrobatik geleistet wurde! Phantastische Salti mortale! Und stundenlanger Singsang. Riesenbeifall am Schluß, der nicht enden will. Da trippelt eine kleine Chinesin auf die Bühne. Das Ensemble hat sich was ausgedacht. Und die singt wirklich »Am Blunnen vol dem Tole!« In Deutsch. Natürlich weiß sie nicht im geringsten, was sie da singt; dadurch ergibt sich so ein eigenartiges Lallen ohne besondere Betonungen. Und sie singt das wie ein Schleifenband, immer wieder »steht ein Lindenbaum« da. Honigmann rutscht schon auf dem Sessel hin und her, wir wollen ins »Ganymed«. Die Leute klatschen wie wild. Sie hebt erneut zum »Brunnen« an, aber in die Stille hinein ertönt es laut und trocken aus des Doktors Mund: »Ick hab schon mal de ›Wacht am Rhein‹ uff chinesisch jehört, det war noch erjreifender!«

MEINE PANKOWER POLITSEELSORGER

Zu Rudi Engels Gästen zählt auch unser Nachbar Ernst Busch, der stimmgewaltige Schauspieler und Sänger. Ich gebe zu, daß mir seine »Jarama-Front« Schauer der Ergriffenheit über den Rücken jagt, wohl deshalb, weil ich ihm seine politische Haltung immer abgenommen habe. Seine kommunistische Gesinnung ist ehrlich, begründet. Wenn ich bedenke, wieviel falsche Funktionärsfuffziger, Heuchler, Stalinisten, Karrieristen mir über den Weg gelaufen sind.

Wenn das knarrende »'n Abend« erscheint, habe ich Sendepause. Das fällt mir schwer, doch Busch dominiert die Runde. Leute, die dazwischenreden wollen, werden mit einem energischen Blick abgestraft. Er spricht über die zwanziger

Jahre bei Max Reinhardt, von Spanien ... Und ich höre zu, ja, ich kann auch meinen Mund halten und zuhören, wie heute zum Beispiel noch bei Heiner Müller, der unablässig in Bildern redet, daß es ein ästhetisches Vergnügen ist, zuzuhören.

Den Busch habe ich als Schauspieler immer bewundert, sah ihn im »Sturm«, im »Galileo Galilei« und natürlich in der »Mutter Courage« als Feldprediger. Großartig! Busch war auch oft in meinen Vorstellungen und bei den Matineen, selbst als ein Schlaganfall ihn schon halbseitig gelähmt hatte. Leider spielten wir nie zusammen.

Von Busch bekomme ich Lektionen in politischer Haltung. Er sagt ungeniert: »Du quatschst wieder einen Mist zusammen. Du redest dich um Kopp und Kragen, so dämlich kannste doch nicht sein.« Von anderen erfahre ich, daß er seine ungeheure linke Flosse an höheren Stellen schützend über mich hält.

Kurz vor dem Mauerbau habe ich die DDR mal gehörig satt, ich will rüber – ganz spontan, weil mir mal wieder irgendeine Äußerung eines Großkopfeten nicht gepaßt hat. Ich bin ja von Natur ein Hitzkopf.

Abends in der Kneipe hat sich nach dem zigsten Bier mein Entschluß gefestigt: Im Osten ist meines Bleibens nicht länger. Das muß ich jemandem mitteilen, für solche Fälle habe ich meine Genossen Betschwestern. Steffie Spira und deren Mann, den Dramaturgen Günter Ruschin, Rudi Engel, Ernst Busch ... Ich klingle, wie immer, zweimal kurz. »Hallo, Ernst, hier ist dein Störsender Rolf!« Die Therapien meiner Politseelsorger gleichen sich. Busch öffnet eine Flasche, gießt mir ein und hört zu. Am nächsten Morgen wache ich mit Ölschädel in seinem Gästezimmer auf. Busch fragt: »Warum bist du nicht drüben?« – »Wieso?« – »Na, du wolltest doch hier die Segel streichen!« – »Ich? Nee, ich habs überschlafen.« – »Na, siehste.« Andernorts wird er wieder sagen: »Der Ludwig? Wenn der besoffen ist, denkt der quer. Der is verrückt. Laßt den doch.«

Bei Rudi Engel habe ich für solche Fälle akuten Herz- und Gewissensdrückens Bettwäsche, Rasierzeug, eine Zahnbürste und eine Liege in seiner Dachkammer. Nächtelang hocken wir beisammen und diskutieren über das Sozialismusexperiment im Osten Deutschlands. Nebenbei erfahre ich ein paar Schnurren, die ich ohne große Bearbeitung in der Volksbühnenkantine an die Kollegen weiterreichen kann.

1956 stirbt Bert Brecht. Sein Testament hat er in der Akademie der Künste hinterlegt, Engel darf es öffnen und nicht lachen. Brecht wünscht nach seinem Tod eine Herzsonde, das heißt, einen Stich durch das Herz, damit er auch wirklich tot ist, wenn man ihn in die Kühlkammer schiebt. Sein zweites Begehren ist ein Eisensarg, damit das Ungeziefer seinen toten Leib nicht zerfrißt. Die Akademie macht in Friedrichshagen eine Bootswerft ausfindig, die den Sarg zusammenschweißt. Nun ist der Weg von der Kapelle bis zum Grab Brechts auf dem Dorotheenstädtischen Friedhof an der Chausseestraße zwar nicht so sehr weit, aber Eisen hat eben sein Gewicht. Sargträger waren die Brechtjünger, also Manfred Wekwerth, Egon Monk, Benno Besson, Peter Palitzsch. Wenn auch noch vom Friedhof ein paar Träger mit anfaßten – ich sage nur: Leistungssport. Heben, Stoßen, Reißen in einem!

Kleiner Exkurs: Ein zweites, in der Akademie hinterlegtes Testament wird mich direkt betreffen. Ich bin nämlich nicht nur der Vorleser für Arnold Zweig, auch Anna Seghers hat Interesse an den »Persern« von Aischylos, an der Niederlage, welche die Hellenen den Heerscharen des Xerxes beibringen. Also dehne ich meine Privatlesungen als eine Art Wanderbühne auf die Wohnung von Anna Seghers aus. Gerade habe ich unter der Regie von Fritz Bornemann im Fernsehen den Statthalter in den Persern gespielt. Xerxes war Eberhard Esche, besetzt waren auch Erika Pelikowsky und Steffie Spira, die mich ihrer Freundin Anna empfohlen hat. Eingedenk meines Lesetalents verfügt sie später, daß ich nach ihrem Tode bei der Trauerfeier in der Akademie der Künste den von ihr verfaßten Bericht an die Akademie lesen soll. Die Kulturoberen und Partei-ZKler sind entsetzt. Ausgerechnet der wilde Banause, der Trinker aus dem »Trichter«? Dann stehe ich 1983 am Pult, zwei Meter vor Honecker und dem Politbüro, in dunkelblauem Anzug mit dunkelblauer Krawatte und lese das Vermächtnis. Auf dem Friedhof ist das Blasorchester der Deutschen Volkspolizei aufgereiht. Steffie Spira schreit immer wieder dem Dirigenten zu: »Die Marseillaise! Spielt die Marseillaise!« Doch die bleiben stur bei ihren »Unsterblichen Opfern«, die dahinsanken.

WODKA FÜR FALLADAS GRAB

Ich trinke in diesen wilden Endfünfzigern Hektoliter Bier und Kurze, habe große Rollen in der Volksbühne und für DDR-Verhältnisse Geld wie Heu, kann Lagen schmeißen, arme Kollegen in der Kneipe aushalten. Meine Saufrunden umfassen Stampen im Prenzlauer Berg, wie Venezia, Lolott, Trümmer-Kutte ebenso wie feine Restaurants in der Stadtmitte.

Mein Körper ist offenbar durch Wacker Leuben trainiert und macht diese Torturen mit. Mir fällt Hans Falladas »Trinker« in die Hände, und ich lese das Buch in einem Ritt, an einem Tag. Danach kippe ich 'n ziemliches Quantum Klaren. Der Roman nimmt mich gefangen, ich bin fasziniert von der Präzision der Schilderung. Doktor Kuppke, Falladas letzter behandelnder Arzt, hat mir gesagt, daß sich die Grabstelle des Dichters auf dem Pankower Friedhof befindet.

Es ist schon fast Mitternacht, als ich mich auf den Weg mache. Das Tor ist natürlich zugeschlossen, aber ich finde an der Friedhofsmauer eine günstige Stelle zum Hinüberklettern. Es nieselt, die Wege sind glitschig. Ich irre wirr zwischen den Gräbern umher, leuchte mit dem Feuerzeug Dutzende von Grabsteinen ab. Ich finde Fallada nicht. Um halb vier in der Frühe klingle ich mal wieder zweimal kurz an Ernst Buschs Tür. Der regt sich künstlich auf. »Rolf, mitten in der Nacht!« Dabei weiß ich genau, daß er unter Schlafstörungen leidet. »Wo liegt Fallada?« – »Das fällt dir jetzt ein? Da mußte eben suchen.« – »Ich hab doch schon stundenlang gesucht? Den ganzen Friedhof abgegrast!« – »Der liegt in der Nähe von Max Lingner. Und jetzt hau ab!«

Ich ziehe postwendend in die »Eiche«, eine Kneipe für

Schichtarbeiter, die schon um fünf Uhr öffnet. Dem Wirt helfe ich beim Heizen des riesigen Kachelofens, dann habe ich meinen Kali-Strang, also Kaffeelikör am Morgen. Ich bilde mir ein, davon nüchtern zu werden. Ein Trugschluß. Für den zweiten Anlauf versorge ich mich mit einer Wodka-Taschenflasche, schließlich haben wir November, und es ist empfindlich kühl. Diesmal gehe ich durchs Tor, frage den Friedhofswärter. Der kennt Fallada nicht, weiß aber, wo das Grab von Lingner ist. Eine kleine verkrüppelte Kiefer ist über Falladas Grabplatte aus rotem Marmor gewachsen. Alles ist verdreckt, mit den Händen schaufle ich schmutziges Laub weg, rupfe Unkraut aus, gieße Wodka auf mein Taschentuch und beginne, die Platte zu putzen. Ich schrubbe und rubbele, und weil ich schon 'ne gehörige Meisterfüllung habe, weine ich auch ein bißchen im Angedenken an den großen deutschen Dichter und angerührt von meinem eigenen Putzfimmel. Wodka ist übrigens ein brauchbares Reinigungsmittel. Endlich lese ich deutlich Falladas Geburts- und Sterbedatum sowie die Zeile »Ein deutscher Erzähler«, die auf Anweisung von Johannes R. Becher, dem ersten DDR-Kulturminister, eingemeißelt wurde. Inzwischen ist Hans Fallada in dieser DDR vergessen. Ich habe ihn sozusagen wiederentdeckt. Erst viele Jahre später überführt man die sterblichen Überreste zu des Dichters Ort nach Carwitz bei Feldberg und verfilmt einige seiner Werke. In »Kleiner Mann, was nun?« spiele ich den Schauspieler.

DREI HUNDE UND EIN WOLKENSCHAF

Kindertheater habe ich immer ganz gern gespielt, ich werde dann immer selbst zum Kind. Das ging in Dresden schon los mit »Peterchens Mondfahrt« am Staatstheater und der »Schneekönigin« in einer Bühnenfassung von Jewgenij Schwarz. Damals ahne ich nicht, daß mir dieser Dichter *die* Glanzrolle meiner Bühnenlaufbahn geschrieben hat.

1959 klingelt es bei mir. Vor der Tür steht Fred Rodrian, später Chef des Kinderbuchverlages, mit einem Rollenbuch. Er hat Hans Christian Andersens Märchen »Das Feuerzeug«

in ein Filmszenarium adaptiert, jetzt wünscht er sich von Herzen, daß ich den kriegsmüden Soldaten spiele. Regie führt Siegfried Hartmann. Eine zauberhafte Musik hat Siegfried Bethmann komponiert. Ich lese das Buch und bin sofort überzeugt. Na klar, ich bin der Soldat. »Eins – zwei – hol dir vom Teufel deinen Lohn!« Es wird von den Kosten her einer der billigsten DEFA-Filme.

Wir drehen in einem Wald bei Potsdam. Die Gewerke bauen eine kaschierte hohle Eiche, wie es sie in der Natur nicht schöner gibt. Sächsische Gäste des benachbarten Kurheimes sind verwirrt. »Gestern gabs doch hier noch geene Eiche! So schnell wächst do geen Boom nich?« Doch die DEFA läßt eben Bäume in den Himmel wachsen. Die beiden falschen Freunde, diese kleinen Ganoven aus dem Wirtshaus, spielen Hannes Fischer, später Oberspielleiter im Deutschen Theater, und Heinz Schubert, in den Endsechzigern Alfred, das Ekel der Nation. »Das Feuerzeug« macht ihn noch nicht berühmt, aber am BE erregt er mit der Hauptrolle in »Held der westlichen Welt« Aufsehen, noch bekannter wird er mit dem »Wirtshaus im Spessart«.

Kleiner Einschub: Nach der Wende treffe ich 1994 Schubert in der Westberliner Szenekneipe »Florians«. Er dreht gerade mit Juhnke eine Fernsehsache, in der es um zwei Knastbrüder geht. Wir freuen uns mächtig über das Wiedersehen. »Heinz«, sage ich, »weeßte noch ...« Er unterbricht. »Schubi!« – »Ja doch, Heinz, hör mal ...« – »Ich bin der Schubi!« – »Das Feuerzeug, Heinz ...« – »Ich bin der Schubi!« Ist der irre geworden? Die Umsitzenden gucken schon interessiert zu uns herüber. Doch der bleibt stur. Ist er schon zum Schubi Alfred mutiert?

Die Kleinstadt für das »Feuerzeug« wird in Babelsberg aus Pappe und Holz aufgebaut. Das Wichtigste am Film aber sind die drei Hunde mit den feuerspeienden Augen, die jeweils die Truhen mit den Gold-, Silber- und Kupfermünzen bewachen. Das Innere des Baumes, diese Räume mit den Schatzkisten, werden ganz klein zusammengebastelt und die normalgroßen Hunde einfach hineingesetzt. Man ist ja schließlich technisch noch nicht so weit wie heute bei »Jurassic Park« oder so. Aber wie kriegen sie mich zwischen die Hunde, die mich ja um Menschengröße überragen sollen? Trickfilmer Kunstmann – nomen est omen –, der schon beim ersten UFA-Farbfilm »Münchhausen« mit Hans Albers »trickste«, spiegelt mich einfach ein. Für mich ist das seltsam. Ich spreche bei den Aufnahmen im Wald, im Baum, in der Bodenkammer ins Leere. Da ist kein Partner! Generationen sind mit diesem und anderen hervorragenden Märchenfilmen der DEFA aufgewachsen, noch heute ist er im Progress-Verleih mit am erfolgreichsten. Erst kürzlich, als ich nach einer Untersuchung im Herzzentrum Wedding mit dem Taxi nach Hause fahre, dreht sich der Droschkenkutscher um und fragt mich: »Herr Ludwig, sagense mal, wat is eigentlich aus den großen Hunden geworden?« Aus den Dreharbeiten entsteht zwischen Rodrian und mir eine Freundschaft, die über Jahrzehnte bis zu seinem qualvollen Tod anhält. Seine Geschichte vom »Wolkenschaf« ist mir die liebste von all den Kinderschallplatten, an deren Produktion ich als Sprecher mitgewirkt habe.

DER WILDDIEB

Der Bildhauer Werner Stötzer ist ein echter Waldbub und ein heimlicher Schauspieler. Er führt Regie im Improvisationsstück »Der Wilddieb«, dessen Handlung irgendwo in Stötzers Thüringer Gebirgsheimat spielt. Als Bühne dient ein Podest im »Salon« des Hauses von Rudi Engel, also eine Pankower Bühne für private Kleinstkunst. Ein ausgesprochenes Liebhaber-Theater. Ich bin immer als Holzknappe besetzt, muß den Rohstoff für den Meiler heranschleppen und sorge für die Glut. Zum Ensemble gehören Fred Rodrian, Bodo Uhse, Rudi Engel und alle, die gerade da sind.

Die Story ist mir nicht mehr gegenwärtig, das ist auch nie wichtig gewesen. Der Professor Maetzig, eine DDR-Regiegröße, wirkt als Mime so trocken wie ein Kahlschlag. Er gibt den Förster. Stötzer schneidert sich die Titelrolle auf den Leib. Wir lachen Tränen. Als viele Jahre später Konrad Wolf eine Episode aus Stötzers Bildhauerleben verfilmt, überläßt der

»Wilddieb« generös dem gestandenen, großartigen Kurt Böwe den Part. Vertreten ist Stötzer allemal in dem Streifen – schon durch seine Plastik »Der nackte Mann auf dem Sportplatz«.

OB AUS DEM WAS WIRD …?

Ende der Fünfziger. Der Winter ist außergewöhnlich streng. Wieder mal werden die Kohlen knapp. Die Volksbühne ist nicht mehr warm zu kriegen. Wir machen dicht, proben aber noch weiter für das Stück »Mein General«. Ich spiele den Gefreiten Horlacher, Nobert Christian ist mein General. Partnerin ist Lissy Tempelhof, die soeben aus Dresden zu uns stieß. Wir können uns kaum bewegen, denn wir sind angepummelt wie für eine Expedition ins ewige Eis: Mäntel, Schals, Handschuhe, dicke schwere Stiefel. Irgendwann friert uns fast der Rotz in der Nase. Wir beschließen, auf wärmere Zeiten zu warten. Der Regisseur des Stückes, Jan Rohac, ist Chef des Semafor-Theaters in Prag und Ehemann der damals schon bekannten Hanna Hegerová, einer göttlichen Chansonsängerin. Ich bin von ihr hingerissen, ein Rasseweib. Jan sagt: »Komm mit Ilse nach Prag. Schaut euch unser Programm an.« Na klar.

Im Zug treffe ich einen Bekannten, Helmut Koch, einen Chorleiter. Der hat einen Flachmann dabei. Wir wärmen uns kräftig von innen. Meine liebe Frau bekommt schon wieder ihren säuerlichen Zug um den Zitronenmund, der noch spitzer wird, als ich im Foyer unseres Hotels am Wenzelsplatz nordische Laute vernehme. Die Schwedische Eishockey-Nationalmannschaft. Hemmungen hab ich nicht, und so »tale« ich »svenska« bis in die Nacht und freue mich mit den kräftigen Nordlichtern über die für sie als Devisenträger niedrigen Alkoholpreise der Tschechen.

Ilse rüttelt mich um neun Uhr früh aus dem Schlaf. »Um zehn beginnen die Proben!« – »Was?« Ich weiß nicht recht, wo ich bin. »Im Semafor. Rohac erwartet uns.«- »Achso, ja.« Eine Dusche, starker Kaffee, ein Zigarettchen. Der Kopf brummt verdammt heftig … Wir schleichen uns in den Zuschauerraum des kleinen Kabaretts, etwa in den Ausmaßen der Berliner »Distel«. Die Bühne betritt ein ganz junger Mann von nicht sehr hohem Wuchs. Er rollt mit den Augen, torkelt unsicher über die Bretter, lallt und hickst wie im Bilderbuch. Es ist lustig, wie er einen Volltrunkenen mimt, irgendwie fühle ich mich dem Darsteller dort oben verbunden. Ilse raunt mir zu: »Jetzt müßte der aber mal irgendwie anfangen.« Der fängt nicht an. Er *ist* volltrunken. Rohac sagt energisch und verärgert: »Karel, es hat keinen Zweck, geh nach Hause!« – »Ich singe.« – »Nein, du singst nicht. Ich will dich nicht länger hier sehen!« Der junge Mann guckt hilfeheischend zum Pianisten Jiří Šlitr hinüber, der zuckt mit den Schultern. Der Sänger stößt eine fabelhafte Kadenz aus und verschwindet. »Wer war das?« frage ich Rohac. »Karel Gott«, sagt der, »aber ob aus dem was wird …«

SILVESTERFEIERN

Der Dezember von 1959 ist ziemlich streng. Vor den Diplomatenvillen in Pankow patrouillieren die Genossen Volkspolizisten mit klammen Fingern und Zehen. Vorn an der Straßenecke ist an einem Zaun ein Briefkasten angebracht, daneben eine kleine Abstellfläche und darauf eine Art Holzkästchen wie ein Vogelhaus. Ich bin ein mitleidiger Mensch, kann keinen frieren sehen, wo ich doch weiß, daß es dagegen ein probates Mittelchen gibt. Also stelle ich bei Minusgraden immer mal eine Thermosflasche mit heißem Tee und eine Wodkaflasche mit Adlershofer »Blauem Würger« oder was besserem dort hinein. Eine Flasche von beiden ist dann morgens stets leer. Die Kanne Tee nehme ich bald aus dem Angebot. Wenn ich am Tage an den Posten vorübergehe, grüßen wir uns höflich. Mehr nicht. Keine Dankesworte, keine Umarmungen wegen des herzerwärmenden Postverkehrs.

Zur Silvesterfeier habe ich Fred Rodrian eingeladen, dazu den DDR-Chef des Protokolls, Doktor Max Hummeltenberg, der über mir wohnt, den Kinderbuchautor Benno Pludra, Rudi Engel und seine Frau. Ein kleiner Kreis. Im Fernsehen läuft wie jedes Jahr die Münchener Lach- und Schießgesellschaft.

Kurz vor Mitternacht gehe ich auf den Balkon, um die Sektflaschen hereinzuholen. Da sehe ich im Schneegestöber vor dem Nachbarhaus einen Hauptmann im Schein der Straßenlaterne von einem Fuß auf den anderen treten. Ich werfe mir meinen Mantel über, gehe zu dem rüber. »Entschuldigen Sie, Herr Hauptmann«, sage ich. »Es ist Silvester, hundekalt, ungemütlich. Darf ich Sie bitten, mit mir auf das Neue Jahr anzustoßen? Ich hab da ein paar Gäste. Die haben nischt dagegen.« – »Warum nicht? Ich komme mit.« Ich schleppe den Uniformierten also mit ins Zimmer und flachse noch so blöde herum. »Uns kann jetzt gar nichts passieren, wir feiern unter Polizeischutz!«

Der Zeiger tickt. Der Countdown läuft sozusagen. Wir erheben uns und auch die Gläser, da – ertönt es aus dem Fernseher: »Deutschland, Deutschland, über alles!« Ohne Text natürlich. Wat nu? Ich beschreibe nur mal die Augen. Der offenbar schon als weißhaariger Mann auf die Welt gekommene Benno Pludra – kugelrunde Kinderaugen. Fred Rodrian hält seine geschlossen. Hummeltenberg, der Doktor, blickt ergeben, wie bei einer Urteilsverkündung. Ich schaue gelähmt wie das Karnickel auf die Schlange. Meine Frau lacht leicht hysterisch. Sie findet alles saukomisch.

Und der Hauptmann von Pankow? Der starrt stahlhart am Fernseher vorbei. Alles wartet stumm, bis das Deutschlandlied vorbei ist. Dann erst sagt einer: »Na denn, Prost Neujahr!« Auch die anderen quetschen irgendwelche guten Wünsche heraus. Man gibt sich Küsse oder Bussis, und erst dann geht der Protokollchef zum Fernseher und schaltet ab. Dabei hätte doch schon vorher ein einfacher Knopfdruck genügt, um sich in die andere, die »bessere Welt« zu zappen und das »Auferstanden aus Ruinen« wenigstens mitzusummen.

Nicht viele Jahre später sitzen wir in der Kulturbund-Runde, das heißt im Kulturbund-Klub in der Otto-Nuschke-Straße (jetzt wieder Jägerstraße) beisammen. Die, die immer da sitzen: der Poet Paul Wiens, der beim Nachdenken oder auf Versammlungen riesige Blätter mit klitzekleinen Mustern, Rosetten, Mäanderbändern und ähnlichem vollmalt, sozusagen als

Generalsekretär, der Romanautor Peter Edel als Stellvertreter, die Dramatiker Rainer Kerndl und Rudi Strahl, die Humorgeschichtenschreiberin und Journalistin Berta Waterstradt und der englische Zeitungsmann John Peet. Als Gast nahmen die immer mal gern Leute vom Theater, Film und den Medien auf. Auch der Bildhauer Fritz Cremer kommt ab und an vorbei. Er lädt mich zur Silvesterfeier in sein Pankower Atelier ein …

Die lustigste Figur ist an diesem Jahresende eindeutig mein Schauspielerkollege Horst Drinda. Der trägt ein Nachthemd und hat hinten, wie einen Hundestummel, einen Sektkorken dran. Die Stimmung ist prachtvoll. Auf einem Tischchen an der Wand steht eine gewaltige Bowle. Neben der sitze ich. Man hat eine Tanzfläche freigeräumt, alles, was Rang und Namen auf Bühne und Leinwand hat, ist da – die Ostberliner Schickeria sozusagen.

Kurz vor Mitternacht geht die Tür auf, und es erscheinen wie zwei Totengräber die Brechtburschen Peter Palitzsch und Manfred Wekwerth in schwarzen Rollkragenpullovern. Sie schauen sich kurz um, in ihren Augen steht überdeutlich: »Wohin sind wir geraten? Alles Idioten.« Mich mustern sie ebenfalls spöttisch, ich trage eine Pappnase auf der Stirn. Wekwerth läßt sich neben mir nieder. Ich denke, womit fummelt der denn da rum? Der hat tatsächlich eine Wasserpistole in der Hand und zielt auf die Tanzfläche, auf der gerade meine Frau Ilse vom Bühnenbildner der Staatsoper Hainer Hill herumgeschwenkt wird. Der kriegt das Wasser ins Gesicht, schüttelt sich, tanzt unbeirrt mit meiner Frau weiter, was ungeheuer ästhetisch aussieht. – Ich habe überhaupt nur ein einziges Mal mit Ilse eine Runde drehen wollen und war seither vom Tanzen befreit.

Die beiden schweben wieder vorbei, Wekwerth drückt erneut ab. So geht das noch rund viermal, dem Hill ist das Wasser schon in das Hemd gelaufen. Bei der fünften Runde bleiben die beiden Tänzer vor uns stehen, Hill verbeugt sich knapp vor meiner Frau, macht ein paar Schritte auf uns zu und – stülpt dem Wekwerth die Riesenbowle über den Kopf.

Einfach so, ohne verbale Ankündigung. Dann geht er wieder zu Ilse, nimmt sie wieder in den Arm und rockt mit ihr davon.

Wekwerth sieht aus wie ein begossener Tiefseetaucher, über die Schultern gleiten Apfelsinen- und Ananasstücke hinunter. Der Brechtschüler versucht verzweifelt, die Glasglocke abzusetzen. Es gelingt. Und dann – ich wußte, daß er keinen Humor hat – fängt er wie ein Kind an zu weinen und zu greinen. Palitzsch greift ihn am Arm und beide verlassen empört diesen kleinbürgerlichen Abend.

DER TOLLE TAG – WECHSEL INS CHARAKTERFACH?

Der »Diener« läuft und läuft. Nicht, daß ich Goldoni als Pausenclownerie betrachte, aber ich will ernstere Rollen. Kurt Jung-Alsen, der spätere DEFA-Regisseur, inszeniert in der Spielzeit 1956/57 Beaumarchais' »Der tolle Tag« in der Volksbühne. König Ludwig XVI. soll zu diesem Lustspiel gesagt haben: »Das ist abscheulich! Solche Stücke werden niemals gespielt werden!« Aber Napoleon jubelte: »Das war die Revolution auf dem Marsche!«

Ich bekomme den Figaro mit einem Riesenmonolog. Die gesamte Bühne für mich allein – ich bin aufgeregt. Noch heute habe ich vor jeder Vorstellung enormes Lampenfieber, das sich normalerweise mit den ersten Sätzen legt. Ich setze also an, da bemerke ich erst, daß im Zuschauerraum alles anders ist als sonst. Alles ist blau! Die FDJ hat die Vorstellung aufgekauft, überall Blauhemden und ein Lärm wie in einer Badeanstalt. Die quatschen und lachen ungeniert. Ich merke, wie die Wut in mir hochsteigt. Von Lampenfieber keine Spur! Ich erhebe mich und trete an die Rampe, sage nichts, gucke bloß – da werden die unten ganz ruhig. Dann öffne ich den Mund – das wird mir postwendend einen strengen Verweis der Intendanz einbringen! – und starte eine Publikumsbeschimpfung. »Schämt euch!« donnere ich. »Ich stehe hier oben, bemühe mich, euch mit dieser Rolle etwas zu sagen. Euer blödsinniges Gequatsche bringt mich in Rage. Geht, geht nach Hause! Ich warte fünf Minuten, bis die Uninteressierten draußen sind, und wenn dann auch nur noch zehn hier sitzen, spiele ich weiter.« Auf der einen Seite gibt es Beifall, auf der anderen macht es »Hö, hö, hö!« Es geht keiner. Wir spielen in Ruhe zu Ende.

Der Graf Almaviva wird vom Franzl Kutschera gespielt, seine Partnerin, die Gräfin Almaviva, ist Gisela Uhlen. Meine Susanne war während der Proben noch die blonde, dralle Lore Frisch. Wir mochten uns auf Anhieb – so gut, daß sie ein Heiratsangebot unseres Kollegen Alexander Hegarth ausschlägt. Ich bin wohl nicht direkt der Anlaß zum Bruch zwischen den beiden, aber der Anlaß zum Nachdenken. Aber Lore packt die Rolle nicht, sie wird umbesetzt. Die neue Susanne wird Ingrid Rentzsch, schmal und zierlich, mit sehr schönen Augen ... Man wird ja noch mal gucken dürfen, auch wenn man glücklich verheiratet ist!

Eines Tages komme ich nach der Vorstellung in die Kantine, da sitzt hinten in der Ecke an einem Tisch – eine Gipsfigur! Rund um den Kopf total eingehüllt in Mullbinden, aus denen Augen herausschauen. Ein Loch für den Mund hat man ebenfalls freigelassen, da hängt eine Zigarette heraus. Irgendjemand sagt zu der Mumie: »Frau Rentzsch kommt gleich!« Der Unsichtbare nickt. Eine verbundene Hand nimmt die Zigarette aus dem Mund. Statt der Rentzsch kommt aber Frau Uhlen, sie beugt sich über den Mullmann, küßt das Loch im Verband, setzt sich neben ihn. Da begreife ich blitzschnell. Mein Gott, das muß der Kieling sein! Man munkelt ja, der hat mit der Ingrid ... Ich nehme mein Glas und gehe rüber zu denen, verwickle sie in ein Gespräch, will dem Wolfgang helfen. Mit der Uhlen ist er schließlich verheiratet. Er schildert seinen Autosalto auf der Avus. Beide erzählen wir seiner Frau, wie wir uns in dem kleinen Theater am Ku'damm kennengelernt haben, in dem Ottokar Runze »Wie es euch gefällt« in Englisch spielen will. Wir schwatzen, und Kieling guckt immerzu unruhig zur Tür. Die Uhlen beobachtet ihn scharf. Weiß sie was? Dann sagt sie spitz zu mir, daß sie etwas mit Kieling zu bereden habe. Da kann ich ihn nicht weiter retten ... Ich nehme meinen Biertopp.

DER SEILTRICK

Max Schwimmer hat für den »Sommernachtstraum«, den Fritz Wisten 1956 an der Volksbühne inszeniert, eines der schönsten Bühnenbilder geschaffen, das ich je gesehen habe. Und eines der wunderbarsten Plakate. Anmutig, grazil, träumerisch. Diese Zartheit war kaum zu vermuten, hatte er mich doch mal im »Faß«, einer Westberliner Kneipe in der Wilmersdorfer Straße, in die Ecke gestellt, weil ich Gottfried Benn nicht kannte. »Das Faß« gehört dem Staatsoper-Bühnenbildner Pfeiffenberger, dem Sohn eines Weingutbesitzers, und er lädt sich zur Tafelrunde immer Gäste ein. Kugelblitz Schwimmer sitzt am Stammtisch ebenso wie der Schauspieler und Regisseur Walther Suessenguth, dem nach ständigem Alkoholgenuß immer Schaum in den Mundwinkeln sitzt. Er neigt zudem stark zu Männerfreundschaften und Kollegenküssen …

Eine Episode: Am Schwarzen Brett steht »10 Uhr: Hauptprobe – Die Ratten«. Regie hat Suessenguth. Ich bin in dem Stück nicht besetzt, halte mich also in der Kantine auf, schwatze mit dem Wirt Horst Jessen über Boxen und Fliegerei. Da kommt Suessenguth, voll wie ein Amtmann, setzt sich neben mich. »Rolf, mein Lieber …« und will mich mal wieder abküssen. Ich sage: »Hör mal, du hast Hauptprobe.« Der winkt ab und Jessen heran. »Bier!« Wir trinken uns ein. Um zwölf kommt der Regieassistent. »Herr Suessenguth, es ist jetzt Probenpause.« – Der erhebt sich leicht schwankend und brüllt: »A-alles zur Kritik ins Konzimmer!« – Nach zwanzig Minuten ist er wieder unten in der Kantine und sagt: »So objektiv war ich noch nie! Ich hab sie zusammengeschissen. Jetzt können wir weitersaufen!« Nach der Premiere lese ich im SONNTAG:

Walther Suessenguth als Regisseur arbeitete jede Rolle bis ins Einzelne durch und hielt doch das Ganze zusammen: stark, kräftig, ohne Milderungen oder Furcht vor Kraßheiten. Die Aufführung hatte Substanz.

… Suessenguth, Schwimmer und Pfeiffenberger lassen mich also im »Faß« in der Ecke schmoren – ohne Bier! Ich soll mich meiner mageren Literaturkenntnisse schämen, und tue es. Sie sind erbarmungslos – die Feingeister.

Die Ausstattung des »Sommernachtstraums« ist ein Hauch in zartem Aquarell. Wir schweben beflügelt durch die Leinwände hinter uns. Es spielt das Berliner Sinfonieorchester. Der Kutschera ist drin, die Thisbe verkörpert urkomisch der Drei-Zentner-Mann Albert Garbe. Das Liebespaar sind Wilfried Ortmann und Margot Ebert, später auch noch viele Jahrzehnte im wirklichen Leben. Marion van de Kamp, Suzanne Wisten, Herbert Malsbender, Hans-Joachim Martens, Dieter Wallrabe. Da gibt's auch noch den Hamburger Alfred Maack, der in den UFA-Filmen immer in Nebenrollen Kapitäne gespielt hat. Als Waterkant-Typ. Das ist ein Schweinigel, und ausgerechnet er hat den Satz: »Schon paaren sich die Vögel.« Der haut tatsächlich raus: »Schon vögeln sich die Paare!« Da soll man ernst bleiben auf der Bühne. Ich bin der Puck. In erster Linie arbeite ich als Artist. Eine ausgesprochene Hängepartie. Ich baumle die meiste Zeit an einem Seil und lasse von oben meine Texte ab. Der Strick ist nie gerissen, aber einmal fliege ich quer über die Bühne bis rauf zum Schnürboden. Da verhakt sich das Ding irgendwie, und ich komme nicht mehr zurück. Der Bumerang-Effekt bleibt aus. Unten sprechen die weiter. Ich hänge – hänge oben fest, hab mir auch etwas die Rippen geprellt. Aber mit dem Text hänge ich keineswegs, vom Himmel hoch rede ich weiter. Bloß kein Loch entstehen lassen!

DER CHEF SEGELT!

Der Bruder von Rudi Engel, der Schauspieler Alexander aus dem Apfelbaum, hockt fast in jedem Stück, das ich in der Volksbühne spiele, und macht in Westberlin eine derartige Propaganda für mich, daß ich von Rudolf Nölte, Intendant am Theater am Kurfürstendamm, ein Telegramm erhalte. Ich fahre rüber. In der »Kassette« von Sternheim soll ich spielen, den Photographen Alfons Seidenschnur. Die Hauptrolle, den Oberlehrer Krull, übernimmt Theo Lingen. Boulevard, das heißt en suite, das heißt Abend für Abend. Und mein Vertrag bei Wisten? Wir proben gerade unter Otto Tausig die »Komödie der Irrungen« mit der Marita Böhme. Ich gebe Nölte einen Korb, der gibt mir einen Whisky und ein anerkennendes »à la bonheur!« für meinen Verzicht. Meine Rolle bekommt der Wiener Kollege Hans Putz. Aber es kommt noch ärger ...

Alexander Engel will seinem Namen Ehre machen. Er trägt meinen Ruhm über die Berliner Stadtgrenzen hinaus in den hohen Norden. Aus Hamburg schickt mir Ulrich Erfurth, Schauspieldirektor am Hamburger Schauspielhaus, noch 1959 ein dringendes Telegramm. Der Intendant Gustaf Gründgens wünscht, mich kennenzulernen. Ich zeige Fritz Wisten die Nachricht. Gründgens hat unter seiner Regie den »Snob« gespielt. »Die woll'n dich haben«, sagt Wisten, »da mußte auf jeden Fall hinfahren. Kennste Hamburg?« – »Flüchtig. Ich war noch nie so richtig auf der Reeperbahn.« – »Na, dann fahr. Du bist erwachsen.« Traveller Cheques liegen bei. Ich fliege von Tempelhof an die Alster.

Punkt elf bin ich in der Kirchenallee. Im zweiten Stock ist das Büro vom Dramaturgen Peter Gorsky, dem Freund vom Gründgens. Der mustert mich – so scheint es mir – erstauntspöttisch. Mit Recht!

Ich habe am Abend zuvor noch den »Tollen Tag« gespielt, vorher in der Kantine vielleicht ein bißchen zuviel geprahlt, daß ich zu Gründgens eingeladen bin ... Jedenfalls erwischt mich in der Vorstellung Franz Kutschera mit seiner Pranke zufällig am Augenlid. Ich blinzle Gorsky an. Der feinnervige Ästhet tut so, als sei es selbstverständlich, mit einem solchen Musauge herumzulaufen. »Der Chef läßt sich entschuldigen, er segelt.« – »Wie bitte?« – »Er segelt.« Ich sage: »Ahoi!« – »Er kommt wahrscheinlich so gegen eins.« Na gut, denke ich, dann kann ich nicht so wichtig sein. Dann kommt wieder der verhängnisvolle Satz: »Speisen Sie doch solange auf unsere Rechnung in der Kantine.«

Was ich tue. Um 13.30 Uhr kommt der Durchruf: »Herr Ludwig, bitte, in die Chefetage!« Wie begegnet man einem Gott? »Guten Tag, ich weiß mit dem Telegramm noch nicht viel anzufangen.« – Er steht auf. »Das werde ich Ihnen erklären. Mein Protagonist Heinz Reincke geht ans Wiener Burgtheater. Ulrich Herfurth hat Sie in der Berliner Volksbühne als Truffaldino, Figaro und Mosca im ›Volpone‹ gesehen. Könnten Sie die beiden letzteren Rollen übernehmen? Wir zahlen Ihnen eine Gage von 8 000 Mark.«

Ich muß schlucken. »Was für ein Landsmann sind Sie?« – »Dresdener.« – »Aha.« – »Hab ich Sie richtig verstanden, ich soll gleich hier bleiben?« – »Ja, wir können sofort mit den Umbesetzungsproben beginnen.« – »Aber da müßte ich ja vertragsbrüchig werden. Ich spiele bei Fritz Wisten.« – »Das ist mir bekannt. Nebenbei bemerkt, Ludwig, Sie sind kein guter Sprecher.« – »Nee, ich bin ja Dresdener. Sprecherziehung hab ich gehabt, bemühe mich auch um das Hochdeutsche.« Gründgens lächelt fein. »Nein, Herr Staatsrat« – ich sage wirklich: »Herr Staatsrat« –, »ich kann meine Kollegen nicht im Stich lassen, ich würde nie wieder ein Bier runterkriegen. Das kann ich nicht.« – »Überlegen Sie sich das gut. Wir machen anschließend einen Shakespeare. Ich gebe Ihnen den Ritter Bleichewang, mit Ulrich Haupt, unter meiner Regie.« – »Ich kann den Fritz Wisten nicht in die Pfanne hauen.« – »Ihr letztes Wort?« – »Ich sage: Nein!« Das ist ein so unendlich schweres NEIN …

Ich gehe dann ganz bedeppert hinaus. Der Gorsky zieht mich vom Flur in sein Büro. Er hat ja die ganze Zeit dabei gestanden. »Sind Sie wahnsinnig, Ludwig! Das ist die Chance ihres Lebens! Sie sprachen mit GRÜNDGENS!« Dann palavert er noch ein wenig. Das Telefon klingelt. Gorsky sagt: »Gut!« und serviert mich rasch ab. »War angenehm, Sie kennenzulernen.« Ich steige langsam die Treppe hinunter. Bin ich bekloppt?! Ich grüble. Der Pförtner fragt: »Sind Sie Herr Ludwig?« – »Ja.« – »Hier ist noch ein Brief für Sie.« Er trägt den Stempel des Schauspielhauses. Ich stecke ihn so nebenbei in die Tasche des Sakkos.

Vis-à-vis dem Theater grüßt mich eine nette kleine Kneipe. Das ist das einzige, was mir jetzt hilft. Ein frischgezapftes kühles Bier! Und noch eins und einen Klaren gleich hinterher.

»Kann man hier telefonieren?« Der Wirt reicht mir den Apparat über den Tresen. »Vadda«, sage ich zu Wisten, »ich bin hier in einer Kneipe.« – »Fängste wieder an zu saufen?« – »Der Gründgens will mir sofort den Mosca und den Figaro geben. Ich habe Nein gesagt.« – Schweigen am anderen Ende. »Haste verstanden, nee, hab ich gesagt.« – »Du hast zwei Tage probenfrei. Guck dir Hamburg an, und dann komm wieder, Junge.« Ich lege auf, bin immer noch wie benommen. Habe ich den Kardinalfehler meines Lebens gemacht? ...

Nach einer Stunde bin ich mit dem Wirt auf Du und Du. Da fällt mir der Brief ein. Ich reiße ihn auf. Drinnen sind zehn Hundertmarkscheine und ein kurzer handschriftlicher Gruß. »Lieber Herr Ludwig, möge es noch viele solche Schauspieler geben wie Sie, die ihr Ensemble nicht im Stich lassen. Anbei tausend Mark. Machen Sie sich einen schönen Tag auf der Reeperbahn. Herzlichst Ihr Gustaf Gründgens.«

EIN DREHBUCH VOLLER SCHLAGKRAFT

Wir haben uns gegenseitig verziehen: Ich dem Martin Hellberg seinen operettenreifen Auftritt in der Dresdener Volksbühne, er mir meine umgehende damalige Kündigung. 1959 hat er in der Volksbühne Berlin den »Richter von Zalamea« inszeniert und mir die Rolle des Rebolledo gegeben. Kutschera spielte den Richter Pedro Crespo. Ursula Braun war noch dabei, Hans Rüdiger Renn, Hans Joachim Hanisch, Raimund Schelcher als Sergeant. Anschließend beweist Hellberg, daß man einen Spielfilm in einer Rekordzeit von vier Wochen drehen kann; er bringt den »Richter von Zalamea« auf die Leinwand. Der Film war gar nicht so übel, mehr fällt mir dazu nicht ein.

Hellberg aber hatte Auftrieb bekommen – und einen neuen Stoff in die Hand. »Thomas Müntzer«. Das ist nach seinem Geschmack. Monumental. 2000 Statisten, die das Volk mimen müssen, die »Folgsamen« des Bauernführers. Ich bekam die Rolle des Spatz, eines Verräters.

Drehtag in Mühlhausen. Der Kollege Hans W. Hamacher vom Berliner Ensemble nimmt mich im Auto mit, nach der

Abendvorstellung. Vier Stunden lang erzählt er mir schweinische Witze. Die Hölle. Ich bin geschlaucht, habe den Truffaldino hinter mir. Nur mal 'ne Stunde die Augen schließen, aber nee, Hamacher hebt wieder an: »Kommt 'ne Frau zum Arzt und sagt ...« Ich müßte eigentlich noch einen Blick in den Text werfen, da hab ich so einen ellenlangen Monolog vor dem Bauernheer. »Ich kann nit reden, aber ich sag euch ...« fängt der falschzüngige Verräter an, und dann folgt eine ganze Seite. Ich versuche, mich zu konzentrieren. Aber Hamacher läßt nicht locker: »Eine Nonne hat einen Autounfall und ...« Im Morgengrauen erreichen wir Mühlhausen. Es ist zwar Sommer, aber früh um viere hundekalt. Fast kommt es mir vor, als gefriere der Tau auf dem Laub. Müde.

Wir klettern aus dem Auto. Die hocken schon alle da im Walde rum. Aufnahmeleiter, Garderobieren, das Kamerateam, die zitternden volksarmistischen Statisten. Man drückt mir einen Topp Kaffee in die Hand. Dann schieben sie mich in die Maske, ein paar Zähne müssen weglackiert werden. Später gibt's bei den Mustervorführungen mit meinen Zahnlücken immerzu Ärger, mal sind sie links, mal rechts im Mund. Der Maskenbildner kann es sich auf Teufel komm raus nicht merken. Man paßt mir eine Leinenhose an, sonst nichts. Freier Oberkörper. Ich zittere wie ein Pinscher.

Da schreitet mir mein Regisseur entgegen und brüllt: »Rolf! (Er brüllt immer!) Eine Wonne, dich zu sehen an diesem Morgen.« Wat für 'ne Wonne? Er zerrt mich vor die als Bauern verkleideten Soldaten. »Seht, seht her! Das ist ein Schauspieler aus Berlin!« Die gucken nicht mal hoch, frieren auch, denken an ihre Doppelstockbetten. Und dann kommt's. Hellberg sagt stolz: »Ich habe dir einen neuen Text geschrieben!« Als ich »neuer Text« höre, weiß ich, es wird nicht gut gehen. Ich gucke zum Himmel. Wolken ziehen auf. Zum Drehen brauchen wir schönes Sonnenwetter. Hellberg drückt mir eine Manuskriptseite in die Hand, ich setze mich abseits auf einen Baumstumpf und versuche umzulernen. Aber ich kann das nicht, immer wieder wird es ein Mischmasch.

Ich beschließe: Du sprichst den alten Text, das kriegt der

Professor gar nicht mit. Der Vormittag vergeht. Wolken, Wolken, Wolken … Die 2000 Volksarmisten lungern herum, spielen Skat, sind unlustig, mißmutig. Sie haben exakt den Gesichtsausdruck drauf, den sie im Film brauchen. Immerhin wollen die Bauern ja einen Aufstand aus Unzufriedenheit machen. Götz Neumann, der Kameramann, steht mit dem Okular da und schüttelt den Kopf. Mittagspause. Ich gucke immerzu in den neuen Text. Keine Chance. »Ich kann nit reden, aber …«

Dann ruft plötzlich einer: »Achtung, wahrscheinlich reißt es gleich auf!« Wir reißen uns zusammen. Es wird nur ein Wolkenloch. Es kommt auf die Sekunde an. Hellberg brüllt. »Fertigmachen! Achtung! Rolf, alles klar? Ich bau dich auf!« Auch das noch! »Achtung! Ton ab! Kamera läuft?« – »Bitte!« – Ich muß auf eine Tonne klettern. »Ich kann nit reden, aber ich sag euch … Was will ich euch sagen, ich weiß es nit, was ich euch sagen soll!«

Lichtwechsel. Aus! Eine Wolke! Gottseidank! Das war nun nicht meine Schuld. Hellberg sieht mich seltsam an, hebt das Megaphon an den Mund. »Wo bleibt der Text?« Ich sage: »Der kommt! Aber das Wolkenloch!« Noch hab ich die große Schnauze. Wieder ein Fetzen blauer Himmel. »Und bitte!« Ich wieder auf die Tonne. »Ich kann nit reden, aber ich sage euch, das, was ich zu sagen hab, ist wichtig, weil – « Hellberg brüllt: »Aus! Was ist los?« – »Wolkenloch!« Es kommen noch drei Löcher – bei mir und am Himmel.

Dann verläßt Hellberg der Humor, den er sowieso nicht hat. »Wenn du dich jetzt nicht zusammennimmst, schlag ich dich tot!« Die Soldaten haben zunehmend interessiertere Gesichter, sie grinsen sogar, was sie nicht sollen. »Ich schlag dich tot!« schreit Hellberg durch den Wald. Derselbe Hellberg, der noch vor ein paar Stunden gezwitschert hat: »Rolf, mein Liebling!« Dann wird er flehend: »Rolf, du läßt mich doch jetzt nicht im Stich? Alle Augen sind auf dich gerichtet! Schaut ihn an, schaut auf diesen Mann!« Er ergänzt: »… der seinen Text nicht kann!«

Ein Zipfel Himmelblau. Ton ab. Kamera läuft. Ich rauf auf

die Tonne. »Ich kann nit reden, aber ich muß euch halt sagen ...« Das alles in diesem Scheißaltdeutsch. Ich komme einfach nicht über diesen blöden Text weg. Ich rutsche von der Tonne, die Bauernsoldaten blicken gespannt. Totenstille. Warum schreit Hellberg nicht? Da gehe ich in die Knie. Ich habe einen fürchterlichen Schlag auf den Hinterkopf bekommen. Ein Brett? Dann prasselt es weitere Schläge. 2000 Soldatenmünder stehen sperrangelweit offen.

Weltfriedenspreisträger Martin Hellberg hüpft wie ein HB-Männchen hinter mir herum, drischt mit dem Drehbuch auf mich ein und ruft: »Wenn's doch aus Eisen wär'!«

Es kommt kein Sonnenloch mehr. Hellberg hat mich vor 2000 Soldaten, vor der gesamten Bauernfront degradiert. Am Nachmittag drehen wir die Einstellung mit dem alten Text. Ich bin perfekt ...

Am nächsten Morgen muß das Bauernvolk durch den Wald fliehen. Ich luge als Spion hinter einem Busch hervor. Eine stumme Einstellung. Meine Verschlagenheit äußert sich in einem breiten Grinsen. Die Zahnlücke ist links oben. Die Soldaten stürmen los. Wieder eine Großaufnahme von mir. Die Zahnlücke ist rechts oben. Hellberg tobt. Mein Kopf mit dem Gebüsch wird später im Studio nachgedreht.

Der Regisseur ist mit seinem Volk nicht zufrieden. Er versammelt die inzwischen nur noch fünfhundert Mann starke Truppe um sich. »Fliehen sollt ihr! In euren Gesichtern muß Todesangst stehen! Ihr rennt durch den Wald, ohne Rücksicht auf Äste, Zweige. Ihr wollt euer Leben retten! Versteht ihr mich denn nicht!? Guckt nicht so dämlich! Wir proben!« Überall sind Steine und Wurzeln. Da kann man einfach keinen 400-Meter-Lauf veranstalten. Hellberg schreit durchs Megaphon: »Aus! Zurück!« Diese Burschen. Sie quatschen beim Laufen, lachen. Es sieht wirklich grauenvoll aus. Da reißt sich Hellberg die Halbschuhe von den Füßen. »Jetzt zeigt euch der Regisseur, wie man flieht!« Er ist auf dem Siedepunkt. »So flieht man!!!« Mit einem gehetzten Gesichtsausdruck flitzt er durchs Gesträuch und bricht nach fünfzig Metern zusammen. Er ist mit beiden Füßen in irgendwelche

Glasscherben getreten, die Fußsohlen sind völlig zerschunden. In den nächsten Tagen muß er in einer Art Sänfte zum Drehort getragen werden. Da ist er mir ungeheuer sympathisch. Ein Fanatischer, ein vom Film Besessener, der bei der Arbeit um sich herum alles vergißt. Es ist nicht unsere letzte gemeinsame Filmarbeit …

1:1

Ilse hat Theaterferien, eine Spielzeit an der Staatsoper geschindert, sich die Zehen blutig getanzt. Dazu Gastspiele. »Ich möchte nach Italien«, sagt sie. »Rimini. Grötzsch fährt mit dem Auto dort runter, der nimmt uns mit.« Ich fange gerade neue Dreharbeiten an. »Pit«, sage ich, »dieses Jahr wirds bei uns nichts mit Urlaub.« – »Ich will aber fahren.« – »Gut. Du machst vier Wochen Ferien, ich hab vier Wochen Film.« So fährt sie mit ihrem Partner von der Oper los. Ich bin nicht jeden Tag am Drehort, häufig sitze ich mit Lothar Creutz und dem Kritiker Carl Andrießen von der »Eule« in diversen Bierstuben.

So auch eines Abends im »Johannishof«, einem Nobelrestaurant, nahe der Friedrichstraße. Gästehaus der Regierung. Andrießen und ich hocken an der Bar. Aus dem benachbarten Saal dringt Musik und Stimmengewirr. Eine geschlossene Gesellschaft. Wegen der Hitze hat man die Saaltüren geöffnet. Ich gehe zur Toilette, blicke mal kurz in den Raum. Da sehe ich Karl Paryla und Edwin Marian, und es dämmert bei mir. Na klar, das ist die Premierenfeier für den DEFA-Film »Mich dürstet«. Ich hatte darin nur eine ganz winzige Rolle, trotzdem wurmt es mich, daß man mich offenbar vergessen hat einzuladen. Zu einem Trinkgelage! Paryla war kurz zuvor mit einer Garde von Schauspielern aus Wien gekommen, nachdem man dort das politisch linksgerichtete Scala-Theater geschlossen hat. Darunter waren Emil Stöhr, Fritz Links und Parylas Frau, Hortense Raky. Parylas Regie in »Mich dürstet« bestand vor allem darin, uns das Schießen beizubringen, obwohl er selbst nie im Krieg gewesen war. Marian spielte die Hauptrolle, und dann gab es da noch eine bildhübsche Frau,

Isabé Caregnatto, atemberaubend schön. Das war die Freundin vom Paryla, die er in dem Streifen gut untergebracht hatte.

Ich komme also im »Johannishof« vom WC zurück, da reitet mich der Teufel. »Die trinken da drinnen ohne dich!« Meine Schritte lenken mich in den Saal, ich stolziere, wie ein General, der Truppe inspizieren will, an den Leuten entlang, sage wohlwollend: »Na, denn feiert man schön!« und zu Isabé: »Was soll der Prachtfummel. Das paßt doch gar nicht zu dir!« und ab durch die Mitte.

Ich habe kaum wieder meinen Barhocker neben Andrießen erklommen, da kommt Isabé in ihrem voluminösen Ballkleid herausgerauscht, baut sich vor mir auf, sagt: »Sie arroganter Pinsel!« und haut mir eine runter, daß es blitzt. Und weg ist sie. Ich hänge wie ein Sabberlatz an Carls schmaler Brust. »Ich hab eben eine geklebt bekommen, was soll ich tun?« – »Nischt!« sagt Andrießen, den das alles nur mäßig interessiert.

Aber ich gehe wieder in den Saal zu Parylas Tisch. Der steht auf, denkt wohl, ich will ihm zu seinem Film gratulieren, reicht mir schon die Hand herüber. Aber ich verbeuge mich vor Isabé, küsse ihre Hand, sage: »Verzeihen Sie mein überaus flegelhaftes Benehmen!« Paryla meint: »Setzen Sie sich doch, Ludwig, trinken's eins mit uns.« – »Bedaure, ich werde erwartet.« Carl hat inzwischen ein neues Bier bestellt. Jetzt kommt Isabé erneut aus dem Saal, ich ducke mich schon etwas weg. Sie lacht. »Ich hab's nicht so gemeint.« – »Halb so wild, der Unterkiefer läßt sich noch bewegen.« – »Das Kleid ist wirklich furchtbar, ich hab's bloß für heute geliehen. In zehn Minuten bin ich wieder hier, ja?« Und dann guckt die mich mit einem Blick an, der mir durch und durch geht. Da ist es passiert. Carl grinst unverschämt.

Als Isabé wiederkommt, hat sie einen großen Karton vom Kostümverleih in der Hand, trägt Jeans und einen knallengen Pullover. Wir fahren zu mir nach Hause und am nächsten Morgen rauf zur Ostsee, nach Bansin. Dort hat Andrießen ein gemütliches Sommerhaus gemietet, das auf Pfählen in Strandnähe steht. Weitere Sommergäste dort oben sind der Schriftsteller Lothar Kusche, Professor »Nauke« Naumann, ein Sprachwissenschaftler, der Dramaturg und Filmautor Lothar Creutz, Volksbühnen-Kollege Jochen Brockmann, der im DEFA-Film »Der Teufelskreis« den Dimitroff gespielt hat. Es wird eine fabelhafte Woche. Im Zug bei der Rückfahrt sage ich ihr: »Es war wunderschön, aber ich bin verheiratet, glücklich verheiratet.« – »Ich weiß«, sagt sie. Wir verabschieden uns am Berliner Ostbahnhof, sehen uns nie wieder. Ich höre später immer mal wieder von Isabé, zuerst in Zusammenhang mit Brockmann, dann mit Bernhard Wicki und auch mit dem weltbekannten Pantomimen Marcel Marceau ...

Meine Frau Ilse kommt aus Rimini zurück. Tagelang habe ich überlegt, sag ich was von Isabé oder nicht? Ilse sieht blendend aus, die langen blonden Haare, braungebrannt, erholt. Mich quält das schlechte Gewissen. Ich habe sie betrogen! Es muß raus, ich druckse herum. »Hör mal, Pit, da ist was Schlimmes. Sie heißt Isabé, sie war auch in dem Film und mit mir oben an der See bei Andrießen. Aber es ist aus und vorbei. Ich muß dir das sagen, natürlich haben wir dabei auch getrunken ...« – »Natürlich«, unterbricht mich meine Frau. Dann sieht sie mich ganz lange aus ihren schmalen, schrägen Augen an und sagt ganz deutlich: »Rolf, 1 : 1!«

Ich sacke zusammen, wie erschossen. Tief getroffen.

WIE ICH FÜR DIE SCHAUSPIELSCHULE EINE BÄCKEREI LEERKAUFTE

Hansgeorg Stengel, der Reimeschmied vom »Eulenspiegel«, besucht mich im Auftrag des »Magazins«, interviewt mich im Februar 1960. Was ich gerade so mache und so weiter. Lieblingsrolle, Lieblingsfilm, ob ich gern koche oder esse oder beides? Und »Deine Frau ist hochschwanger?« – »Ja, es handelt sich bloß noch um Tage.« – »Was solls denn werden?« – »Ein Junge! Natürlich.« Ich träume ja schon davon, mit dem Bengel auf den Fußballplatz zu gehen. »Und wenn's ein Mädchen wird? Wie soll sie heißen.« – »Lulu!« sage ich wie aus der Pistole geschossen. »Wieso?« – »Na, wenn die Kleene dann gefragt wird, wie ihr Name ist, dann sagt sie: ›Lulu

128

Ludwig!‹, und alle Leute denken: ›Das arme Kind stottert ja
schrecklich!‹«

Aber es wird ein Junge. Ein Junge! Andreas! Am 1. März
1960. Väter aller Länder, versteht mich! Ich greife zur Flasche, natürlich. Dann lasse ich mich mit dem Taxi zur Schauspielschule in die Schnellerstraße nach Schöneweide fahren,
gebe ein paar Eleven dort Geld. Die schleppen einige Kästen
Bier heran. Auch an die Damen denke ich. Gegenüber ist eine
Bäckerei. Ich sage der Bäckersfrau: »Jetzt können Sie für heute
schließen. Ich kaufe den Kuchen aus allen Regalen auf. Schließlich bin ich Vater geworden! Bringen Sie alles rüber in die
Schauspielschule.« Der Buschfunk hat inzwischen alles her-
umgetrommelt. Der Ludwig – voll wie ein Amtmann – hält
im Foyer alle frei. Penka, der Direktor, bestellt mich in sein
Zimmer, will mir was von Störung des Lehrbetriebs erzählen.
Ich sage: »Die ganze Welt umarme ich, unten steht alles voll
Bier. Wenn Sie mir jetzt noch eine Zigarre schenken, könn-
te ich runtergehen und verkünden: ›He, euer Direktor ist der
Größte, er hat mir soeben eine Zigarre verpaßt!‹« Penka zeigt
Humor, gibt mir die Zigarre. Der Unterricht fällt flach.
Irgendwie komme ich am Abend nach Hause, am nächsten
Vormittag quetsche ich mit leicht geröteten Karnickelaugen
meine Nase an die Glasscheibe, hinter der mein Junge quakt.
Ilse schaut mich kopfschüttelnd an, spitzt ihren Zitronen-
mund. Sie hat's nicht leicht mit mir …

Dem Andreas werde ich kein guter Vater. Nie habe ich Zeit
und bin auch in gewisser Weise enttäuscht. Natürlich liebe
ich meinen Sohn, aber er macht so ganz und gar nicht das,
was ich mir mal vorgestellt habe. Als er sieben ist, schleppe
ich ihn zu Einheit Pankow. Es interessiert ihn nicht. Als Mitt-
vierziger erringe ich das Goldene Sportabzeichen; der Junge
hockt zu Hause und vollführt chemische Experimente. Bei
einem Versuch mit Schießpulver fliegt er in die Luft, wir fahren mit »Tatütatah!« in die Unfallklinik. Eine Augenverlet-
zung. Ohnehin hat er die schwachen Augen von Ilse geerbt,
die trägt eine starke Brille. Vielleicht sieht Andreas den Fußball nicht richtig? Mathe ist sein Lieblingsfach. Nee, nach mir

kommt er nicht. Heute bereue ich es, mir nicht mehr Zeit für ihn genommen zu haben. Seinen Weg hat Andreas fast ohne mich gefunden, er wurde Seitenmeister in der Staatsoper. Ein Handwerker par excellence.

FANFAN, DER HUSAR, IM BADEMANTEL

Anfang der Sechziger gastiert das Théâtre Nationale Populaire von Jean Vilar mit dem Stück »Ruy Blas« in der Volksbühne. Hauptdarsteller ist Gerard Philipe, den Leuten in der DDR durch »Fanfan, der Husar« und »Till Ulenspiegel« kein Unbekannter. Ich bin besonders gespannt, denn ich weiß, daß ich wegen einer gewissen Ähnlichkeit mit dem Weltstar auch der »Zonenphilipe« genannt werde.

Die Compagnie kommt mit dem Zug aus Paris am Ostbahnhof an. Himmel und Menschen. Autogrammjäger. Sie spielen zwei Vorstellungen – nachmittags eine und am Abend die zweite. Was das an Kraftanstregung bedeutet, weiß wirklich nur ein Kollege zu beurteilen. Aber der Applaus ist bombastisch. Im Foyer haben wir als Gastgeber eingedeckt. Die Getränke sind kaltgestellt.

Gerard Philipe kommt aus der Garderobe, noch verschwitzt im Bademantel, aus dem stacksige, stark behaarte Beine hervorlugen. Mindestens ein Meter neunzig ist er lang, auf der Leinwand fiel mir das nie auf. Ursula Meißner, die perfekt französisch, englisch und griechisch spricht, begrüßt die Truppe von Vilar. Dann hält Fritz Wisten noch eine schöne, weil kurze Rede voller Dankesworte. Und er habe noch eine Überraschung parat. Zwei Techniker schreiten herein und tragen feierlich zwei Holzkisten. Gerard Philipe öffnet die Kisten. Sie sind gefüllt mit Bühnenbohrern aus feinem, weichem Stahl. Die lassen sich auf dem Bühnenboden ganz leicht mit dem Fuß wegtreten. Und man sollte es nicht vermuten: Der weltbekannte Schauspieler hüpft herum wie Rumpelstilzchen, freut sich wie ein Kind, küßt den Wisten, die Meißner, ich kriege auch noch den Hauch eines Kusses ab. Für Philipe und das kleine Theater haben wir ein besonders bohrendes Problem gelöst.

ICH HAB DOCH MEINEN VATER
NICHT UMGEBRACHT!

1960 habe ich Außenaufnahmen in Güstrow. Der Film heißt »Das Leben beginnt«. Es geht um die Republikflucht eines Arztes und seiner Tochter. Eine ziemlich platte Geschichte, damals vor dem Mauerbau alltäglich. Die Ärzteschaft ist in einer einzigen Migration begriffen. Die Einbahnstraße führt nach Westen. Es liegt schon in der Luft, daß es so nicht weitergehen kann.

Heiner Carow führt Regie, er hat schon einen recht beachtlichen DEFA-Film gemacht – »Sie nannten ihn Amigo«. Eigentlich hab ich die Rolle den Autoren zuliebe angenommen, Kurt und Jeanne Stern. Die gehören nämlich zu den Professoren in meinen nichtakademischen »Universitäten«, zwei liebenswürdige Menschen, Kommunisten, die mir auf kritische Fragen auch Antwort stehen. Nach Drehschluß sitzen wir viel beisammen. Jeanne, die Französin ist, erzählt von Paris, wie sie ihren Kurt in der Emigration kennengelernt hat. Der Aufnahmeleiter kommt: »Herr Ludwig, ein Telefongespräch für Sie! Aus Dresden.« Ich schrecke zusammen. Jetzt mitten in der Nacht? Mutter ist dran. »Rolf, kannst du kommen? Dem Vaddel gehts sehr schlecht. Ich glaube, er stirbt.« – »Ich komme!« Da stehe ich, den Telefonhörer in der Hand, an einem Hoteltresen in Mecklenburg. Wie komme ich nach Sachsen? Carow und Stern reißen unseren DEFA-Chauffeur aus dem Tiefschlaf, der wirft den Wartburg an – um vier Uhr sind wir im Friedrichstädter Kankenhaus am Fetscherplatz in Dresden. Meine Mutter sitzt mit geröteten Augen auf dem Gang. »Sein Herz ist so schwach.« Der Oberarzt sagt: »Wir haben Ihren Vater in einen extra Raum gebracht.« Ich nicke. »Kann ich da rein?« – »Natürlich.« – »Muddel«, sage ich, »laß mich allein zu ihm.« Drinnen liegt mein Vater mit schlohweißen Haaren und geöffneten Augen. Er erkennt mich nicht. »Das ist ein schöner Anzug«, sagt er. Ich habe meine Cordjeans und die abgetragene Lederjacke an, wie immer. »Kann ich irgendwas für dich tun, Vater? Irgendwas?« Da mustert er mich eindringend mit seinen hellbraunen Augen, hebt die

Hand, will etwas sagen, deutet auf die Schnabeltasse. Ich reiche ihm die Tasse. Er schüttelt angewidert den Kopf. Tee will er nicht. Was will er? Ich flüstere ihm ins Ohr: »Willste 'n Bier?« Da bekomme ich einen Blick – Dankbarkeit.

Na klar! Ich springe auf wie der Blitz. »Warte, Vaddel, warte. Ich bin gleich wieder da!« Ich stürme aus dem Zimmer, rufe meiner Mutter im Laufen zu: »Ich muß noch mal kurz weg!« Es ist früh um fünf. Wo soll ich jetzt Bier herkriegen? Der Fahrer ist schon wieder nach Güstrow unterwegs. Ich fahre zum Bahnhof, zum Hotel. Da kenne ich die Besatzung vom Empfang und in der Bar. Ich klingele einen dienstbaren Geist heraus. »Der Herr Ludwig! Was is'n nu los?« Ich sage: »Menschenskind, habt ihr 'ne Flasche Budweiser?« …

Mit der Flasche unter der Jacke schmuggle ich mich an der Krankenschwester und Mutter vorbei ins Krankenzimmer. Vater blickt mich erwartungsvoll an. Ich weiß nicht warum, es kommt wie ein Gedankenblitz. Mir fällt urplötzlich ein, wie er mich damals vor der Eisbude an der Straßenbahnhaltestelle lange hat zappeln lassen, bis er den Fünfer aus seinem Portemonnaie gepolkt hatte. Ich spüle die Schnabeltasse aus, öffne die Flasche Budweiser und gieße langsam das gut gekühlte Bier in das Gefäß, bis der weiße Schaum über den Rand quillt. Vater verfolgt alles mit größter Aufmerksamkeit, er ist zu schwach zum Sprechen. Ich bringe ihn in eine Sitzhaltung, führe ihm die Tasse an den Mund. Vater trinkt sie leer – mit Genuß. Er leckt sich den Schaum von den Lippen, lächelt. Denkt er an das Billard, ans »Dreppchen« in Leuben? Ich gieße nach. Er nimmt noch einem tiefen Zug. Dann atmet er ganz tief durch und – ist tot. Er lächelt noch immer. Ich bin für Sekunden wie versteinert mit der Budweiser-Flasche in der Hand.

Dann gehe ich raus auf den Flur. Der Arzt sitzt neben Mutter. Sie sieht mir sofort an, daß Vater gestorben ist, weint ganz still. Der Arzt deutet auf die Bierflasche. Ich zucke mit den Schultern. »Ich hab ihm einen Schluck gegeben.« – »Sind Sie verrückt! Das Herz!« – »Das schlägt nicht mehr.« – »Sie haben einen großen Fehler gemacht, Herr Ludwig. Das Bier war sein Tod.« Mutter beendet den Dialog. »Es war Vaters letzter Wunsch, nicht wahr?« Und zum Arzt sagt sie: »Das Bier war sein Leben!« Mir fällt dieser blöde Spruch ein: »Schnaps, das war sein letztes Wort …«

Ich möchte heulen, fühl mich wie der Junge, der zwanzig Jahre zuvor Vaters Verdun-Narbe betastet hat. Aber ich bin 35, »bekannt von Bühne und Leinwand«, und dort oben, in Mecklenburg, wartet der Drehstab auf mich. Wie heißt der Film? »Das Leben beginnt«.

DIESE SCHEISSKLEINEN WURZEN

Ich bekomme in jenen Jahren an der Volksbühne jede Menge tolle Rollen, darunter den Haushofmeister Mosca in Ben Jonsons »Volpone« (Regie: Otto Tausig), den ich in meiner Schauspielerlaufbahn insgesamt dreimal darstellen werde. Ich spiele in »Turandot«, im »Richter von Zalamea« … Aber es gibt auch die Chargen.

Rein dialektisch, also dem Dialekt nach, geht's in jenen Jahren an der Volksbühne zu wie im »Simpel«. Wo man hinhört – weanerisch. Der Tausig spricht wie später der Lohner, der Franzl Kutschera und der Wisten. Da liegt es nahe, mal einen Nestroy zu machen. Es soll »Der Zerrissene« sein. Da können die sich mal so richtig austoben. Es gibt auch drei kleine Wurzen drin. Eine bin ich, die zweite ist Peter Dornseif, als dritte agiert Gerd Michael Henneberg, ein freundlicher Kollege, der später Generalintendant der Staatstheater Dresden wird. Da verstehe ich für vier Wochen die Welt nicht mehr, in der fünften ist Henneberg wieder in Berlin. Wir – die drei Freunde Stifler, Sporner und Wixer – sprechen uns ab, die Rollen in unterschiedlichen Dialekten zu spielen, um etwas Farbe hineinzubekommen. Ich habe nicht viele Sätze. Einer lautet: »Das ist ein Boot.« Ich will es plattdütsch snaken: »Bötche, Bötche …« Vielleicht ist es auch rheinländisch.

Ich sitze mit Hans Joachim Hanisch, dem Silvio aus dem »Diener zweier Herren«, dem Bonario aus »Volpone«, in der Garderobe und sage: »Mensch, Hansi, es ist grauenhaft. Da spielt man eine Aufführung, die so einen Riesenerfolg hat,

und möchte doch wenigtens mal einen kleinen Lacher haben.«
– »Kriegste keinen?« fragt Hanisch teilnahmsvoll. »Keinen
einzigen. Dieses Bötche, Bötche – ist doch komisch!« – »Wann
kommt denn das?« – »Erster Akt, am Schluß.« Wir blödeln
noch ein bißchen herum.

Am nächsten Abend spielen wir den »Zerrissenen«. Die
Leute lachen wie üblich, dann treten wir drei auf. Es wird ernster, im Grunde gibt's auch gar nichts zu lachen. Wir reden
über den Herrn von Lips, diesen steinreichen Kapitalisten,
der mit seinem Wohlstand nicht zurandekommt … Dann naht
die Stelle mit dem »Bötche, Bötche«, und in dem Moment,
als es raus ist, beginnt sich in der ersten Reihe ein Mann geradezu auszuschütten. Er gebärdet sich minutenlang wie wild,
haut sich auf die Schenkel, brüllt vor Lachen, schlägt auf die
Brüstung des Orchestergrabens. Schreit: »Das ist ja saukomisch!« Gluckst und quiekt. Es ist mir so was von peinlich …
Eine Qual …

Nach der Vorstellung kommt Hanisch in die Garderobe.
»Na«, sagt er stolz, »wie hab ich dir geholfen? Ich war großartig, was? Aber nun kannst du mir eigentlich auch mal einen
Gefallen tun.« Um Gotteswillen, denke ich, was nun? Er spielt
in der »Verschwörung des Fiesco zu Genua« von Schiller eben
auch so eine miese kleine Charge neben den Großen – Wilfried Ortmann als Fiesco, Franz Kutschera als Mohr Muley
Hassan, Gustav von Wangenheim als Verrina und dem jungen Armin Mueller-Stahl als Bourgognino. Hanisch ist einer
der Verschwörer, Sacco oder Calcagno. Eine Szene hat er, in
der es um die Vorbereitung des Giftmordes geht. Da sagt er:
»Aber wirksam ist doch die Methode!« und er bringe das so
schleimig-schelmisch über die Lippen, daß es einen Heiter-
keitsausbruch wert wäre. »Ach Hansel, Hansi«, sage ich, »das
ist doch kein Problem: Da bin ich doch sofort mit meiner
Frau in der nächsten Vorstellung.« Ilse hat tatsächlich mal
einen freien Abend. Wir sitzen in der dritten Reihe auf Steu-
erkarten. Ich fühle mich unwohl. Soll ich wirklich? Ach was,
der Hanisch hat mir schließlich auch helfen wollen! Ich lau-
sche gespannt wie ein Wiesel, dann kommt der Satz: »Aber

wirksam ist doch die Methode.« Ich kringele mich vor Lachen, fehlt bloß noch, daß ich mich bepinkle. Meine Frau sieht mich entsetzt an. Ist der verrückt geworden!? Sie rückt ein wenig von mir ab. Auch die Umsitzenden sind empört über das ungebührliche Lachen, sie weisen mich zurecht. Und ich schäme mich, so sehr, daß ich in der Pause gehe – in die Kantine.

HEITERKEIT TUT NOT!

1961 bin ich in der »Schlagerrevue« von Heinz dem Quermann auf Platz drei der Top Ten. Ich singe mit Micaela Kreißler den Erfolgstitel »Du hast 'nen kleinen Mann im Ohr«. Das ist ein Lied aus dem Film »Der Mann mit dem Objektiv«. Ich kann noch immer nicht besonders gut singen, aber es fällt bei dieser belanglosen Weise nicht weiter auf.

»Du hast 'nen kleinen Mann im Ohr,
und der ist Optimist.
Ein Kuß von dir macht sonnenklar,
warum du glücklich bist …
Bald sagst du mir: Ich hab dich gern.
Bald fliegen wir von Stern zu Stern.
Bald sind wir dann ein junges Paar
und leben gut zweihundert Jahr.
Ist das nicht wunderbar?«

Es geht um einen im Jahre 2194 geborenen Weltraumfahrer, der mittels eines GGO – eines Gefühls- und Gedanken-Objektivs – die Seele der Erdenbewohner von 1960 erforscht. Eine Art Psycho-Alf. Im Film ist alles Nötige drin: der VEB »Schöne Zukunft«, der ABV, die sozialistische Brigade im Hotel »Weltfrieden«. Buch: Paul Wiens. Musik: Gerd Natschinski. Christine Laszar nimmt teil am Abenteuer mit dem Außerirdischen, Helga Labudda, Otto Stark, Erik S. Klein, Erich Franz … Eine Sternstunde der Filmgeschichte wird es nicht gerade, aber wir haben gut verdient, und die Leute lachen – also, die Leute, die noch im Osten sind, denn ganze Scharen »nach drüben Gegangener« melden sich täglich in den Aufnahmelagern in Bebra, Marienfelde und anderswo. Fast hat man sich daran gewöhnt …

Am Vormittag des 13. August 1961 stehen Ilse und ich auf dem Flugplatz in Belgrad. Die Maschine soll uns nach Berlin-Schönefeld bringen, wir haben einen herrlichen Urlaub hinter uns. Aber der Vogel fliegt nicht. Nicht vormittags, nicht mittags – irgendjemand sagt uns was von einer »Schutzmaßnahme in Berlin«.

Wer schützt wen? Am nächsten Tag gegen 17 Uhr landen wir daheim. Natürlich kein Taxi. S-Bahn. Wir haben noch immer keine deutschsprachige Zeitung zu Gesicht bekommen. Dr. Hummeltenberg, unser Obermieter, will uns weismachen, daß mitten durch Berlin eine Mauer gezogen wird. Wir lachen: So was gibt's doch gar nicht! So was lassen sich die Berliner doch nicht gefallen! Die haben doch ihre Verwandtschaft in allen Sektoren! Dann sehen wir es mit eigenen Augen an der Bornholmer Brücke … Ach was, sagen die Leute, das wird wohl nur vorübergehend sein – ein Interim. Es dauert achtundzwanzig Jahre, und an jenem heißen Augusttag ahnen wir nicht, welche Folgerungen diese »Maßnahme« für das Berliner Theaterleben haben wird.

Emil Stöhr, der Bruder vom Karl Paryla, probt Hasenclevers »Ein besserer Herr«. Die Hauptrolle ist für mich vorgesehen, Steffie Spira spielt die Schnütchen, diese alte Witwe. Ich muß mich mit ihr im Bett herumwälzen. »Det wird janz jroß«, sagt sie. Besetzt hat Stöhr auch Franz Kutschera. Probenbeginn ist der 20. August 1961. So steht es jedenfalls am Plan. Doch der Franzl kommt nicht mehr. Die Sache mit der Mauer geht ihm zu weit. Er läßt nur noch einen Koffer in Berlin und zieht als künftiger Protagonist zu Harry Buckwitz nach Frankfurt am Main. Wie er haben fast zwei Drittel aller Schauspieler der Ostberliner Volksbühne ihren Wohnsitz im Westteil Berlins. Bisher erhielten sie ihre Gage in West, die wurde zum Teil umgerubelt und als Lebensmittel im Kofferraum ihres VW mit rüber genommen. Ich fand das erbärmlich. Gibt's jetzt noch Westgeld im Osten? Nach und nach bleiben die Westkollegen weg: Grünbaum, Mikulski, Ulrich …

Berlin hat seine eigenen Theatergesetze, andere als in Dresden oder Rostock oder weiteren größeren Städten. Hier mußt du eine ganz eigene Persönlichkeit sein, rundherum. Es ist verdammt schwer, sich über Jahrzehnte oben zu halten. Den Rucksack schleppst du mit dir rum, wirst ihn nicht los. Kein Ausruhen! Immer wieder neuer schonungsloser Einsatz, sonst bist du weg vom Fenster. Ich will mich '61 in Ostberlin behaupten, habe hier mein Publikum.

Wir machen eine Krisensitzung. Das Theater muß spielfähig gehalten werden. Die Intendanz reist in der DDR herum und sucht Leute. Derweil besetzen wir den »Diener zweier Herren« um. Parole: Heiterkeit tut not. Für Ursula Meißner kommt die bildhübsche Elfie Garden aus Wien. Horst Schön ist 1961 noch da, einige Jahre später sperren sie ihn ein, weil er nicht länger in der DDR leben will. Wolfgang Sasse kommt auf meinen Vorschlag vom Staatstheater Dresden, andere Kollegen aus Karl-Marx-Stadt, Erfurt, Meinigen. Der »Diener« ist gerettet.

ICH WILL KEINE MUMIE SEIN!
ICH BIN DER DRACHE!

Fritz Wisten geht es gesundheitlich sehr schlecht. Er liegt auf dem Sterbebett und will es nicht wahrhaben. Ich bin traurig, denn ich verehre ihn als Mensch, als Chef, als erstklassigen Theatermann, als väterlichen Freund. Kurz vor seinem Tod schreibt »Vadda« Wisten mir einen Brief. Sinngemäß steht darin, ich solle doch der Volksbühne treu bleiben, er bedaure, daß er sich nicht noch mehr als Regisseur um mich gekümmert habe, ich hätte jedoch auch so meine Linie gefunden. Aber das mit unserer Zusammenarbeit könne alles ja noch werden, wenn er wieder gesund würde. Er überlege, welche Rollen er mir anvertrauen könne. Er schreibt mal »Sie« und mal »Du, lieber Rolf«. Man spritzt ihm schon Morphium. Ich heule beim Lesen des Briefes und auch an Wistens Grab, denn ich weiß, daß ich Wistens Wunsch nicht erfüllen kann.

Ich habe inzwischen am Deutschen Theater die Aufführung »Der Frieden« von Peter Hacks nach Aristophanes gesehen. Die Inszenierung besorgte ein gewisser Herr Benno Besson, einer der Schüler Brechts, den ich bis dahin gar nicht wahrgenommen habe. Palitzsch kenne ich ja ganz gut, Wekwerth flüchtig, der Egon Monk ist nach Hamburg gegangen. Vom »Frieden« bin ich tief beeindruckt. Ich spüre in mir: »Da willste hin!« Ich will keine Mumie im Mausoleum Volksbühne werden, ich muß weiter.

Und wieder rekelt sich mein Schutzengel. Diesmal brauche ich keine Staßenbahnhaltestelle ...

Das Telefon klingelt. Am anderen Ende spricht Wolfgang Langhoff, der Intendant des Deutschen Theaters: »Herr Ludwig, ich möchte Sie bitten, bei uns die Rolle des Wlass in Gorkis ›Sommergästen‹ zu übernehmen.« Da muß Otto Tausig dran gedreht haben, der den Schwager des Rechtsanwalts Bassow bis dahin gegeben hat und nun nach Wien zurückgeht. Plötzlich bin ich also Gast am Deutschen Theater, ich spiele in der Regie von Wolfgang Heinz mit den Großen Damen des Schauspiels Erika Pelikowsky, Inge Keller, Ilse Nürnberg, lerne Herwart Grosse kennen ... Irgendwie spüre ich, daß ich mein Talent noch lange nicht ausgeschöpft habe. Ich bin knapp vierzig. Da muß noch etwas kommen, etwas Großes. Und es kommt ...

Am Schwarzen Brett hat man die Besetzung für das Stück »Der Drache« von Jewgenij Schwarz ausgehängt. Regie: Benno Besson. Premiere am 21. März 1965. Ich soll den zweiten Kopf des Drachen spielen. Für den ersten Kopf ist Adolf Peter Hoffmann ausgedruckt, für den dritten Käthe Reichel. Den kühnen Recken Lanzelot erhält Eberhard Esche. Für die Opfergabe Elsa ist Katharina Lind besetzt. Auf der Liste stehen noch Peter Dommisch, Dieter Franke, Günter Sonnenberg, Gerhard Lau und viele andere. Wir lesen das alles und ahnen nicht, wie oft sich diese Besetzung in den kommenden 16 (!!!) Jahren noch ändern wird. Allein die Rolle der Elsa übernehmen in folgenden Jahren Ursula Karusseit, Cox Habbema, Ursula Staack. Der einzige, der über die lange Zeit eisern »durchhält«, ist Horst Drinda als Bürgermeister, der hinreißend darstellt, wie er in den Wahnsinn abdriftet: »Ich bin eine Teekanne, brüht mich!« Keiner ahnt 1965 im Theaterflur, daß wir Theatergeschichte schreiben werden. Alles beginnt wie immer, mit den Proben …

… Zehn Uhr früh. Die Regieassistentin, Frau Blank, sagt: »Der A. P. ist krank, Benno bittet dich, den ersten Drachenkopf einzulesen. Morgen ist der Hoffmann wieder da.« Na klar, kein Problem. Dann kommt Besson, er streicht sich mit der Hand über den Hinterkopf und guckt grimmig. Vorsicht ist geboten! »Die Reichel 'at die Prob' abgesagt, erkältet oder was. Eigentliech 'ab iesch schon gar kein' Lust mähr«, muffelt der Schweizer mit französischem Akzent. Ich sage: »Bleib ruhig, Benno, ich lese den Kopp von der Käthe ooch noch mit.«

Wir fangen an. Besson unterbricht nicht. Er hat schlechte Laune. Die hat er öfter, der Benno. Dann fällt ihm nichts ein. Das ist unsere Chance oben auf der Bühne. Mir fällt was ein! Immer. Proben sind für mich das reine Vergnügen, viel interessanter und natürlich kreativer als die Vorstellungen. Ich probe gern – bloß nicht zu lange, weil ich schnell ermüde. Nach zwei-drei Stunden ist bei mir Sense.

… Ich lese den ersten Kopf, den Jäger. Dann muß ich mich verwandeln. Ich lese ja nur, aber die Figur nimmt mich so gefangen, daß ich nicht bloß die Stimme, sondern schon die Körperhaltung ändere. Ich bin jetzt jung, fast fröhlich. Dann sacke ich zusammen, ganz der Greis, aber ausgebufft. Ich lese und lese, Besson unterbricht nicht. Hört der überhaupt zu? Dann springt er auf: »Wenn 'ier alles krank iest, kann man niecht arbeiten. Wir machen für 'eute Schluß!« Der Akzent klingt lustig, seine Grammatik ist einwandfrei. Besson verschwindet zu einer Besprechung mit dem Bühnen- und Kostümbildner Horst Sagert. Ich denke: »Den Tag kannste unter Ulk verbuchen.« Am Nachmittag klingelt bei mir zu Hause das Telefon. Benno ist dran. »Ich habe mit A. P. Hoffmann und mit Käthe Reichel gesprochen. Du spielst alle drei Köpfe!« Ich lasse mich in den Sessel fallen. ICH BIN DER DRACHE!

DAS MÄRCHEN – EIN MÄRCHENHAFTER ERFOLG

Seit 300 Jahren beherrscht der Drache die Stadt, er hat die Bürger geknechtet, ihre Seelen verkrüppelt. Der Drachentöter Lanzelot will ihn besiegen und das Mädchen Elsa befreien. Doch der Drache ist schlau, er schlüpft in drei Gestalten. Zunächst tritt er als pommerscher Gutsbesitzer auf, mit Lodenmantel, Hut und Bart. Ich spiele ihn wie einen abgedankten preußischen Offizier, knapp, kurz, herablassend, manchmal jovial. Ich lauere und taxiere den Lanzelot. Der wiederum läßt sich nicht einschüchtern. Kostümbildner Sagert hat Eberhard Esche als Westernheld ausgestattet, mit Lederkluft. Ich wechsele ins Imponiergehabe, bin fast ein schöner Jüngling, drohe auf freundliche Art, zeige aber schon einen Anflug aufkommender Angst vor Lanzelot. Als zittriger Greis – als dritter Kopf – will ich den Drachentöter über meine tatsächliche Stärke hinwegtäuschen, hege aber schon Furcht, die Bürger könnten sich durch die Aufmüpfigkeit des Fremden anstecken lassen …

Es wird ein Riesenerfolg. Die Zeitungen jubeln ausnahmslos. Superlative. Ich bin wie im Rausch, ganz oben. Das Publikum rennt uns das Haus ein. Die Leute klatschen, trampeln, rufen »Bravo!« – auch noch in der 580. »Drachen«-Vorstellung.

WOCHENPOST: »Rolf Ludwig verkörperte das Märchen-Untier in dreifacher Gestalt, zeigte sich als aalglatter, verlogen jovialer Landesvater, erschien als eiskalter, machtbesessener Diktator, zuletzt als altersschwacher, noch immer gefährlicher Staatsverbrecher.«

DER MORGEN: »Ludwig offenbarte glanzvolles gestisches Können, eine Verwandlungskunst bis in die Stimme hinein, er zeigte eine höhnische Bösartigkeit und ein verwirrendes Spiel mit körperlichen Gebrechen, die als teuflische List eines Allmächtigen entlarvt werden …«

140

SYBILLE: »*Rolf Ludwig spielt den Drachen in dieser Szene ganz alt und ungemein gebrechlich. Wie ein Greis sitzt er im Sessel, beide Hände nach vorn ausgestreckt, auf die Lehnen gestützt, scheinbar kaum noch fähig, sich anders aufrechtzuhalten. Diesmal benutzt er einen einschmeichelnden Ton … Als er endlich Elsa erlaubt, sich von Lanzelot zu verabschieden, in der Hoffnung, sie werde ihn töten, bleibt Rolf Ludwig im Sessel sitzen. Die Hände liegen noch immer auf den Armlehnen, aber der Körper ist jetzt vornübergebeugt, nur Spannung, ganz konzentrierte Aufmerksamkeit: wird sie zum Messer greifen? … Dann kommt die große Enttäuschung: Elsa hat das Messer weggeworfen … Endlich läßt Rolf Ludwig den Drachen sich aufraffen, wieder Fassung gewinnen, und es ist wunderbar, wie der Schauspieler diese neue Gefaßtheit entwickelt. Er steht nicht plötzlich und wütend auf, nein, er steigert die Greisenhaftigkeit ins Überdimensionale, wankt zitternd, mit ständig einknickenden Beinen die Treppe zum Palast hinauf – ein schauspielerisches Kabinettstück, wie man es nur selten auf der Bühne zu sehen bekommt.*«

Der Treppengang. Benno fragt auf der Probe: »Wie wirst du abgehen?« Ich sage: »Irgendwas werde ich mir schon ausdenken. Wie alt bin ich? Hundertzwanzig?« Ich muß was mit den Knien machen, obwohl die ja meniskusgeschädigt durch Wacker Leuben sind. Ganz langsam gehe ich die Treppe hoch, die hat eine ganz schöne Steigung. Ich wanke und lande nach einer Ewigkeit oben. Dort ist bloß ein kleines Plateau. Das Bühnenbild ist ja noch nicht eingerichtet. Ich richte mich auf, starre in Richtung Zuschauerraum. War ich nicht grandios? Unten herrscht Funkstille. Dann sagt Benno: »Na, und weiter?« – Ich frage: »Was weiter?« Besson: »Na, das Stück geht doch weiter, oder?« – »Na, hör mal, ich bin doch jetzt weg. Soll ich hier oben vom Versatzstück runterspringen. Weißte was, ich komme jetzt die Treppe runter, und dann bin ich weg. In der Kantine.« Benno läßt sich nicht beeindrucken, er probt mit den anderen weiter. Erst in den Endproben kommen wir wieder zum Abgang per Treppe. Besson sagt: »Du machst es

so, wie du es neulich angeboten hast, aber ganz genauso!« –
»Wollen wir nicht auch was anderes ausprobieren?« – »Genauso!« Der Mann kann einfach kein Lob aussprechen!

MIMEN ALS ERSATZDIPLOMATEN

Minutiös beschreiben die Zeitungen meine Gestik, Mimik.
Von der Presse, von Kollegen werde ich mit Lob überschüt-
tet. Ich gebe zu, das tut mir gut. Zum »Drachen« bekomme
ich fast soviel Zuschauerpost von Verehrerinnen wie Jahre
zuvor bei meinen heiteren DEFA-Filmen, aber es sind auch
Briefe von Theaterbesuchern darunter, die die hochpolitische
Brisanz des Stückes durchaus verstanden haben.

Die Staats- und Partei-Oberen tun sich schwer mit dem
»Drachen«. Sie grübeln, sie sezieren – ohne Erfolg. Sie finden offenbar nichts, weshalb sie das Stück vom Spielplan weg-
schießen können.

Walter Ulbricht sitzt in der Mittelloge. In der Pause wird
ihm die berühmte Tasse Tee serviert, extra durchgefiltert und
von einem Bodyguard auf Verträglichkeit getestet. Man hat
eine Gasse zum Staatsratsvorsitzenden freigelegt. Ohnehin
wandeln oben im Foyer Herren und Damen herum, die nicht
aussehen, als seien sie per Theaterabonnement hier. Ulbricht
fragt mich: »Das ist ja hochinteressant, was Sie da spielen, ju.
Das ist ja ein richtiger Geier, ju. Sind Sie sich über die Gefährlichkeit der Figur im Klaren?« – »Gewiß, aber was heißt gefährlich. Ein Drache ist nun mal gefährlich. Er hat drei Köpfe,
und alle drei haben die Eigenart, ihre Gefährlichkeit unterschiedlich auszusenden.« – »Naja, was Sie da machen, die
Mundart, meine ich, ju. Wie Sie da die Treppe hochgehen,
also wie aus dem Leben gegriffen, ju, wie aus dem Leben.
Das machen Sie gut, ju. Sie zeigen das Hinterteil. Mit anderen Worten: Ihr könnt mich alle am Arsch lecken, ju. Ich hab's
verstanden. Na, machen Sie mal weiter so, ju.« Droht der mir?
Auf jeden Fall hat er instinktiv gemerkt, daß wir auf der Bühne
nicht nur ein Märchen erzählen wollen.

Das Stück ist voller Anspielungen auf die Staatsmacht, das
Publikum reagiert wie ein Seismograph auf jede Nuance. Der

Drache sagt Lanzelot: »Wenn du dem Menschen die Seele zerhackst, geschieht gar nichts. Er wird gefügig. – Kettenseelen – käufliche Seelen!«

Die Macht handelt, sie macht aus der Not eine Tugend und schickt das Ensemble – so oft es irgend geht – mit dem Stück auf Gastspielreisen, möglichst in den Westen. Ehrlich gesagt, sind wir Schauspieler nicht böse darüber. Auch nicht über die Rolle als Ersatzdiplomaten. In ganz Europa gastieren wir – bis auf Spanien.

Januar 1966. Bonn. Im Parkett sitzt die gesamte Politprominenz der Bundesrepublik Deutschland – Dr. Eugen Gerstenmaier, Prof. Dr. Carlo Schmid, Dr. Thomas Dehler, Fritz Erler, Dr. Rainer Barzel und und und.

BERLINER ZEITUNG vom 30. Januar 1966:
Bonn, eine etwas hochgetrimmte Kleinstadt, nennt Ludwig eine Art ›Meißen in Zehlendorf‹, wo manchmal Straßen nicht länger sind als einer der dort parkenden Mercedes. Aber Bonn hat auch ein Theater, ein neuerbautes, und der kunstsinnige Generalintendant Dr. Karl Pempelfort – vom Besuch einer »Drachen«-Vorstellung in Berlin fasziniert – hatte Künstler aus der Hauptstadt der DDR kurzerhand eingeladen, mit einem Stück, das ›Drachensaat‹ und ›Drachenerbe‹ im Gewand des Märchen angeht … Rolf Ludwig spricht vom begeisterten Publikum, das die Aufführung wohl verstanden habe, auch von einigen Herren, die in der ersten Vorstellung ihre vorderen Parkettplätze hastig verließen, von viel selbstbewußter Jugend … ›Tatsache ist, daß wir mit einem Erfolg zurückreisten, daß wir, aus einem angeblich luftleeren, nicht existierenden Raum kommend, doch offenbar eine so gute Sprechtechnik haben, daß wir auch in Bonn verstanden wurden.‹

Zum Bonner Gastspiel ist aus Paris extra Jean-Louis Barrault angereist, der Leiter des »Theaters der Nationen«. Er interessiert sich für alles, klettert zwischen den Dekorationen herum, begutachtet die wirklich phantastischen Kostüme von Horst Sagert, einem noch recht jungen Künstler. Der hatte wochenlang an den Proben teilgenommen, gezeichnet und kam zu überraschenden Lösungen: die Westernkluft für Esche, die spießig-überladenen schwarzen Spitzenkleider von Elsas Freundinnen, die postbotenähnliche Kleidung für Heinrich, der tatenlos zusieht, wie seine frühere Verlobte Elsa dem Drachen geopfert werden soll. Barrault bewundert die Theaterplastiken von Eduard Fischer, der von uns Schauspielern Masken anfertigt.

Kleiner Einschub: Eddi Fischer hat seine Werkstatt in der Reinhardtstraße gleich neben der Probebühne. Wie oft bin ich nach der Probe – so um drei Uhr rum – in seinem Atelier, wir nehmen einen zur Brust bis abends um zehne, und ziehen dann weiter in den Keller vom Berliner Ensemble oder in die Bärenschenke oder in den Eszterhazy-Keller mit der steilen Treppe nach unten. Wer da unverletzt ankam, konnte mit Oberkellnern, Artisten, Mimen und Ganoven quatschen und trinken. Großstadt.

Barrault ist begeistert vom »Drachen«, er sagt es Benno Besson gleich auf der Treppe in Französisch. Ich verstehe kein Wort, aber die Begegnung der zwei Großen des europäischen Theaters – wenn auch im engen Bühnengang – ist für mich schon ein bedeutsamer Moment. Mit mir unterhält sich der versierte Pantomime per Körpersprache, er bietet mir eine sehr ulkige Version des berühmten Treppenganges aus der Improvisation heraus. Barrault lädt uns ein. Wir sollen unbedingt nach Paris kommen. Und er hält Wort. Im Juni 1966 gastieren wir mit dem »Drachen« an der Seine zum Festival des Théâtre des Nationes. Publikum und die französischen Kritiker überschlagen sich in Lobesgesängen. Ein Vertreter der Haute Couture schwärmt gar:

»Bühnenbild und Kostüme der ›Drachen‹-Inszenierung quellen über vor Heiterkeit, Phantasie und Spaß, und sie sind schön in ihrem Barock ... wie überquellende Garben, die herausgerissen aus einem phantastischen nichtfaßbaren Delirium, prachtheischende oder nackte Kostüme, die die Verzauberung verstärken, welche von dieser Aufführung ausgeht.«

ILLEGAL IN VENEDIG

Die Staatsoper bringt eine interessante Sache auf die Bühne. »Die Geschichte vom Soldaten« von Igor Strawinsky, sozusagen als szenische Lesung mit Ballett. Der Vorleser ist Wolfgang Langhoff. Es dirigiert Herbert Kegel. Egon Morbitzer, Erster Konzertmeister, geigt virtuos. Ich spreche und spiele den Teufel. Meine Frau Ilse tanzt die Prinzessin. Für den Soldaten ist Hans Peter Minetti besetzt, er behandelt die Violine wie einen Harkenstiel. In Berlin haben wir einen großen Erfolg mit diesem Stück, wir gastieren in Ljubljana, in Jugoslawien. Da kommt mir zum erstenmal der Gedanke. Ein kleiner, feiner, verführerischer Gedanke …

Am Deutschen Theater hospitiert ein italienischer Bühnenbildner. Giuseppe Pastore. Er ist verheiratet mit einer Finnin, beide sind sehr gastfreundlich. Wir trinken eine Menge Wein und Bier. Er erzählt von Mamma Roma, dem Marcus-Platz, dem Vesuv. Und da ist er wieder – dieser kesse, kleine Gedanke.

Wenn wir eine Gastspielreise in den Westen machen, müssen wir immer in einem speziellen Bus vom Strausberger Platz in Ostberlin nach Westberlin rüberfahren und bekommen dann – mangels eines international anerkannten DDR-Reisepasses – nach einer Unterschrift den grünen Traveller-Paß. Der Verwaltungsdirektor Kohl vom Deutschen Theater warnt jedesmal: »Keine Dußligkeiten!« Wir sollen nicht ausbüchsen, am Ku'damm spazierengehen und dann mit der S-Bahn zurückkommen. Ich mache das jedesmal. Sie können ja den »Drachen« nicht zu Hause lassen!

Ich sitze mal wieder mit Giuseppe beim Bier. Da ist der Gedanke zur materiellen Gewalt geworden und hat mich total ergriffen. »Ich muß mal nach Italien!« Wir denken nach. Pastore sagt: »Wenn du erstmal da bist, sorge ich für dich. Basta!« … Wir kommen aus Westberlin zurück, von diesem Traveller-Büro. Ich gehe zum Verwaltungsdirektor, reiße mir im übertragenen Sinne die Hemdbrust auf und stoße aus: »Ihr könnt mich erschießen! Er ist weg! Sie haben mir drüben den Paß geklaut! Eine einzige Verbrecherwelt! Das Portemonnaie ist auch gestohlen. Diese Schweine! Halunken! Was soll ich tun?« Naja, sie besorgen mir also einen neuen Paß.

Den alten »Grünen«, der keineswegs im kapitalistischen Sumpf abhanden gekommen ist, gebe ich Pastore mit, und der besorgt mir ein Visum Dubrovnik-Bari. Seitdem liegt das Ding in meinem Geheimfach zu Hause. Nun verfolge ich meinen Plan für die Operation »Venedig«. Ich werde beim damaligen Kulturminister Klaus Gysi, dem Vater vom Gregor Gysi, vorstellig und stöhne: »Ich bin mit den Nerven fertig, urlaubsreif. Ich brauche mal vierzehn Tage todsichere Sonne.« – »Kein Problem«, sagt der. Ich kriege die Genehmigung für die Zuteilung einer Jugoslawienreise nach Dubrovnik mit dem Reisebüro der DDR. Ich bezahle alles in Ostberlin – den Flug, die Übernachtung, Vollpension.

Dubrovnik – malerisch, eine traumhaft schöne Stadt. Das Hotel »Argentina« liegt direkt an der Küste. Fahre ich mit dem Fahrstuhl hinunter, bin ich schon am Strand. Am Tresen frage ich nach dem Herrn Direktor des Hauses. Es ist eine Frau Direktor, und die badet im Pool, sagt man mir. Ich stelle also meinen Koffer ab, greife mir Badehose und Bademantel. Nun, ein Adonis bin ich gerade nicht, mit meinen o-förmigen Wacker-Leuben-Beinen, aber ich kann ganz gut schwimmen, auch ein bißchen tauchen.

Von einer Kellnerin lasse ich mir die Frau Direktor zeigen. Sie sitzt an einem Tischchen und trinkt ihren Espresso, eine attraktive Dame. Ich trockne mich ab, gebe meinem Herzen einen Stoß, werfe den Bademantel über. »Sie entschuldigen bitte, ich bin soeben angereist, und ich fühle mich jetzt schon in Ihrem Land und in Ihrem Hotel so wohl. Ich möchte mich nur vorstellen. Mein Name ist Rolf Ludwig.« – »Sie sind sehr höflich«, sagt sie auf Deutsch. Wir kommen ins Gespräch. Wir reden über die Schädlichkeit des Rauchens und die Adria, über Knoblauch und das Deutsche Theater, über die Serben und Goldoni. Dann rücke ich mit der Sprache raus. »Ich soll in Italien einen Film drehen.« – »Oh!« – »Ich muß unbedingt nach Venedig. Davon hängt ab, ob die Sache mit Mastroianni klappen wird oder nicht.« – »Ah!« – »Aber Sie wissen ja, wie das für uns so ist – mit der Mauer. Sie müssen mir helfen!« – »Wie soll ich Ihnen helfen?« – »Kaufen Sie mir mein Zimmer ab, mein Appartement.« – »Wie bitte?« – »Naja, sie werden es doch bestimmt los. Ich brauche doch nur das Geld, um von Dubrovnik nach Bari zu kommen.« – »Ohne Paß?« – »Ich habe ein italienisches Einreisevisum. Einen Traveller-Paß.« Sie schmunzelt. »Was sind Sie für ein Mensch? Wie lange haben Sie denn gebucht?« – »Zwei Wochen. Hier kommen doch immer Amerikaner. Wenn Sie das Zimmer vermieten, machen wir Halbe-Halbe.«

Und sie tut es. Ich bekomme einen Haufen Dollar. Noch am selben Tag buche ich eine Schiffspassage nach Bari. Um 13 Uhr legen wir ab. Ich bin an Bord. Der Adria-Wind säuselt um meine Nase. Mein Schutzengel sendet vom wolkenlosen Himmel ein Signal an meinen siebenten Sinn und lenkt meine Füße unter Deck, dorthin, wo in Reihe und Glied die Autos der Touristen stehen. Ich schaue mir die Kennzeichen an. Da steht er – mein Mercedes, silbergrau, mit Westberliner Autonummer. B. Ich gebe dem Burschen, der die Wagen bewacht, eine gewisse Summe, der ruft per Mikrophon nach dem Besitzer des Mercedes. Es ist wie im Krimi. Ein rundlicher Herr in leinener Urlaubskluft kommt. Der Bursche sagt was von Handbremse oder so. Alles stellt sich als Irrtum heraus. Ich verfolge den Mann bis in das Schiffsrestaurant, wo er an einem Tisch Platz nimmt, an dem schon seine »gnädige Frau Gemahlin« sitzt. Sie gestatten, daß ich mich zu ihnen setze. »Sie machen auch Urlaub?« frage ich. – »Na, nich janz.« Er ist Bauunternehmer und sucht in Italien und Jugoslawien billige Arbeitskräfte.

Ich bin mal wieder Student der Theaterwissenschaften. »Ich bin schon etwas älter«, sage ich, »aber ich falle immer wieder durchs Examen. Ich bin der ewige Student, lebe von der Hand in den Mund. Jetzt, in den Semesterferien, schaue ich mir Südeuropa an – ich liebe das Barocke.« Der Dicke denkt sofort daran, daß er schon immer mal so aufs Geratewohl durch die Weltgeschichte reisen wollte. Wenn da nicht der Baubetrieb wäre … Er spendiert mir das Essen und ein Bier. »Nun«, fahre ich fort, »will ich nach Venedig.« – »Das ist doch unsere Strecke«, sagt die gnädige Frau, »bis Bologna nehmen wir Sie mit.«

Ich geb's ja zu, das ist ein Hai, dieser Baufritze. Der saniert sich auf Kosten und Knochen der Gastarbeiter. Aber er nimmt mich im silbergrauen Mercedes mit bis zum Bahnhof von Bologna. Dort löse ich eine Fahrkarte nach Venedig. Im Zug sitzen Fallschirmjäger und trinken Chianti aus Korbflaschen. Immer reihum, ich bin ziemlich rasch mit in der Reihe und singe mit ihnen mehrstrophige Lieder. »Mille grazia!« – »Prego, prego!« – »A reverderci!«

In Venedig rufe ich vom Bahnhof aus Pastore an, er wohnt sozusagen gleich um die Ecke in Santa Cruce. »Mamma mia!« schreit der. »Rolf! Bleib, wo du bist. Ich hole dich!« Dann liegen wir uns in den Armen. Giuseppe nimmt mich auf wie einen Bruder, er zeigt mir alle Ecken Venedigs – die ausgetretenen Trampelpfade der Touristen und die Schleichwege der Venezianer. Die Brücken, die Gondeln, die Minestrone, Goldoni. In allen Fasern der Seele spüre ich meinen Truffaldino. Ich bin glücklich, ich könnte mit meinem Pudding glattweg über die Tische der Straßenrestaurants springen!

Ich stehe an einem Zeitungskiosk, suche Ansichtskarten, da sagt Giuseppe: »Da drüben, auf dem Marktplatz, sitzt Heinrich Kilger.« – »Was?« Kilger ist Bühnenbildner, und er arbeitet auch für das Deutsche Theater. »Was macht der denn in Venedig?« – »Der hat hier eine Ausstellung, die hab ich ihm vermittelt. Paß auf, jetzt machen wir was mit dem.« Pastore geht rüber zu Kilger, setzt sich neben den auf die Bank, an deren Rückseite eine zweite steht. Die beiden beginnen, sich zu unterhalten, und ich schleiche von hinten heran, sitze Rücken an Rücken zu Kilger. Der erzählt irgendwas. Plötzlich sage ich: »Aber, Heinrich, was du da sagst, stimmt doch alles gar nicht!« Wir denken, der kriegt einen Herzinfarkt! »Rolf«, schreit er und klopft wie wild auf meinem Rücken herum, drückt mich an seine Brust. Wann treffen sich schon mal zwei Ostberliner in Venedig!

Es wird ein Traumurlaub. Eine gute Woche bleibe ich bei Pastores. Im Theatro Venezia trinken wir mit den Theaterleuten roten Vino, leicht angesäuselt klettere ich auf die Bühne und spiele einige Passagen aus dem »Drachen«. »Wann kommen Sie mit Ihren Kollegen?« fragt der Intendant. So hab ich ein Gastspiel vorbereitet. Wahnsinn!

Die Fähre bringt mich zurück nach Dubrovnik. »Da bin ich wieder«, sage ich zur Frau Hoteldirektor. Die ist erstaunt. Sie hatte wohl nicht damit gerechnet, mich noch mal zu sehen.

»Wie war die Sache mit Mastroianni?« fragt sie. Hat sie etwa leicht geschmunzelt? »Wir sind voll belegt. Wenn Sie bis zum Rückflug mit der Wäschekammer zufrieden sind?« Ich könnte sie küssen.

Vier Wochen später finde ich im Briefkasten Post vom Ministerium des Innern der DDR. Ich soll im Polizeipräsidium in der Ostberliner Keibelstraße erscheinen – »zwecks Klärung eines Sachverhalts«. – »Habe ich was verbrochen?« frage ich erstaunt. »Nein, nein«, der Mann in Zivil ist sehr freundlich. »Wir wollen nur wissen, *wie* Sie das gemacht haben? Wie sind Sie nach Venedig gekommen?« Ich bin baff, da hielt ich mich doch schon für James Bond persönlich. Ich sage: »Wenn Sie mir keinen Paß geben …« Und dann ergänze ich getreu Ernst Busch: »Um uns selber müssen wir uns selber kümmern.« Ich lande nicht in Bautzen, nicht in Hohenschönhausen – sie schicken mich nach Hause. Mein Schutzengel muß viele Sterne auf den Schulterklappen haben.

DAS FLORENTINER MÄNNERQUARTETT

In Florenz gastieren wir im Teatro di Communale. Fast alle Theater in Italien sind städtisch, also Stadttheater. Dennoch hat man die Seitenlogen reserviert, besser gesagt: vermietet. Sie sind enorm weit vorgezogen, reichen fast bis auf die Bühne. Meist sind die Mieter begüterte Adlige, die eben ins Theater kommen, wenn sie Lust haben. Zu unserer Vorstellung ist kein Logenplatz mehr frei. Ich schmule durch einen Ritz im Vorhang und erstarre. Da sitzen sie – die Grandes – und speisen, so kleine Sachen, Appetitshäppchen, Canapees. Dazu gibt es Sekt. Leise klingen die Gläser ...

Die Vorstellung beginnt. Der Vorhang öffnet sich. Wir spielen. Die speisen und unterhalten sich, ungeniert wie in einem Gartenrestaurant. Ich gucke Ebi Esche an, den Lanzelot. Der guckt mich an. In mir steigt langsam etwas hoch, was zunächst noch Unbehagen heißt. Ebi guckt prüfend, er kennt mich. Er weiß, das geht nicht gut. Doch unser Part im ersten Akt ist schon vorbei. Im zweiten wächst das Unbehagen hinüber in eine leichte Wut. Die in den Logen heben ihre Sektgläser, stoßen an. Damen in schönem Kleid kichern, drehen uns ihre Rückendekolletés zu, tupfen mit Servietten ihre Lippen ab, um mit diesen gleich wieder loszuschwatzen. Dann kommt der dritte Akt. Ich bin der alte Drache und habe im Text all die giftigen Bösartigkeiten von Jewgenij Schwarz zu äußern, diese menschenverachtenden Beschimpfungen. Die leichte Wut ist in Zorn umgeschlagen, ich spüre, daß ich die da in den Seitenlogen regelrecht hasse. Ebi guckt zwischen seinen stahlharten Lanzelot-Blicken, die einen enorm an einen Mix von Burt Lancaster, Robert Mitchum und Cary Grant erinnern, besänftigend zu mir. Es hilft nichts.

Ich lasse mich aus meinem berühmten Sessel und der von Besson eingegebenen Greisenhaltung auf den Bühnenboden gleiten, krauche quer über die Bretter in Richtung Logen – ganz langsam. Mühsam ziehe ich mich an der Brüstung hoch, nehme einem der Herren Barone das Sektglas aus der Hand und sage krächzend mit zittriger Stimme: »Kettenseeele! Ha, ha! Zertretene Seelen! Cin-cin! Cheerio! Prost!« Und dann trinke ich das Glas leer, werfe es hinter mich. Einen kurzen Augenblick ist es ganz still im Theater. Die Sekttrinker sind wie erstarrt. Dann kommt ein tosender Beifall von der Galerie, von den billigeren Plätzen. So was hat Florenz noch nicht gesehen. Kommt da so ein Mime daher und trinkt dem Comte de Furdi Furdamenti Canelloni Minestrone und der Baronesse Adelaida de Wasweißichnichnoch den Sekt aus. Einfach so! Mir nichts dir nichts! Vor lauter Verwunderung darob verfolgten die Herrschaften in den Logen von Sekunde an mit größter Aufmerksamkeit die Aufführung. Kein Protest! Mitunter muß man die Zuschauer eben bändigen.

Das zweite Stück, mit dem das Deutsche Theater in Florenz auftritt, ist »Nathan der Weise«. Die Mitwirkenden, darunter auch Wolfgang Heinz, der Nathan, reisen erst aus Berlin an. Für einige vom »Drachen«, die auch im »Nathan« besetzt sind, ergeben sich zwei freie Tage.

Ich besuche die Uffizien, die florentinische Gemäldegalerie. Überall stehen kleine Ruhebänke. Ich habe sie nötig, denn der Abend zuvor, mit einem kleinen Umtrunk, war hart. Noch habe ich meine Karnickelaugen, die saugen sich an der »Geburt der Venus« fest. Ein Riesenbild, das einen erschlägt, wenn man den ersten Saal betritt. Ich bin fasziniert, lasse mich auf ein Bänkchen nieder und starre das Gemälde an, kann gar nicht wegsehen. Ein junger Mann spricht mich in Schwyzerdütsch an. »Sie entschuldigen, ich beobachte Sie schon eine Viertelstunde. Was ist denn so großartig an dem Bild?« – »Die Komposition«, sage ich. »Die Sache mit der Muschel.« – »Aha.« Wir kommen ins Gespräch. Er ist Student für Literatur und kellnert in einer Nachtbar. Ich zeige Interesse an seinem Beruf, er noch mehr an meinem. Lange unterhalten wir uns über Kurt Tucholsky. Ich lade ihn in die Vorstellung ein, er mich in den Red Carter Club, der außer seiner Niederlassung in Firenze auch noch Bars in New York und Stockholm betreibt.

… Wir sind zu viert, als wir den Club entern: Dieter Franke, Erik S. Klein, Günter Sonnenberg und ich. Die Tanzfläche ist zentnerweise mit Erdnüssen bestreut, ein rhythmisches Knacken tönt uns entgegen. Eine amerikanische Dixieland-Band spielt live, und die Leute zerstampfen die Peanuts zu Staub. Der Student bugsiert uns auf eine Art Empore und erklärt, wir seien heute nacht seine Gäste. Unser Protest ebbt ab, als wir erfahren, daß sein Vater stinkreich ist und ein paar Fabriken besitzt. Zum erstenmal in meinem Leben saufe ich auf Kosten eines Kellners, und wir trinken uns ein. La bella Italia! Dann kündigt der Student uns den Chef des Unternehmens an.

Ein kleiner kugliger Herr in teurem Maßanzug erscheint am Tisch, ein abgebrochener de Sicca, tatsächlich mit dicker Zigarre im Mund. Der hat auch schon ein paar Drinks intus und stellt sich vor, wortreich, italienisch, dann schüttelt er unsere Hände, das Sakko öffnet sich ein wenig, und da sehe ich seine Wumme. Der trägt wirklich im Achselgurt einen Revolver, wie ein Kriminalkommissar. Es sei nicht ganz ungefährlich im Club, sagt er entschuldigend. Wir aber stehen ja unter seinem persönlichen Schutz. Schauspieler seien wir also, naja, aus Deutschland, aha. Na, dann würde er doch gern mal ins Teatro di Communale gehen. Ich sage: »Morgen, okay! Kein Problem.« Da ist der Mann ganz gerührt und lädt uns nun auch noch ein, auf seine Rechnung zu trinken. Wir lehnen nicht ab, möchten uns aber irgendwie erkenntlich zeigen. Ich sage: »Los, Jungs, wir singen dem da unten auf der Treppe bei der Band ein Volkslied – ein deutsches Lied.« Wir trampeln über die Erdnüsse und bauen uns auf. Da sagt Erik S. Klein: »Rolf, paß auf, ich singe erstmal wat uff russisch!« Ich sage das russische Volkslied an, und der legt los. Es klingt enorm russisch, obwohl nicht ein einziges Wort aus dieser Sprache stammt. Klein hat die Gabe, Fremdsprachen täuschend echt imitieren zu können, ähnlich wie Peter Ustinov. Also: »Kalinka«. Und wir fallen ein wie die Donkosaken. Das Publikum jubelt. Dann dreistimmig: »Am Brunnen vor dem Tore«. A capella! Ohne den Text vor uns zu haben! Dieter Franke intoniert seine »Rosemarie«, die er später so erfolgreich im Volksliederabend des Deutschen Theaters darbieten wird.

Zwanzig Minuten singen wir den musikalischen Italienern mit unseren Holzhackerstimmen was vor. Ich gucke zum Chef hinüber. Sehe ich richtig? Der weint wie ein kleines Kind, dicke Kullertränen laufen über seine Kugelbäckchen. Fehlt bloß noch, daß er schluchzt. Dann kommt er herüber, küßt uns ab und überreicht uns die Karten des Red Carter Clubs. Nach Wacker Leuben und dem FDGB ist das der dritte Verein, in dem ich Mitglied werde.

KLARER POUR L'ART

Wolfgang Heinz. Irgendwie finde ich immer wieder einen Draht zu ihm. Er ist für uns alle nicht nur der Intendant, sondern auch eine Art Übervater, man kann mit jedem Scheißdreck zu ihm kommen. Er fühlt sich in jeden ein, er führt die Leute auch privat wie ein Regisseur. Beim Inszenieren sucht Wolfgang Heinz behutsam in jedem Schauspieler das Schubfach. Man hält ihm das Komödchen hin, und er zieht mit Sicherheit die richtige Lade, und dann quillt es dort nur so heraus.

Zum Beispiel im »Zwischenfall in Vichy«, einem Stück von Arthur Miller für acht Männer. Wir – als Franzosen in der besetzten Stadt – sitzen alle auf einer Bank, verhaftet, darauf wartend, von der SS verhört zu werden. Horst Drinda; Reimar Johannes Baur als Baron – der kann alles spielen vom Schuhputzer bis zum Stellvertreter des Papstes –; Otto Mellies – der schöne Otsch mit der klangvollen Stimme –; Hans Peter Minetti, dem ich seine kommunistische Überzeugung nie recht glauben konnte und der mit stets weit aufgerissenen Augen dokumentieren will, daß er auf der Bühne wie im sozialistischen Alltag immer ganz bei der Sache ist. Neben dem sitze ich auf der Bank, als Kommunist und Eisenbahner Bayard. Klaus Piontek spielt den SS-Mann, den Verhöroffizier. Dann gibt es da noch einen Perser namens Zadek, der hat die Rolle des Goldschmiedes. Im Iran war Zadek unter dem Schah zum Tode verurteilt worden, geflohen, auf abenteuerlichen Wegen in die DDR gekommen und nach Sachsen geraten. Nach Leipzig, tiefstes Sachsen. Dort lernte er Deutsch. Was heißt Deutsch? Der kann überhaupt kein A sprechen. »Rulf«, sagt er, »Rulf, ihr Deitschen, ihr soaft bloß immer. Mir Berser, mir liepen. Ich hotte mol eene, also, Rulf, die wor unersättlich. Ich hob die eemol, zweemol – siebenmol, hob ich die! Ich gonnte nich mär. Da bin ich in die Gieche un hob mir Speck un Eier inne Pfonne gehaun. Un ols ich dos runner hotte un gomme zurück ins Schlofzimmer, do sogt die: ›Geh weg, du olter Monn!‹«

Wir sitzen also auf der Bank, bevor jeder einzelne ausgequetscht werden soll. Bruchstückhaft unterhalten wir uns über Situationen, jeder ist anders gewickelt. Haltungen und Meinungen stoßen aufeinander. Im Grunde ist nicht viel zu spielen, eine Menge geht über das Wort. Und da hat Wolfgang Heinz eben sehr feinfühlig als Regisseur alle »Schubladen« vorsichtig geöffnet, bis er bei jedem die richtige fand. Als Eisenbahner erzähle ich von den Güterzügen, in denen Menschen auf Transporte geschickt werden – wie Vieh. Laut Arthur Miller sage ich: »Und das ist die Wahrheit. Ich habe es gehört. In den Waggons sind Frauen mit kleinen Kindern, und die schreien. Und da läuft es einem eiskalt den Rücken runter. Und ich sage euch als Kommunist: Das ist so! Schließt eure Augen nicht vor diesen Faschisten.« In einer Vorstellung konzentriere ich mich offenbar nicht so wie nötig. Ich sage: »Ich habe es gehört. Kleine Frauen mit Kindern, und die schreien.« Ich merke den Versprecher sofort. Minetti lacht los. Ist der irre? Will der die ganze Bank verrückt machen? In diesem todernsten Stück. Die anderen halten mit Mühe an sich, irgendwie geht das Stück weiter, aber ich überlege immerzu, wie groß sind wohl kleine Frauen. Pygmäen sind vielleicht 60 Zentimeter lang, und deren Kinder? Ein schlimmer Versprecher, ich habe noch wochenlang Angst vor dieser Textstelle.

Der Bayard ist eine der wenigen ernsten Rollen in den sechziger Jahren. Während der Proben zu diesem Stück bin ich auch zu Hause ein ernster Mensch, ich neige ohnehin dazu, die gerade geprobte Figur auch in die Wohnung zu schleppen. Ich kann das nicht so plötzlich abstreifen. Ich grübele: Wie hättest du dich in der und der Situation verhalten?

Andere Kollegen halten es völlig anders, die leben daheim den Ausgleich. Man sagt ja zum Beispiel den Humoristen nach, daß sie in der Familie die größten Stinkstiebel seien. Nur darf man die »Bühnengefühle« nicht mit den privaten verwechseln oder vermengen. Die eigene Trauer und die eigene Freude – so erfahre ich es im Laufe der Jahre – bleiben intim.

Nach Möglichkeit suche ich zum Rollenstudium Originalschauplätze und »Originalmenschen«. Das, was ich auf der

154

Bühne sage, muß ich verstehen, nachfühlen, nein, fühlen. Bei Konzeptionsproben höre ich selten hin, es ändert sich ohnehin alles im Probenprozeß. Über Theater soll man als Schauspieler nicht theoretisieren, das mögen die Wissenschaftler untereinander tun. Erich Ponto hat zu mir 1947 gesagt: »Ludwig, spielen Sie so, wie es Ihnen Spaß macht!« Recht hat er. Natürlich habe ich Diderots »Paradoxon für Schauspieler« gelesen, diese Bibel für Mimen. Natürlich kenne ich Stanislawski. Aber ich bin im Grunde ein erzkonservativer Schauspieler. Warum soll man auf der Bühne in einen Eimer pinkeln? Warum muß man auf der Bühne kopulieren, um Verruchtheit oder Begierde darzustellen? Warum soll das Publikum mit Körperlichkeiten traktiert oder provoziert werden? All das läßt sich durchaus diffiziler, sensibler darstellen.

Das »Grobe« hole ich mir an Ort und Stelle. Für »Vichy« gehe ich in Kneipen, in denen Reichsbahner und Leute vom RAW – dem Reichsbahnausbesserungswerk – verkehren. Ich saufe mit ihnen, beobachte ihre Gesten. Also ein weiteres Mal um der Kunst willen am Tresen! Klarer pour l'art!

ICH KÜNDIGE

Im »Nathan« gibt mir Regisseur Friedo Solter den Derwisch. Wolfgang Heinz mit seiner wunderbaren sonoren Stimme ist der Nathan, der noch junge Dieter Mann der Tempelherr, Christine Schorn, ebenfalls blutjung, gibt die Recha. Elsa Grube-Deister die Christin Daja. Als Patriarch schleppt kein Geringerer als Hannes Fischer seine zweieinhalb Zentner Masse, in ein knallrotes Gewand gehüllt, auf die Bühne. Jürgen Holtz spielt den Sultan Saladin; seine Schwester Sittah ist Johanna Clas. Premieretag wird der 13. Oktober 1966.

Mit Wolfgang Heinz habe ich einen wunderschönen Dialog, ich – voller Durchtriebenheit, er – voller Weisheit und Güte. Es ist eine Lust, ihm auf der Bühne zuzuhören. Dieses »Nathanische« wohnt in ihm. Ich kauf ihm den Nathan bedingungslos ab …

Es hat wieder einmal irgend so ein Plenum des ZK stattgefunden. Da kommt mir immer der Kaffee hoch, wenn sich die Funktionäre bemüßigt fühlen, ein wenig Zug in die Kultur zu bringen. Wir, beim Theater, sind ja noch relativ gut dran. Mitunter bekommen »die da oben« gar nicht recht mit, was da alles so an »Kreuzgefährlichem« über die Bretter läuft. In anderen Kunstbranchen – Film und Literatur – wird mit bedeutend schärferer Klinge um sich geschlagen. Von Zeit zu Zeit sammelt sich bei mir immer mal Unzufriedenheit an, ich beballere mich tüchtig – unten in der Kantine. Dann meckere ich lautstark und will kündigen. Der Klare stählt die Stabilität des Willens: Jetzt will ich kündigen, sofort! Ich teile es dem Büro des Intendanten mit – von unten nach oben. Noch 'n Doppelten und 'n Bier! Und noch eins. Dann kommt ein Anruf im Keller an: »Herr Ludwig, bitte zum Chef.« Ich lasse alles stehen und liegen, stürme die Treppe rauf. Jetzt schmeiße ich denen alles vor die Füße!

Ich fliege wie eine Rakete – Treibstoff hatte ich ja ausreichend getankt – durch das Vorzimmer des Intendanten, haarscharf an der Sekretärin, Frau Krüger, vorbei; rein in das Büro von Wolfgang Heinz, streife fast dessen Schreibtisch, finde keine Bremse und schieße durch eine zweite, geöffnete Tür in einen weiteren fensterlosen Raum. Sie fällt hinter mir zu. Es macht Drrrrt, dann geht Licht an. Ich bin verwirrt. Da steht eine Couch, auf einem Tischchen eine Flasche Bier, ein Aschbecher. Lallend rufe ich: »Frechheit! Ich will kündigen. Was soll der Quatsch? Bitte, macht die Tür auf.« Dann aber erfaßt mein Blick die Bierflasche. Na gut, trinke ich eben. Dann lege ich mich hin …

Heinz arbeitete immer bis in die Nacht, zwölf, halb eins. Dann rüttelt er mich an der Schulter. »Los, komm, wir fahren nach Spindlersfeld. Da erzählst du mir deinen Kündigungsgrund.« – »Spindlersfeld?« Ich kenne da bloß die Wäscherei. Ich bin noch nicht wach. Unterwegs holt der Chauffeur von Heinz am Bahnhof Schöneweide noch Zigaretten und Streichhölzer für mich.

Erika Pelikowsky, die Frau vom Wolfgang Heinz, öffnet die Haustür und guckt leicht verstört. »Er bleibt über Nacht«,

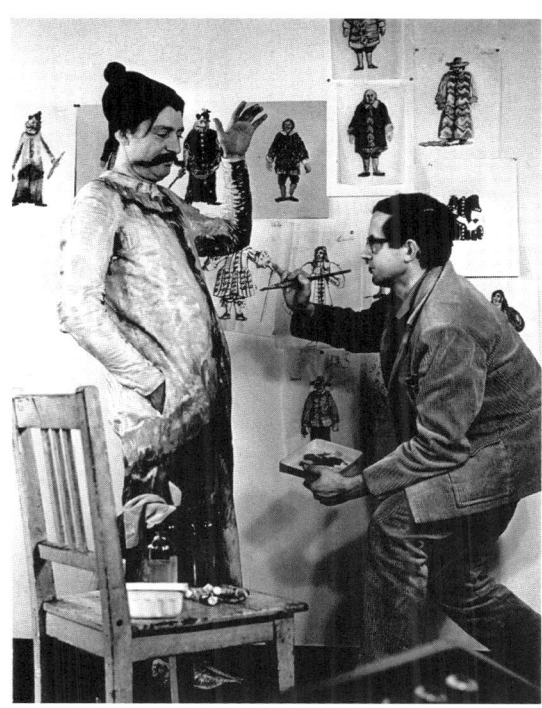

»Der Arzt
wider Willen«:
Handbemalte
Kostüme von
Harald Metzges

Ursula Karusseit als Amme Jacqueline, Egon Geißler als Lucas und
Rolf Ludwig als Sganarelle in »Der Arzt wider Willen« von Molière

»Der Dritte«, DEFA-Film von Egon Günther, 1972

*Bergeweise weibliche Fanpost:
Rolf Ludwig, 1963*

*Als Bürgermeister Sommerfeld
in »Verflucht und geliebt«,
Fernsehfilm von
Helmut Sakowski*

*Rolf Ludwigs
bester Freund und
»Zechkumpan«:
der Schauspieler
Dieter Franke*

*Rolf Ludwig
und Dieter
Franke in
»Camping,
Camping«,
einem DEFA-
Film in der
Regie von
Klaus Gendries*

*»Senecas Tod«, 1980 im
Deutschen Theater Berlin,
mit den »Stammtisch-
Räubern« und
Schauspielkollegen
Eberhard Esche (links)
und Klaus Piontek*

Der Sganarelle im »Don Juan«, Deutsches Theater 1968

»Avant-garde« von Valentin Katajew, Volksbühne Berlin 1970

»Othello« in der Regie von Manfred Karge/Matthias Langhoff mit Katharina Thalbach als Desdemona, Volksbühne 1972

Vom Flieger Sun zum Wasserverkäufer Wang in »Der gute Mensch von Sezuan« mit Ursula Karusseit als Shen Te; Regie: Benno Besson, Volksbühne Berlin 1970

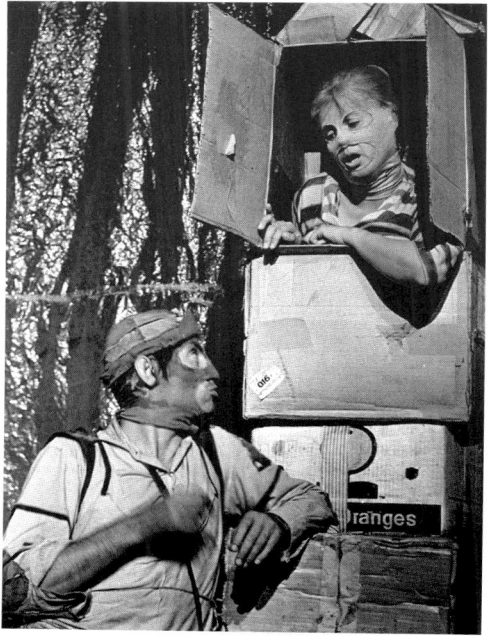

*Ehefrau Ilse Hurtig
mit der Katze Ludmilla*

*Rolf
Ludwig
mit Tochter
Katharina,
1977*

*Ende der 70er Jahre: die »Nacht der Prominenten« – Rolf Ludwig
als Boxer-Trainer*

An der Berliner Museumsinsel – Herbstspaziergang

1976: Dreharbeiten für den DEFA-Film »Lotte in Weimar« mit Lilli
Palmer in der Titelrolle; Rolf Ludwig als Kellner Mager; Regie:
Egon Günther (Foto oben links)

sagt der Chef. Wir setzen uns. »Nun?« fragt er. Ich weiß nichts mehr, ich hab vergessen, weshalb ich kündigen wollte. »Dann leg dich nieder.« Und jetzt stutze ich, denn offenbar hat Heinz das gleiche Kindheitstrauma wie ich, denn er betont: »Ich lasse das Licht im Flur brennen. Du mußt ja wissen, wo du bist.« Wahrscheinlich haben seine sparsamen Eltern des Abends auch immer die Wohnung verdunkelt. Neben meinem Bett steht eine große Flasche Mineralwasser. Mit einem Ölschädel und peripheren Störungen hocke ich am nächsten Morgen an seinem Frühstückstisch. »Weißt du, Rolf«, sagt er, »sei doch klüger. Wenn du gesoffen hast, sagst du die ungeheuerlichsten Dinge, am nächsten Tag weißt du nicht, welche. Du bist immer in der Hinterhand, du kannst auch mal an den Falschen geraten.«

Recht hat er. Wie oft weiß ich nicht, wem ich was gesagt habe. An dem samtweichen Tag nach dem Suff kommt zum Schaum im Kopf noch die Scham in der Seele.

ICH BIN KEIN TRINKER, ICH BIN EIN SUFFKOPP!

Aber ich kann das Trinken nicht lassen. Zweimal haben sie mich schon zur Entziehung schicken wollen. An der Volksbühne sagt nach einer »Diener«-Vorstellung Otto Tausig zu mir: »Ich hab dich im Auftrag von Fritz Wisten im Griesinger-Krankenhaus angemeldet. Es muß doch rauszukriegen sein, was die Ursachen für deinen Alkoholismus sind.« Tausig fährt dann auch mit mir, sozusagen als verwandter Onkel Otto, raus nach Herzberge zu dem ziemlich teuren Professor. Eineinhalb Stunden fischt der in der Tiefsee meiner Seele herum, um festzustellen: »Herr Ludwig ist kerngesund. Einer Entziehung kann ich nicht zustimmen. Die Ursache seines Trinkens sind in erster Linie seine starken Kriegseindrücke, die er verdrängen möchte. Der Mann kriegt sich selbst in den Griff.«

Da habe ich es amtlich, wie mein Freund Carl Andrießen – ein vom selben Leiden Befallener – es auszudrücken pflegt: Ich bin kein Trinker, ich bin ein Suffkopp!

Auch Benno Besson schickt mich zum Griesinger. Das

Resultat bleibt das gleiche: Kriegstrauma. Aber es gibt auch andere Gründe zum Trinken: Probleme im Theater, Probenkrach, Erfolge, Suche nach Menschen, die nichts mit dem Theater zu tun haben. Leute von der Bühne unterhalten sich prinzipiell über nichts anderes als das Theater. Pechsache, daß so etwas auch Branchenfremde interessiert, also finde ich überall mein Publikum. Ein Müllfahrer wird wohl kaum den ganzen Abend unbekannten Kneipengästen etwas von Abfällen erzählen, ein Theatermann aber kippt stundenlang allerorten seinen Theatermüll Unschuldigen auf den Tisch. Die staunen dann. Und es ist angenehm, bewundert zu werden. Wer das nicht zugibt, lügt. So sitze ich dann auch in Arbeiterkneipen im Prenzlauer Berg und reagiere mich ab. Wenn ich meine Sauftouren habe, kenne ich keine Uhrzeit. Dreizehn schwere Verweise und ein paar Vertragsstrafen bringt mir das in meiner Laufbahn ein, aber keiner entläßt mich fristlos. Ich bin ein Sonntagskind – und habe den magnetischen Blick …

Mein Schauspielkollege Günter Junghans und ich kommen aus der Kantine des Berliner Ensembles zum Bahnhof Friedrichstraße. Da ist ein Menschenauflauf vor dem Eingang. Ein Volkspolizist steht mit entsicherter Pistole, schußbereit, und hält einen Mann mit südländischem Aussehen in Schach. Der hat ein Klappmesser gezogen. Ich taumele – voll wie eine Radehacke – auf den Grünen zu, baue mich vor dem auf. »Det jeht aber nich, mit der Waffe hier. Lassense mich das mal machen.« Die Leute halten den Atem an. Ich gehe auf den Ausländer zu, der mich mit blutunterlaufenen Augen nicht gerade gemütlich ansieht. Ich fixiere den, so gut es im Schwanken eben geht. »Du bist 'n feiner Kerl«, sage ich, »deshalb gibste mir das Messer.« Und ich lasse ihn nicht aus dem Auge. Der versteht nichts. Aber irgendwie beruhigt ihn der Tonfall meiner Stimme, ich spiele den einfühlsamen Psychologen. »Armer Junge«, fahre ich fort, »tust mir leid, keiner versteht deine Sprache, nun mußte mit dem Messer kommen. Gibs her.« Und der gibt es mir. Der Polizist läßt die Pistole sinken. Die Leute klatschen Beifall, ich verbeuge mich bühnenreif.

Junghans sagt: »Du bist'n ausgemachter Hammel! Wenn der nun zugestochen hätte?« Aber ich bin ja ein Sonntagskind … und ich habe einen siebenten Sinn …

Volltrunken torkele ich lange nach Restaurantschluß aus der MÖWE, dem Berliner Künstlerklub in der Luisenstraße. Natürlich ist am Bahnhof Friedrichstraße kein Taxi zu bekommen. »Nun gut«, denke ich, »läufste eben Richtung Pankow.« Unter den Linden entlang, an der Staatsoper vorbei. Da leuchtet noch Licht am Opern-Café, einer Nachtbar. Licht heißt Kneipe! Ich klopfe. »Nee«, sagt der Türsteher, »hier is gleich Ebbe, es jeht uff viere.« Ein Taxi will er mir auch nicht rufen, ich wirke wohl zu desolat. Der Rausschmeißer zieht die Tür wieder zu.

Zwischen Opern-Café und Oper stehen die Denkmäler von Gneisenau, Yorck und Blücher. Ich betrachte sie schwankend. Dann gehe ich ran wie Blücher und ruff auf den Yorck, immerhin hieß ja mein Fähnlein im Jungvolk so, mit dem wir im Elbsandsteingebirge herumgekraxelt sind. Ich reite also auf dem Denkmal, beschimpfe lautstark die beiden anderen Feldherren und fordere einen Schlieffen-Plan. »Macht mir den linken Flügel stark!« brülle ich mit vollem Stimmeinsatz in Richtung Universität und gebe dem Yorck die Sporen. Ein Funkwagen rollt heran. Der Wachtmeister legt brav die Hand an die Mütze. »Kommen Se runter!« – »Kommen Se ruff!« Er ruft einen zweiten Wagen zu Hilfe. Ein Offizier steigt aus und brüllt mit Drahtharfenstimme: »Runterkommen!« Das ist genau der Ton, auf den ich allergisch reagiere. Ich pfeife ein Fliegerlied. »Ihren Ausweis!« schnarrt es von unten. Ich reiche ihm den DPA. Der unten droht mit einer Anzeige wegen – wasweißich – ruhestörenden Lärms, Gefährdung von irgendwas. Ich rutsche dem Yorck den Buckel hinunter, mein siebenter Sinn hat aufgeblitzt.

»Gestatten Sie«, sage ich etwas ernüchtert, »darf ich mit Ihnen mal drei Schritte beiseite treten.« Der Drahtige tut es. »Ich kenne Sie. Ich habe Ihre Stimme schon mal gehört. Das war allerdings noch im Krieg. Haben Sie das im Fragebogen angegeben?« – Plötzlich geht alles ganz schnell, ich habe meinen Ausweis wieder, die Grüne Minna fährt mich nicht zur Wache, sondern nach Pankow. Meine Frau Ilse sagt: »Daß dir im Suff noch nichts passiert ist! Du kommst noch mal um Kopf und Kragen!« Ach wo, ich hab doch Intuition!

Es ist auch der Reiz des »Wattetages«, der dem schrecklichen Kater am Morgen nach der Kneipentour folgt, dieses Gefühl der Weichheit, des Fließens. Dann gieße ich ganz leicht mit einem Glas Sekt nach, dann bin ich ganz gelassen, verschmust, und die natürliche Müdigkeit überfällt mich. Am dritten Tag kommt die Reue, da denke ich an meine Gesundheit; da überlege ich, wem ich was versprochen, wen eingeladen, welche Vertraulichkeiten ich welchem Feind oder Neider geflüstert habe. Je nach Resultat dieser Erinnerungsversuche geht es dann am vierten Tag ebenso weiter, oder ich beginne, »selbst zu entziehen«. Ich brauche keinen Arzt, halte die Trockenphasen durch, bin ein Quartalssäufer, meine Quartale zählen ein paar Tage, ein paar Wochen, aber auch sechs, acht Monate und einmal sogar drei, vier Jahre … Es muß eine Art Berufskrankheit sein, diese Sucht nach Geselligkeit im Alkohol, wie ich auch süchtig bin nach dem Theater, dem Bühnenstaub, dem Ensemble, den Garderobenflachsereien.

HERZLICH WILLKOMMEN IN DER DEUTSCHEN DEMOKRATISCHEN REPUBLIK

1955. Ich wohne mit Ilse an der Grellstraße, im vornehmeren Teil von Berlin-Prenzlauer Berg. In die Kneipen zieht's mich aber immer wieder zurück in den echten Kietz, Winsstraße, Bötzowstraße, Wörther. Treu begleitet mich auf den Touren noch immer Lothar Creutz, der inzwischen ein arrivierter Drehbuchautor geworden ist. Wir trinken eine ziemliche Menge damals. Creutz hockt stundenlang vor meiner Wohnungstür, weil Ilse ihn nicht in unsere Wohnung läßt, wenn ich nicht da bin. Sie mag keine Saufereien und hält Creutz für den Verführer. Dabei muß mich gar keiner zum Bier überreden. Komme ich nach Hause, liegen immer Zigarettenkippen im Korridor. Die hat Creutz beim Warten durch den Briefschlitz gesteckt: zwanzig Kippen in gut zwei Stunden. Ich hole ihn dann von seiner Wohnung in der Hosemannstraße ab …

Um die Ecke fällt mir eines Tages ein seltsamer Balkon auf, denn er hat nicht die üblichen Geranienkästen oder Wäscheleinen. Er ist bemalt wie eine Sonnenmarkise. Wer wohnt denn dort? Die Nachbarn sagen: »Da is'n Dichta aus München einjezogen!« Ein Dichter? Lothar Creutz kriegt spitz: Es handelt sich um einen gewissen Peter Hacks. Lothar Kusche, »Eulenspiegel«- und »Weltbühne«-Autor, kennt sogar was von dem. Im Presseclub trinken wir ein paar Liter, dann beschließen wir, den Dichter in seiner neuen Heimat ordentlich zu begrüßen. Es ist nachts um halb zwei …

Wir klingeln heftig, es dauert eine Weile, dann bewegt sich etwas hinter der Wohnungstür. Hacks steht in einem eleganten Morgenmantel im Türrahmen, hält in der Hand eine sehr lange Zigarettenspitze und raucht graziös. Er fragt: »Was soll denn das, meine Herren?« Ich lalle: »Ich bin Schauspieler. Ludwig, Rolf. Das ist Lothar Creutz, Dramaturg am Metropol-Theater, und das da ist Tucholsky im DDR-Maßstab, Lothar Kusche. Seien Sie uns herzlich willkommen in der Deutschen Demokratischen Republik.« Der Brecht-Schüler ist perplex, und wir reden bis zum Morgen. Ein Jahr darauf bekommt Hacks den Lessingpreis und sieben Jahre später für sein Stück »Die Sorgen und die Macht« ziemlich starke Sorgen mit der Macht. Ulbricht fühlt sich persönlich beleidigt. Hacks verliert seine Stellung als Dramaturg des Deutschen Theaters, wird freier Autor, was dem DT 1965 ein fabelhaftes Stück und mir eine weitere Traumrolle beschert: den Kalchas in der »Schönen Helena«.

Eine Operette für Schauspieler nennt Hacks sein Werk nach dem Libretto von Meilhac und Halévy mit der Musik von Offenbach. Benno Besson führt Regie. Mit leichter Hand. Die Besetzung ist eigenwillig: den Paris spielt Fred Düren, den ich verehre, seit ich ihn das erste Mal auf der Bühne sah. Umwerfend ist Elsa Grube-Deister, das »Elsken«, als rundliche Helena mit hohem Stimmchen und betörendem

Charme – eine Traumschauspielerin. Esche spielt mit, Dieter Franke als Jupiter, Peter Dommisch als Merkur, die Damen Venus, Minerva, Juno alias Barbara Dittus, Barbara Adolph und Antje Ruge, Reimar Johannes Baur als Agamemnon, Johannes Maus und Hans Lucke als Ajax I und Ajax II ... Besonders in Erinnerung geblieben ist mir auch eine blutjunge Elevin der Schauspielschule. Sie spielt in der wunderbaren Choreografie von Brigitte Soubeyran die stumme Welle, das heißt, sie vollführt mit den Armen derart geschmeidige Bögen, daß sich der ganze Körper tatsächlich wellenförmig bewegt. Die erste größere Bühnenrolle der Jenny Gröllmann. Ach, ich kann nicht alle Kollegen nennen. Es wird zauberhaft, witzig, mal wieder eine Theatersensation in Berlin, wieder mal das Deutsche Theater, wieder mal Besson.

DAS FENSTER ZUM HOF

Wir spielen die »Helena« jahrelang. Ich teile für diese Aufführungen die Garderobe mit Düren und Franke, wir flachsen, pöbeln uns freundschaftlich an, erfahren in jenen Jahren viel voneinander. Ich empfinde Hochachtung vor der Arbeitsbesessenheit und dem Talent von Fred Düren. Er war schon in Hacks' »Frieden« ein wundervoller Trygaios. Eiserner Vorhang, dreißig Minuten Dauerapplaus. Ich spiele mit ihm noch den »Hauptmann von Köpenick« und 1985, am selbstgewählten Ende seiner Bühnenlaufbahn, im »Kaufmann von Venedig«. Düren ist der Shylock, ich bin sein Freund Tubal. Und ich stelle ihn in dieser Rolle durchaus in die Reihe von Ernst Deutsch und Werner Krauss.

WOCHENPOST, Nr. 30/1985
In Shakespeares »Kaufmann von Venedig« (Regie: Thomas Langhoff) gibt es eine kleine, nur wenige Minuten während Szene: zwei Große ihres Fachs – Fred Düren als Shylock, Rolf Ludwig als dessen Freund Tubal – machen sie zum verhaltenen Höhepunkt eines turbulenten Abends ... In ihr flüsterndes Gespräch mischen sich Angst und Hoffnungen. Sie reden über Geschäfte, und doch gehts um mehr: um erlittenen

Schmerz, gewohnte Demütigungen und ihren unumstößlichen Anspruch auf menschliche Würde.«

Düren ist nach Isreal gegangen, lebt dort in bescheidenen Verhältnissen seinen jüdischen Glauben. Er will es so. Ich respektiere das, bedaure aber so sehr, nicht mehr mit ihm auf der Bühne stehen zu können. Mit Düren Theater zu spielen, das ist es! Für mich einer der wenigen Großen auf der Bühne! ...

Die Fenster unserer Garderobe gehen zum Hof hinaus. Eines Tages kommt Fred Düren auf den letzten Drücker zur »Helena«-Vorstellung, er hat so eine seltsam unbewegte Miene drauf wie Buster Keaton, setzt die Beine etwas steif und bewußt voreinander. Franke und ich gucken ihn und uns an. Der ist blau! Voll wie ein Amtmann! Er spricht nicht, öffnet das Fenster, zieht sich Kleidungsstück für Kleidungsstück bis auf die Unterwäsche aus und wirft alles nacheinander hinunter in den Hof. Dann schließt er das Fenster, setzt sich, schweigt. Um Himmels willen. Da kommt schon das Läutzeichen. »Achtung, Beginn der Vorstellung. Bitte auf Position. Paris, bitte.« Ich habe als Jupiterpriester Kalchas schon meine schwarze Kutte umgehängt, den schwarzen Hut auf und sage: »Fred, wir müssen jetzt!« Der bleibt enorm cool, zieht sich an. Die Frau »Maske« ist herbeigeeilt. Wir streben zum Auftritt. Fred schweigt. Mit dem Entreé-Lied beginnt's.

Düren singt wunderbar »Auf dem Berge Ida ...«. Er spielt mit dem Apfel, die Bewegungen sind grazil, mit seinen Händen kann er in der Luft malen. Dann trällert Elsken, noch herrlicher, ganz hoch, ganz zart. Die schönste »Miss Antike«, die man sich vorstellen kann, allerdings auch die fülligste. Und Paris auch schon etwas in den Jahren. Aber man nimmt es beiden ab, daß es sozusagen auf Anhieb zwischen ihnen gefunkt hat – die Liebe ist da. Während der letzten Strophe wendet sich Düren zu mir um. Da bekomme ich ein ungutes Gefühl, ich sehe den Schalk in seinem Auge. Ich bin unsicher. Was hat er vor?

Jetzt muß unser Dialog beginnen. Und Düren sagt laut und vernehmlich: »Kalchas, ich war vorhin beim Zahnarzt. Was macht eigentlich dein Gebiß?« Seit der Skorbut-Erkrankung in der Gefangenschaft habe ich Probleme mit den Zähnen, später müssen mir sogar alle gezogen werden. Dann erklärt mir Fred auf offener Bühne ausgiebig, wo und wie lange der Dentist überall gebohrt und plombiert hat. Er reißt meilenweit das Maul auf, zwingt mich hineinzusehen, greift meinen Zeigefinger, steckt ihn in seinen Mund. »Fühl mal!« Ich könnte platzen vor Lachen und mich gleichzeitig verkriechen. Was wird er als nächstes tun? Aber er bleibt bei den Zähnen. Das Publikum wiehert unten. Elsa steht vorn etwas tiefer und guckt ängstlich herauf, sie lauert auf ihr Stichwort und hört bloß immer »Rechts oben sieben saniert!« und so was. Und wir hätten wohl noch 'ne halbe Stunde über Amalgam geschwätzt, hätte nicht der ungeduldige Pianist einfach in die Tasten gehauen. Helena beginnt also wieder zu singen. Düren führt mit mir die Dentisten-Pantomime fort, bis es ihm zu öde wird. Er überläßt Helena endlich die Szene. Die nachlassende Konzentration bewirkt aber offenbar eine gesteigerte Trunkenheit. Jupiter Franke erscheint. Fred schweigt. Er steht da wie eine Salzsäule, sagt nichts. Blutleere im Gehirn. Er muß die Sache mit dem Apfel jetzt erledigen. Er erledigt nichts, guckt mich mit leeren Augen an. Franke sagt: »Kalchas, Paris wollte eben Helena bitten, sich einer Preisfrage zu stellen. Was wollte er wohl sagen?« Ich antworte: »Das sag ich gern. Wenn Kalchas, der Tempelpriester es weiß, dann sollen es auch alle anderen wissen! Eine Preisfrage!« Ich rufe es in die Kulissen. Hoffentlich kommen jetzt die beiden Grazien heraus zur antiken Mißwahl. Sie erscheinen. Auf einmal platzt bei Düren der Knoten, er hat den Monologtext wieder. Wir haben ihn mit der Improvisation gerettet. Und was macht er im Gegenzug, wie dankt er uns die gute Tat? Er spielt uns auch in dieser Vorstellung mal wieder an die Wand!!!

ICK HAB' NUR'N BUMMEL JEMACHT!

Fred Düren und ich sitzen in der Garderobe. Wir proben in den Kammerspielen für das Stück »Dem Gewitter entgegen« von Daniil Granin, einem Russen. Eine für mein Verständnis – obwohl es um die geliebte Fliegerei geht – blöd-sinnige Sache. Regie hat Friedo Solter. Ich bin der Flug-zeugführer, Düren spielt den Copiloten. Wir sind unzufrie-den.

In der Nebengarderobe sitzt eine junge Kollegin, gerade frisch von der Schauspielschule gekommen – Margit Bendo-kat. Die hat eine Stimme, die einen an Edith Hancke erinnert, und im »Gewitter« nur einen Satz zu sagen. Und den übt sie bis zum Erbrechen in unterschiedlicher Betonung nebenan. »Ick hab' nur'n Bummel jemacht! – ICK hab' nur'n Bummel jemacht! – Ick HAB' nur'n Bummel jemacht! – Ick hab' nur'n BUMMEL jemacht!« Düren und ich schauen uns an. »Ick hab' nur'n Bummel jemacht!« Diese knatschige Stimme! »Ick hab' nur'n Bummel jemacht!« Wer von uns soll sie erwürgen? »Ick hab' nur'n Bummel jemacht!« Fred und ich haben schon eine Kleinigkeit getrunken, wir wollen uns unterhalten – nach Möglichkeit *nicht* über das Stück. »Ick hab' nur'n Bummel jemacht!« Die arme, von mir heute sehr geschätzte Kollegin Bendokat, die im Berliner Liederprogramm so fabelhaft war. Ich poltere also rüber, reiße ihre Garderobentür auf und blöke: »Verdammt, Sie müssen doch irgendein Ziel haben! Irgend-wann müssen Sie doch mal da ankommen nach 'ner Stunde. Sie sind wohl völlig bescheuert!!??« Und ich äffe sie fünf- bis sechsmal nach: »Ick hab' nur'n Bummel jemacht!« Die reißt Mund und Augen auf. Steht da vor ihr der von Film und Bühne bekannte, immer charmante, liebenswürdige Komiker Ludwig oder ein Mister Hyde? Ich gehe zurück zu Düren. »Jetzt haben wir Ruhe!«

Die Durchsage kommt: »Herr Ludwig, Herr Düren, bitte, auf die Bühne.« Zum erstenmal verweigere ich rigoros eine Weiterarbeit. Ich sage zu Solter: »Solchen Schwachsinn kann ich nicht spielen. Ich war Flieger, kenne das Metier. Fred ist nicht mal Flakhelfer gewesen, der ist überhaupt kein militan-ter Mensch. Glatte Fehlbesetzungen. Vielleicht macht man das in Meiningen so! Mit mir nicht! Hals- und Beinbruch!« Und Fred ergänzt: »Auch in meinem Namen! Komm, Rolf, ein Liedchen!« Wir verlassen singend die Bühne. Für uns ist die Probe beendet, für die anderen auch. Das Stück gelangt nicht zur Aufführung.

HILFE, MENSCHENRAUB!

Ilse und die damalige Frau vom Klaus Piontek – beide Balletttänzerinnen – sind an die Ostsee in den Urlaub gefahren. Klaus und ich sitzen in der MÖWE, dem Berliner Künstlerklub. Unsere Autos stehen draußen vor der Tür, und wir trinken wirklich nichts, essen irgendwelches Krebsfleisch. Piontek trifft eine gute Bekannte, eine Dresdener Ärztin. Wir beschließen, raus zu mir nach Niederschönhausen zu fahren.

Auf der Schönhauser inszenieren wir eine kleine Verfolgungsjagd – filmreif. Mein Gott, wir sind ja noch junge Burschen von unter Vierzig. Dann kommen wir auf die Idee – es ist vielleicht drei Uhr – rauf zur Ostsee zu fahren und unsere Frauen zu besuchen. Irgendwie verkürzen wir die Strecke und wollen dann nur noch zum Summter See. Badengehen. Ich klettere auf den Rücksitz von Pionteks Wagen, einem alten BMW. Zu dieser Zeit wird man als Bürger des demokratischen Berlins noch kontrolliert, wenn man die Stadt verläßt, um in die DDR zu fahren. Ein Wachhäuschen steht zu diesem Zweck auch in Schildow. Piontek und die Ärztin zeigen brav ihre Ausweise, ich bin inzwischen auf den Boden des Autos gerutscht, habe mir aus meinem Taschentuch einen Knebel gedreht und diesen in den Mund gestopft, einen Schnürsenkel um die Handgelenke gewürgt. Der Uniformierte guckt in den Wagen, da blicke ich ihn hilfeheischend an und keuche: »Menschenraub! Hilfe!« Der trillert sofort mit seiner Pfeife los, im Nu umstellen vier, fünf Grüne das Auto, zerren Piontek heraus und auch die Frau.

Piontek zeigt mir einen Vogel, lacht und sagt abfällig: »Entschuldigen Sie, der is Schauspieler!« Das klingt, als sage er: »Der hat'n Jagdschein!« Da erkennen mich die Polizisten, aber sie lachen überhaupt nicht. Sie belehren uns über ihre Rechte und ihren schweren Dienst im Dienste der Arbeiterklasse. Das dauert eine halbe Stunde. Dann biegen wir um die Kurve in Richtung Oranienburg. Da fällt mir was ein.

166

»Umdrehen!«, rufe ich, und Klaus wendet. Wir nähern uns wieder dem Häuschen. Ich steige aus. Die Polizisten kommen näher. Ich nehme meine Armbanduhr und halte sie wie ein Okular vor das Auge. »Die Bäume müssen da weg!« sage ich zu Piontek. »Und die kleine Bude hier muß um mindestens vier Meter versetzt werden! Genau da muß der Kamerakran hin.« – »Moment mal«, sagt der Oberindianer. »So geht das nicht!« – »Wir drehen hier einen DEFA-Film«, entgegne ich bestimmt. »Sind Sie nicht informiert?« Dann wende ich mich der Ärztin zu. »Bitte, notieren Sie. Hier muß eine Schneise geschlagen werden. Bitte Bagger anfordern!« – »Sie müssen das aber schriftlich beantragen!« belehrt uns der Offizier. »Ist alles schon unterwegs, guter Mann«, sage ich. »Aber ich glaube, das Häuschen müssen wir gänzlich wegreißen!«

Nun wird der tückisch. »Hören Sie, sind Sie nicht der Schauspieler, der hier eben schon aufgefallen ist?« – »Ja, aber ich bin auch Regisseur!« – »Aha?« – »Ja, das wird ein Film über Grenzdurchbrüche. Ihr Postenhäuschen steht in ausgesprochen ungünstigem Licht zu unserer Drehzeit!« Der wird plötzlich richtig dienstlich. »Ohne Genehmigung des Ministeriums des Innern passiert hier gar nichts!« sagt er bestimmt. »Das kann ich nicht verantworten. Sie fahren jetzt bitte, wir können nämlich auch anders. Wir sind doch nicht Ihr Hanswurst!« Piontek bedeutet mir, besser doch ins Auto zu steigen. Ein Gastspiel in Bautzen muß ja nicht sein! Als wir um die Ecke in Richtung Berlin gebogen sind, rufe ich: »Umdrehen! Mir ist noch was eingefallen!« Doch Klaus will in meinem nächsten Film nicht mehr mitspielen.

WIR VOM STAMMTISCH

Dieter Franke hält uns zusammen, das Quartett vom Stammtisch: Ebi Esche, Klaus Piontek und mich. Gäste sind auch willkommen. Kollegen wie Günter Sonnenberg, Dieter Mann, Ernst Kahler oder Kurt Böwe mit seinem »Bildungsbeutel« voller Theaterzeitschriften. Ein Zahnarzt ist dabei, manchmal auch ein Stasi-Major, der jahrelang schützend die Hand über uns hält, wie wir heute wissen …

Wir folgen dem Wirt Horst Jessen, wohin immer er auch zieht. Er führt die Volksbühnen-Kantine bis 1962, dann das »Sternchen« hinterm Berolina-Hotel, das Espresso an der Holzmarktstraße – auch »Werk III« genannt – und schließlich das Café im Otto-Nagel-Haus am Ermeler-Ufer. Manchmal, als Franke vis-à-vis seine Wohnung im Appartementhaus hat, gehen wir auch »fremd« ins Café neben der Bibliothek in der Mollstraße.

Jessen hat den Kochberuf im Hotel »Kaiserstein« in der Belle-Alliance-Straße in Kreuzberg erlernt. Das war 1946. Geschälte Kartoffeln kamen aus Kanada, Mehl aus Amerika, Eipulver. Nach Feierabend ging er zum Boxtraining. 1951 bleibt Jessen in Ostberlin und boxt im Polizeisportverein, Leichtgewicht. Seinen größten Kampf hatte er 1949 im Friedrichstadtpalast, er war auf dem Weg nach ganz oben. Aber Jessen hat aufgehört, bevor sie ihm »das Gehirn total zerdroschen« haben. Eine Seele von Berliner. Wenn ich angeheitert ins Lokal komme, haben wir beide eine bühnenreife Szene. Ich sage laut: »Na, Boxer!« fasse ihn ans Kinn und schlage – angedeutet – zu. Jessen geht augenblicklich in die Knie, wie angeknockt, bleibt ohnmächtig liegen. Die Gäste sind fassungslos. Dann springt Jessen auf. Doch er haut noch einen drauf. »Wein?« fragt er. »Da muß ich erstmal in den Keller runter.« Dann verschwindet er im Stufenrhythmus absackend hinter dem Tresen. Das hat ihm Dieter Franke beigebracht. Einen Keller hat's hinter der Theke nie gegeben.

Als Kneipier ist er eine Art guter Onkel für uns, mitunter auch Ein-Mann-Publikum. Einmal reite ich erst halb eins ins »Sternchen« ein, schon ein bißchen im Tee. Jessen öffnet eine Flasche Sekt, und ich gebe bis drei Uhr früh nur für ihn eine Borchert-Nacht. Jessen hält es mit Max Reinhardt und dessen Satz von der Unsterblichkeit des Theaters, weil es der Schlupfwinkel für all diejenigen ist, die sich ihre Kindheit heimlich in die Tasche gesteckt haben.

Wenn die Stunden fortgeschritten sind, singen wir und sind die »Trapp-Familie«. Franke hat Jacques Offenbachs komische Oper »Die Banditen« in sein Herz eingeschreint und gibt den Ton an. Aber Räuberhauptmann ist Eberhard Esche, denn es geht in dem Stück um Räuber, die irgendwo im Gebirge hausen und einen Eremiten beobachten, der einige Dorfmädels entführt hat. Wichtig sind die riesigen Stiefel der Polizeigarde und drei geklaute Millionen. Dazu werden herrliche Räubersongs intoniert. Also: »Die großen Stiefel, sie trappen, trampeln, trampeln, so trampelt nur ein Kapitän, so trampelt nur ein Kapitän ...« Und das geht endlos so weiter. Ich beginne, dann fallen die anderen ein – bis zu achtstimmig. Trapp, trapp, trapp.

Es werden gigantische Träume geboren, hochtrabende Pläne geschmiedet. Der Korn schweißt uns zusammen, obwohl wir so unterschiedlich sind. Vielleicht ist es die gegenseitige Achtung vor dem Talent des anderen. Da gibt's keinen Futterneid. Ich mag Frankes Poltrigkeit, Pionteks Gebildetheit, Esches Sarkasmus und Ironie. So, wie der den »Reineke Fuchs« auf die Bühne bringt, das macht ihm im deutschsprachigem Raum keiner nach. Einmalig! Da stimmt alles. Als er den Nationalpreis Zweiter Klasse bekommen soll, lehnt er ab. »Ich bin ein erstklassiger Schauspieler, wenn überhaupt – dann will ich ihn Erster Klasse.« Er ist kompliziert, ein schwieriger Genosse für die Statutgetreuen. Am Kneipentisch aber sind alle Probleme lösbar, in Alkohol löslich.

Am späteren Abend wird das Lokal für mich zum Cockpit. »Flieger, siehst du die Sonne!« Ich komme nicht davon los. Jessen fliegt mit. Er ruft: »Duck dich mal, es kommt ein Platzregen!« Das war eine Ladung eiskalten Doppelkorns. Und der Wirt sagt: »Jutet Theata kann man doch nich mit Selters und 'ne Scheibe Knäckebrot machen, wa!«

DIE GEISTER KOMMEN

Richtige, echte Freundschaften gibt es unter Schauspielern kaum. So glaube ich jedenfalls. Man verkehrt freundlich, kollegial miteinander oder geht sich auch aus dem Weg. Mit Dieter Franke ist das anders. Er kommt so Anfang der sechziger Jahre aus Karl-Marx-Stadt an die Volksbühne. Wolfgang

Heinz, eine Weile auch kommissarischer Intendant dieses Hauses, hat ihn geholt.

Ich lerne Franke natürlich in der Kantine kennen. Ich bin spielfrei. Er hat Vorstellung. Sie spielen das Stück »Mein Freund« von Nikolai Pogodin von 1932. Das zeigt laut Programmheft: »Die Heiterkeit des überlegenen Humors, mit welchem die Probleme gelöst werden« und die »herbe Schönheit des Beginnens«. Großartig findet die Dramaturgie, »daß wir trotz vielem Negativen, das heute bereits überwunden ist, begreifen, welche herrlichen Menschen es waren, die das Riesenwerk der sozialistischen Umgestaltung des großen Landes vollbrachten«. Franke und ich streiten uns wie die Kesselflicker, ob er nun Chemnitzer oder Karl-Marx-Städter ist. Die Diskussion ist müßig, später weiß ich nicht mal mehr, wer wofür focht. Ich lege ihm nahe, mein hohes Alter zu achten. Er tut es und spendiert noch ein Bier und einen Kurzen.

Franke spielt einen der erwähnten »herrlichen Menschen« und hat als solcher eine Schubkarre über die Bühne zu schieben. Der Durchruf kommt: »Achtung. Herr Franke, bitte, mit der Schubkarre auf die linke Seite. Herr Franke, bitte.« Franke steht auf, bewegt sich etwas unsicher zur Tür, dreht sich um und sagt: »Bis gleich!« Er kommt nicht wieder – an diesem Tag nicht. Franke fällt mit der »herben Schönheit des Beginnens« und der Schubkarre in eine Bühnenversenkung und bricht sich das Bein. Man bringt ihn mit dem Rettungswagen in die Charité. Ich besuche ihn, natürlich mit einem oder zwei Bier. Wie heißt es? Das ist der Beginn einer wunderbaren Freundschaft. Und mir fällt es direkt schwer, diese Beziehung zu schildern, die eben nicht nur aus gemeinsamen Kneipenbesuchen bestand.

Vielleicht nur eines. Da ist er mal wieder verliebt. Das Mädel lebt mit der Frau Mutter in einem Mietshaus nahe der Volksbühne. Dort wohnt auch Dieter Franke ein, mit Familienanschluß sozusagen. Ich tauche nach Kantinenschluß bei ihm auf, es ist zwölf durch, und ich habe gute Laune. Franke öffnet die Tür, hat einen Bademantel an, einen Schal um den Hals und einen hochroten Kopf. Krächzend und schniefend sagt er unfreundlich: »Ich bin krank, komm rin.« – »Na hör mal«, sag ich, »du fehlst mir. Kannst doch nich einfach zu Hause bleiben.« Franke ist nicht weiter gerührt. »Haste Fieber? Soll'n wir Wadenwickel machen, 'n Fußbad?« – »Blödsinn«, muffelt er rum und verschwindet. Ich sitze in der Küche. Das Mädel und die Mutter kneten die Hackfleischfüllung für einen Haufen Sonntags-Kohlrouladen. Ich koste – es schmeckt verdammt gut. Ich nehme noch ein wenig und noch ein bißchen. Plötzlich habe ich das ganze Zeug weggefressen. Die Mutter guckt fassungslos. Dann gehe ich. Am nächsten Tag haben sie nur Weißkohlsuppe.

Immer wieder höre ich von nun an, was ich für ein Arschloch und brutales Schwein bin, das Rentnern und Schwerkranken das Mittagessen wegfrißt! Zwanzig Jahre lang habe ich an diesen Krautwickeln hart zu knabbern. Wenn ich die Kneipe betrete, schreit Franke: »Nudeln! Nudeln! Komm, du Nudel!« Er spielt auf den Truffaldino an. »Proletenkind aus Dresden!« Noch auf dem Sterbebett redet Dieter von der Hackepeterfüllung. Andererseits ist er empfindlich wie eine Mimose und heult, wenn ihm was an die Nieren geht, wie ein Hofhund. Ästhet war er auch, immer saubere Fingernägel! Komme ich mal mit ein bißchen Schlaf im Auge in die Garderobe, poltert er los. »Du haste Plirre im Ooche!«

Franke ist der Komiker und der Draufgänger, und dann spielt er endlich die erste Charakterrolle – den Charlesmagne im »Drachen«, den alternden Archivar. Unter Adolf Dresen bekommt er in den Kammerspielen Hauptrollen im O'Casey-Abend »Der Mond scheint auf Kylenamoe«. Den Kreon im »Ödipus Tyrann« in der Regie von Besson, den Grilo im »Testament des Hundes« und schließlich auch den Mephisto im »Faust«. Im »Wallenstein« – Premiere am Deutschen Theater 1979 – teilen wir uns mal wieder eine Garderobe. Ich spiele den Octavio Piccolomini, den Generalleutnant, und bin ganz unglücklich, weil mir nach meiner Meinung diese Rolle gar nicht liegt. Sie loben mich überall, aber ich bin unzufrieden. Dieter Franke ist Buttler, der Chef des Dragonerregiments. Er spielt hinreißend. Wir steigen in unsere Kostüme. Der Dieter zieht seine Socken aus, da sage ich: »Moment mal, dein Bein blutet. Das andere auch.« – »Unsinn«, sagt er. – »Hast du dich irgendwo gerissen?« – »Ach, Quatsch!« Er reagiert hart.

Eine Woche später bekommen wir alle vom Gesundheitsministerium der DDR einen Brief. Darin befindet sich ein schmaler Kartonstreifen und ein Schreiben mit der Bitte, doch darauf zu pinkeln. »Blödsinn!« schimpft Dieter. »Es wird gepullert!« befehle ich, schließlich bin ich im »Wallenstein« ranghöher. Triumphierend kommt er vom Klo, wedelt mit dem Streifen herum. »Alles in Ordnung!« ruft er stolz wie ein Spanier. Der Streifen ist tiefschwarz. Um Gotteswillen! Ich erschrecke. »Du hast Zucker!« – »Was redest'n für'n Quatsch, du Nudel!«

Dieter Franke ist schwer zuckerkrank. Seit Jahren. Kein Bier mehr, kein Schnaps. Das ist das Ende. Wir sitzen vor dem Fernseher, schauen uns ein Fußballspiel an – er ist genauso vom grünen Rasen besessen wie ich. Bei Dreharbeiten hat er sich mal wieder das Bein gebrochen, als er sich nicht von einem Stuntman beim Motorradfahren doubeln lassen wollte. Es ist Hochsommer, 32 Grad Hitze. Franke schwitzt, liegt in Gips und brüllt: »Keen Bier da!« Ich hab keins mitgebracht. Verdammt, er darf keinen Alkohol trinken. Seine Schimpftiraden lasse ich über mich ergehen …

Dann liegt er in Buch draußen, im Klinikum. Im gleichen Haus wartet Herwart Grosse auf den Tod. Der ist halbverhungert. »Guck, Rolf, alles nur noch Knochen. Ich schaffe es nicht mehr bis zum Waschbecken. Vierzig Kilo.« Er reicht vor seinem Tod den Ring Eduard von Wintersteins an Eberhard Esche weiter, eine Tradition ähnlich der des Iffland-Ringes …

Ich sitze an Frankes Bett. Er wird immer schwächer. Nee, sterben will er nicht. »Rolf, komm näher ran«, sagt er und knirscht immerzu mit den Zähnen. Rechts steht ein Schieber auf einem Stuhl, mit dem klopft er wieder und wieder gegen mein Knie. »Hör mal«, sage ich, »das tut weh. Ich hab vom Fußball einen Meniskusschaden.« Er schlägt weiter dagegen, bösartig. Ich merke, er ist verzweifelt. »Dieter, das tut weh. Laß es.« Er preßt wieder die Zähne zusammen, beginnt zu weinen, fängt sich aber rasch wieder. Dann flüstert er: »Nachts

Dieter Franke, Kollege und bester Freund Ludwigs

sollst du kommen, Rolf. Nachts kommen die Geister.« Das geht mir durch und durch. »Wo kommen sie denn rein?« versuche ich abzuwiegeln. »Da oben, durch die Ventilation. Sie kommen und sprechen mit mir.« Angst und bange ist mir jetzt. Dann schlägt er wieder mit dem Schieber zu. Ich laufe raus auf den Flur. Wolfgang Heinz kommt mir entgegen. »Mein Lieberrr!« – »Ja, ich komme vom Franke«, nehme ich die Frage vorweg. »Es geht ihm schlecht.« – »Ich werrrde ihn aufheiterrrn.« So ist er, der Vater Heinz. Dann verlegen sie meinen Freund Franke in die Charité. Ich sehe ihn noch mal, er liegt im Koma, hängt an Drähten und Schläuchen, ist ganz schmal geworden. Nein, dieses Bild will ich verdrängen. Die Geister haben gewonnen.

Die Beerdigung ist auf dem Dorotheenstädtischen Friedhof. Unter der Kapelle befindet sich der Raum, in dem der Sarg auf Holzböcken steht. Daran hat man einen Zettel mit Frankes Namen befestigt. Mir steigt ein Kloß im Hals hoch. Kurt Böwe, Günter Sonnenberg, Horst Büttner, Eberhard Esche, drei Bühnenarbeiter vom DT und ich werden die Sargträger sein. Ebi übernimmt als Hauptmann der »Banditen« vom Stammtisch das Kommando. Klaus Piontek wird die Rede halten. Ich hätte das nicht fertiggebracht. »Hebt an«, sagt Esche, und wir heben den Sarg. Drinnen wackelt es. Wir erstarren. Frankes Geist? Um das Gleichgewicht zu halten, müssen wir bei unserer unterschiedlichen Körpergröße, ganz kräftig balancieren. Mit Mühe kommen wir die schmale Treppe hinauf und durch das Absperrgitter. Dann ist es noch eine weite Strecke bis zur Grabstelle. Im Sarg rumpelt es immerzu. Irgendwie macht das doch nervös, es ist ja schließlich Dieter. Mein Freund. Pausenlos trete ich dem Böwe in die Hacken. Esche kommandiert leise: »Links! Links!« Böwe stöhnt im Takt dazu: »Au! Au!« Endlich am offenen Grab. »Den Sarg stellt ab.«

In dem Moment – man könnte abergläubisch werden – frischt der Wind auf, eine starke Bö verfängt sich im Baum neben uns und innerhalb von einer Minute sind wir über und über mit Laub bedeckt. Der gesamte Baum ist im Nu entblättert.

Die vom Friedhof bestellten Arbeiter lassen nun den Sarg hinab. Piontek setzt zu seiner Rede an, da – ertönt aus einer etwa fünfzig Meter entfernten alten Familiengruft ein ohrenbetäubendes Gelächter. Drinnen verputzen drei Maurer eine Wand, und das mörderische Lachen klingt ganz so, als hätte einer von ihnen einen besonders schweinischen Witz erzählt …

KOMM SCHATZ,
WIR TRINKEN NOCH EIN LIKÖRCHEN!

Wir sind fürchterlich versackt. In der MÖWE. Nur Dieter Mann kann noch lallfrei telefonieren. Er ruft meine Frau an, beruhigt sie. »Rolf ist wohlauf. Wir sind in der Möwe.« Ilse weiß auf Anhieb Bescheid. Mann sagt: »Ich setze ihn in ein Taxi. Er wird gesund nach Hause kommen.« Ilse bedankt sich. »Herr Mann«, sagt sie, »Sie sind der einzige Vernünftige unter seinen Kollegen. Sie verführen ihn nicht zum Alkohol. Sie wissen, wann Schluß sein muß. Danke.«

Am Tag darauf habe ich mit Dieter Mann Drehtermin für eine Fernsehproduktion von Gorkis »Feinden«. Es treten längere Pausen ein. Ich habe meinen Flachmann dabei. Wegen irgendwelcher Widrigkeiten enden die Dreharbeiten auch früher. Wir landen in einer typischen Eckkneipe im Prenzlauer Berg und beginnen mit Pfeffi – Pfefferminzlikör. Dann steigen wir auf Kirsch um und in die U-Bahn ein, fahren in die Stadtmitte. Es folgen noch einige Stationen – Eierlikör – Kaffeelikör. Wir sind auf dem Likörtrip, alles ist schon verklebt. Mampe halb und halb, Bohne. Komm Schatz, wir trinken noch ein Likörchen! Dann ist es halb eins.

Dieter entsinnt sich der Elogen meiner Frau. Er beschließt: »Rolli, ick bring da nach Hause! Det bin ick deiner Frau schuldig!« Ich hab nichts dagegen, obwohl es mir schwerfällt, Dieter Mann, der wie ein Sack an mir hängt, zum Taxistand zu bugsieren. Nun will er Ilse, die er sehr verehrt, auch noch ein Ständchen bringen. Im Taxi übt er schon kräftig … Ich trage den singenden Kollegen zu unserem Gartentor und klingele. Da geht am Haus das Licht an, Ilse kommt heraus – im Negligé. Mit ihren langen blonden Haaren und dem leicht um ihren Körper spielenden Seidenstoff, angestrahlt, wirkt sie wie eine Märchenprinzessin. Dieter Mann ist entzückt, ich übrigens auch. »Verehrte gnädige Frau«, stammelt Dieter, reißt sich zusammen, schreitet tapfer auf Ilse zu, ergreift ihre Hand, um einen Kuß daraufzuhauchen und – küßt daneben. Er fällt lang hin, landet mit dem Gesicht in einem Blumenbeet, hat den Mund voll Erde. Ilse kichert. Dieter Mann will sich hochrappeln, es klappt nicht recht. Mit Mühe schaffen wir beide meinen jungen Kollegen ins Haus. Er übernachtet im Kinderzimmer zwischen Teddybären und Spielzeugautos und träumt wahrscheinlich von einer Fee, die aus einer Likörflasche aufsteigt.

DIE FALSCHEN OLYMPIONIKEN

Günter Kunert hat mit dem Regisseur Egon Günther das Drehbuch geschrieben. »Abschied«. Nach dem gleichnamigen Roman, in dem der Dichter Johannes R. Becher eine leidenschaftliche Selbstrechenschaft über seine Kindheit und Jugend ablegt. Der siebzehnjährige Münchener Staatsanwaltssohn bricht aus der Ordnung und Geborgenheit der Bürgerwelt aus. Ich sage zu Egon Günther, der mich als Staatsanwalt besetzen will: »Das ist eine ernste, strenge Rolle, ich bin komisch.« – »Genau das will ich!« Und später erläutert er vor der Presse: »Ich suche immer wieder nach dem guten Schauspieler. Unter gut sollte man verstehen, daß der Schauspieler komödiantisch ist und – im Sinne der Komödie – das Ernste auch heiter sagen kann.«

Günther wird in der Zukunft für mich prägend als Filmregisseur. Die wirklich bedeutsamen Streifen drehe ich mit ihm. Er liebt die Schauspieler, ist kein Dompteur. Ich »kann« mit ihm. Er akzeptiert bessere Lösungen, die vom Schauspieler angeboten werden.

Produktionsleiter ist der pfiffige Herbert Ehler, ein Tausendsassa. Wir drehen illegal in München, das heißt teilweise mit versteckter Kamera, sind nirgendwo angemeldet. Ehler hat irgendwie kleine Ausweise besorgt. Sie haben den Aufdruck »Olympisches Komitee der Deutschen Demokratischen Republik«. Die Olympischen Spiele stehen in München vor der Tür. Die Leute sind allerorten – auch in Behörden – motiviert, freundlich zu Gästen der Stadt zu sein, und wir profitieren davon. Schwierigkeiten bereitet, daß die Filmhandlung im wilhelminischen Reich spielt. Die Münchener Straßen – auch die vor dem Landgericht – sind voller moderner Autos. Kein Problem für Ehler. Er geht zur Polizeistation, weist seinen kleinen Ausweis vor, erklärt, daß wir eine Art Werbefilm über München und die Vorbereitung der Olympischen Spiele drehen. So ein bißchen historisch sei die ganze Sache auch angelegt. »Joa?« Die hören interessiert zu. »Na, sehnse«, sagt Ehler, »da kommt eben so ein Herr im Gehrock aus dem Landgericht. Und da kann doch unten auf der Straße kein Cabrio herumfahren.« – »Joa?« Und dann sperren sie für uns die Straße, zehn Minuten lang. Das gibt fast ein Verkehrschaos, aber wir haben alles im Kasten. Ehler hat das Auftreten des Präsidenten vom Olympischen Komitee, sein Blick ist irgendwie zwingend.

Wir brauchen ein Hinterhoffenster mit einem guten Blick auf München, der auch diesen Zwiebelturm dort einfängt. Ehler wetzt durch die Straßen, wir hinterher. Dann hat er es! Ein Kaufhaus, dessen rückwärtige Fassade grenzt an Mietshäuser. Ehler und ich marschieren zum Pförtner des Warenhauses, verlangen nach dem Direktor. »In Vorbereitung der Olympischen Spiele drehen wir einen Kurzfilm über Ihre schöne Stadt München …«, leiern wir unseren Spruch ab. Dem Mann leuchten die Augen. Ich bin altmodisch kostümiert, er findet das alles wahnsinnig interessant, bietet uns seine schönsten Fenster an, die ganze Fensterflucht. Aber wir wollen nur das eine von einem kleinen Lagerraum nach hinten raus, weil vis-à-vis in dem Mietshaus schon der Kameramann Günter Marczinkowsky und Egon Günther lauern. Wir erklären dem Direktor, daß ich am offenen Fenster stehen muß, um die olympische Fanfare zu hören. Er wundert sich etwas, weshalb ich dazu einen steifen Vatermörder um den Hals und einen dunklen Gehrock am Leibe habe. Dazu erschrecke ich noch sichtlich bei der Fanfare und sage: »Frechheit! So was!« Naja, die Künstler, wird der Direktor sich denken. Er ahnt ja nicht, daß an dieser Stelle später im Film lautstark die »Internationale« eingeblendet wird.

Der Film wird eine präzise Studie der Kaiserzeit, eine wunderschöne zarte Liebesgeschichte, hochaktuell in der Auseinandersetzung mit der Gesellschaft auch Ende der Sechziger in der DDR. Premiere ist im Filmtheater Kosmos an der Berliner Karl-Marx-Allee. Alle sind da – sogar Ulbricht. Das ganze Politibüro macht »Brigadeausflug« ins Kino. Es wird ein kurzes Vergnügen, denn der Genosse Staatsratsvorsitzender erhebt sich nach zehn bis fünfzehn Minuten verärgert, und mit ihm verläßt auch sein Fußvolk den Saal. Nur Alexander Abusch bleibt trotzig sitzen. Ernst Busch natürlich auch. Wer A sagt, muß auch Busch – nee, das ist zu blöd. Ich raune Egon Günther zu: »Das war's dann wohl!« Tatsächlich wird der Film nicht viel verliehen. Man muß ihn nicht verbieten, es läßt sich auch anders regeln.

STOBEN – MEINE NISCHE – MEIN PARADIES

Ich drehe in diesen Jahren Ende der Sechziger einen Haufen Filme, denn ich brauche Geld, kann nicht sparen. Es sind ein paar läppische Streifen darunter, ein paar gute, sogar ein Indianerfilm, »Tödlicher Irrtum«, mit Dreharbeiten in Bulgarien und dem trinkfesten Goijko Mitic in der Hauptrolle, ein ziemlich lustiger, aber leider total verschnittener Film ist auch dabei: Rudi Strahls Komödie »Seine Hoheit – Genosse Prinz«.

Renate Holland-Moritz im
EULENSPIEGEL, Nr. 37/1969
Eulen-Autor Rudi Strahl, das Trumpf-As unserer am Hungerbrokat nagenden Lustspielfilmdramaturgie, hatte einen oberfeinen Einfall … Also, wieso soll der Genosse Porzellanaußenhändler Kaspar Mai, Findelkind des fünfundvierziger Jahrs, eigentlich nicht blaublütiger Herkunft sein? … Von dieser Grundidee lebt schon mal der halbe Film, und das nicht schlecht, vor allem dann, wenn blau und rot aufeinanderknallen. Was sich dann der große Spaßvogel Rolf Ludwig leisten darf, das ist schon einen Zwerchfellriß wert.

Heiner Carow dreht 1968 den Film »Die Russen kommen«. Ich bin verblüfft. Darin geht es um einen Versuch, zum erstenmal die Rolle der Hitlerjugend in einem DEFA-Film zu erklären. Das war die vierte Generation, die noch in den Krieg ziehen mußte. Ich bin sehr interessiert, ein Augenzeuge. Das ist ein komplizierter Stoff, die Schwierigkeiten mit der Macht sind vorprogrammiert.

Wir drehen oben auf Usedom an der Ostsee, in der Nähe von Bansin. Laut Drehbuch muß ich mit einem Motorrad in die Wellen der Ostsee hineinfahren. Ein Junge sitzt mit im Beiwagen und jubelt vor Begeisterung. Ich sage zu Heiner: »Menschenskind, das Wasser hat nur acht Grad. Der Bengel kriegt ja eine Lungenentzündung!« Da mischt sich ein kleinerer, dicklicher Mann ein. »Herr Ludwig, Sie entschuldigen. Ich bin hier der Landarzt. Der Junge ist mein Sohn, der ist abgehärtet und badet sogar im Winter. Ich wohne hier gleich hinter den Dünen. Sie können gerne nachher gleich bei mir heiß baden und einen Grog kriegen.« Grog klingt gut. Es ist hundekalt.

Ich rase also mit dem Krad in die See und anschließend zu Fuß im Dauerlauf in das Bad vom Herrn Doktor. Dann sitzen wir in seiner warmen Stube. Er fragt: »Sie waren doch in englischer Gefangenschaft, nicht wahr?« – »Ja«, sage ich verwundert. »Kennen Sie einen Rolf Werner?« – »Rolf Werner?« Ich grüble nach. Ja, natürlich, der hat die Bühnenbilder gemalt, im Mannschaftstheater in Sheffield, im Lodge Moor Camp 17. – »Der wohnt hier.« – »Wo, hier?« – »In Bansin. Kommen Sie, wir fahren hin.« Er telefoniert.

Ein wunderschönes Haus mit einem großen Atelierfenster. Eine blonde Frau öffnet. »Sie sind also der Ludwig!« Rolf Werner hat einen Autounfall gehabt. Er liegt auf dem Sofa – beide Beine in Gips. Wettergegerbtes Gesicht, Bart. Er ist Maler geworden. Und er sagt: »Du olles Rübenschwein!« Ich könnte heulen. Zwanzig Jahre sind vergangen. Nach ein paar Stunden sagt der Arzt – wir sind inzwischen per du –: »Weißte, Rolf, ich glaube, ich hab da was für dich. Ein Haus am Schmollensee. Nicht weit von hier. Vielleicht vier Kilometer im Hinterland liegt Benz, so ein kleiner Ort mit Kirche. Von dort führt ein Feldweg nach Stoben, direkt am See. Eine Patientin von mir möchte das kleine Anwesen dort gern loswerden.« Ich bin unsicher, so weit weg von Berlin?

Ilse fährt mit rauf zur See. Benz ist idyllisch, wir biegen um die Kirche herum. Ein holpriger Weg beginnt, vom Regen ausgewaschen, von Treckerreifen zerwühlt. Das alte Fischerhaus hat ein Feldsteinfundament und ein vom Wind zerzaustes Reetdach. Es steht seit 1796 an dieser Stelle und hat sich vor dem Wetter geduckt, der Putz blättert ab. Fenster und Türen haben lange keinen Anstrich gehabt, die Decken sind nicht einmal zwei Meter hoch, der Fußboden ist löchrig. Ein Mäuse- und Rattenparadies.

Ilse setzt sich auf einen Stein, weint still vor sich hin. »Du bist verrückt, Rolf!« Doch ich habe schon Visionen, der Doktor unterstützt mich darin. »Da kannste was draus machen, Rolf!« Ein paar Schritte nur sind es bis zum See, da ist ein Steg. Ein Angelkahn läßt sich wunderbar daran vertäuen. Hinterm Haus steigt ein kleiner Hang an, dort könnte man sitzen – völlig unbeobachtet wie in einem Burghof. Meine Burg. Ich sehe mich mit meinem Zeichenblock auf den Knien, die Landschaft rundherum skizzierend …

1969 gehört es mir. Ich hab's gekauft. Jede Film- und Fernsehgage geht von nun an in das Haus, denn ich brauche für fast alles Leute, habe zwei linke Hände. Ich verbringe spiel- und drehfreie Tage dort, lerne Rollen. Allmählich wird es wohnlich in Stoben. Das Reetdach wird erneuert, die Fenster, die Türen. Ich will das Fischerhaus im Stil erhalten, es bleibt niedrig und winklig und gemütlich. Auf dem Dachboden baue ich mir meine Stube aus, mein Refugium. Bisher bin ich bloß durch die Natur gelatscht, hier lerne ich, sie zu beobachten. Und ich lerne einen neuen Menschenschlag kennen, die Usedomer.

Als ich neben der anno 1229 gebauten Benzer Kirche an die Tür des Pfarrhauses klopfe, ahne ich nicht, daß der junge Pfarrer Martin Bartels mir ein Freund werden wird, einer der wenigen echten, zu denen man mit allen Gedanken und

Bedenken gehen kann. Ich brauche keinen Beichtvater, keinen, der mich auf Gottes Wege führt. Ich bin kein strenger Atheist und kein Kirchengänger. Von Zeit zu Zeit höre ich mir Martins Sonntagspredigt an wie eben die Überlegungen eines Freundes. Er läßt mich sein wie ich bin, meine Ansichten vom Gläubigsein mit Jenenser Theologie-Studenten in der Kirche diskutieren und mich sogar an die Orgel setzen. Also Stoben. »Die Russen kommen« – nicht. Nicht in die Kinos. Sie kommen nach Prag, im August 1968. Der Film liegt wohl über dreißig Jahre auf Eis.

KOMMANDEUR SAGEN DANKE!

So um 1972 herum will ich hoch nach Usedom, um ein paar Tage Urlaub zu machen. Ich fahre nicht Autobahn, sondern die 109 bis Prenzlau. Landstraße. Gleich hinter Berlin kommt so ein Dorf. Da springt mir ein russischer Soldat mit einem roten Fähnchen vor den Kühler, wedelt damit wie wild rum. »Stoi! Stop!« Ich latsche auf die Bremse, komme dicht vor ihm zum Stehen. Der sagt irgendwas, ich verstehe kein Wort. Es klingt nicht wie »Na sdarowje!« Dann bedeutet er mir pantomimisch und gebrochen »Du stehen!«

Er wetzt hinüber zum Dorfkrug. Gleich darauf schleppen zwei russische Offiziere einen volltrunkenen dritten die Stufen zur Dorfstraße hinunter, tragen ihn auf meinen Wartburg zu und verstauen ihn auf meinem Rücksitz. »Du Kommandeur fahren!« sagt der eine und setzt sich auf den Beifahrersitz, während der andere sich schon hinten neben den Wodkagefüllten gezwängt hat. »Losfahren!« Und dann dirigiert er mich aus dem Ort heraus und weiter in Richtung Wald. Mir ist nicht ganz wohl. »Links! Rechts! Gerade! Links!« Immer die Besatzungsmacht im Rücken. Dann kommt ein Schlagbaum mit einer Schranke. Überall Schilder. »Militärische Anlage! Betreten verboten! Lebensgefahr!« Bei Zuwiderhandlungen … undsoweiter. »Ich darf hier nicht rein«, sage ich schüchtern. Hinten ist der Narkotisierte erwacht und singt »Herrlicher Baikal!« Natürlich auf russisch.

Mein Beifahrer steigt aus, murmelt irgendwas mit dem

Posten am Schlagbaum. Der nickt. Die Schranke geht hoch. »Fahren!« sagt mein Copilot. »Links! Rechts! Gerade!« Dann sehe ich sie. Das ist eine Raketenstellung. Überall Raketen, getarnt und nicht getarnt. So sehen diese SS 20 aus? Ich verstehe ja nischt davon. Sie lotsen mich zu einer Baracke. Aus der stürzt ein Muschkote heraus, astet mit den beiden Offizieren ihren Kommandeur in die Bude hinein. »Du warten!« Ich habe sowieso nicht vor, einen Ausbruch aus der Stellung zu unternehmen.

Der Muschkote kommt zu mir, seine Vorgesetzten betten wohl den Kommandeur noch. »Du essen!« sagt der Soldat und geleitet mich und den Wartburg zu einer Art Kantine. »Kommandeur sagen Danke!« Es wird aufgefahren, bis sich der Tisch biegt. Borschtsch, Pelmeni, Salzhering, acht Brötchen. Der Soldat beobachtet mich. »Du essen! Kommandeur sagen Danke!« wiederholt er immer wieder. Rote-Bete-Salat, saure Sahne. Ich platze fast. »Ich will an die Ostsee«, sage ich. »Ferien. Es ist schon spät.« Ich zeige auf die Uhr. »Du essen!« Mein Gott, diese Scheißgastfreundschaft! Ich hab schon zwei Stunden verloren. Er will mir Wodka eingießen. Ich pieke mir den Finger in den Bauch und erzähle was von Magengeschwür. Antialkoholiker, Blaukreuzler! Er drückt mir die Pulle in die Hand. »Kommandeur sagen Danke!« Endlich, endlich schickt er mich zum Schlagbaum zurück. Allein! Ich fahre mutterseelenallein durch den Raketenwald. An der Schranke hat inzwischen der Posten gewechselt. Der neue kennt mich nicht, er weiß von nichts. »Du aussteigen!« Nimmt der die Waffe raus? Mir ist mulmig. »Wo Fotoapparat?« – »Ich hab keinen.« – »Wo Film?« – »Kein Film! Ich fahren Kommandeur. Er blau wie Veilchen!« radebreche ich. Dann führt er mich in das Torhäuschen, schließt hinter mir zu. Durch die Luke sehe ich, wie sie meinen Wartburg auseinandernehmen. Mein Gepäck steht auf der Straße, sie öffnen den Koffer. Ich habe keinen Fotoapparat! Sie finden nur die Wodkaflasche und in meiner Jackentasche ein Brötchen, das ich nicht essen wollte. Aus! Alles aus! Sibirien! Dann endlich telefoniert der Posten und treibt nach einer

Weile einen der aussagekräftigen Offiziere auf. Ich darf wei-
terfahren … Die Wodkaflasche ist übrigens nicht mehr im
Gepäck.

DIE WANDELNDE FONTÄNE

Besson hat 1968 seine letzte Inszenierung am Deutschen
Theater. Den »Don Juan«. Wieder mal Molière. Der Fran-
zose in Besson kommt immer wieder durch. Er hat die Idee,
den Juan und den Diener Sganarelle von Reimar Johannes
Baur und mir im Wechsel spielen zu lassen. Die Rechnung
geht nicht auf, wir proben mal vierzehn Tage so, dann wieder im Rollenwechsel und werden allmählich meschugge.
»Das klappt nicht«, rede ich auf Benno ein. »Vom Kopp her
nicht.« – »Probt weiter!«

Wir quälen uns rum. Zwischendurch haben wir aber auch
ganz witzige Einfälle. Baur greift sich eines Tages einen Hand-
spiegel und leuchtet damit die ersten Reihen im Parkett ab.
Er sucht neue Opfer seiner Liebestollheit, während er einen
anzüglichen Text spricht. Das wirkt enorm erotisch. Man muß
eben nicht unbedingt seinen nackten Pimmel vorzeigen oder
auf der Bühne herumhuren. Die Spiegelszene hat Esprit. Pro-
benzeit war im tiefsten Winter. Eines Tages komme ich mit
dicken Wetterstiefeln ins Theater, vergesse sie auszuziehen
und trapse damit auf der Bühne herum … »Die großen Stiefel, sie trampeln, sie trampeln …« Fehlt bloß noch Eberhard
Esche als Stammtisch-Räuberhauptmann. Benno ruft: »Trampele noch mal!« Ich trampele. Der Dauerschritt des Sganarelle in diesem Stück ist geboren, auch in der Aufführung
bekomme ich feste Stiefel. Ich greife mir als Probenfummel
einen alten schäbigen Überrock und eine zu große Mütze.
Benno sagt: »Gekauft!« So rutscht mir bei meinen endlosen
Denkeleien später immerzu das Barett bis auf die Nase. Endlich rückt Benno vom alternierenden Spiel zwischen Baur und
mir ab. Baur bleibt der Juan, ich der Sganarelle.

Die Journalistin Ilse Galfert bringt es später in einer gründ-
lichen Analyse meines Theaterschaffens auf den Punkt:

THEATER DER ZEIT, Nr. 7/ 1971
*Rolf Ludwig, dem die Bühne bei Goldoni etwas zum Her-
umturnen war (und gerne noch ist; gelegentlich), hat einen
Charakterspieler aus sich gemacht. Eine Metamorphose, die
für einen Mann seines Temperaments ihre Tücken hat, Anfälle von Ungezügeltsein können vorkommen.*

Und ich versuche zu erklären:
*Bei Gewohntem bleibend, pumpt man sich aus. Die Zuschau-
er, immer noch darin befördert, von einem bestimmten Schauspieler Bestimmtes zu erwarten, hätten was davon, wenn man
sie bewußt Entwicklungsbrüche erleben ließe ... Jede Figur hat
einen anderen Rhythmus in der Bewegung. Den muß man
finden. Und es reizt mich, gegen mein persönliches Temperament anzuspielen. Dabei kann ich an mir Fehler beobachten.
Man kann sich dann auch besser vom Partner absetzen, ohne
daß es zu einem Effekt wird ... Fortschritte müssen behauptet werden.*
Das klingt furchtbar theoretisch, sicherlich hab ich es auch
ganz anders gesagt. Die Wissenschaftlerin übersetzt es in ihre
Fachsprache. Fest steht: mit dem Sganarelle im »Don Juan«
bin ich dem ewigen Komiker entwichen. Das heißt nicht, daß
nun nicht mehr über mich gelacht werden darf.
Im zweiten Akt müssen Juan und Sganarelle ins Wasser fallen. »Benno«, sage ich, »ich denke mir da was aus. Die Requi-
site soll mir was basteln.« In beide Seitentaschen meines
Rockes stopfe ich Wasserbehälter, solche Gummikissen. Insgesamt vielleicht fünf, sechs Liter. Von da führen Schläuche
bis oben ins Kostüm, ich brauche nur zu drücken, dann spritzt
das Wasser. Ich stürze ins Wasser, komme naß heraus. Don
Juan sagt: »Sganarelle, ein kühles Bad ist gut für das Gehirn!
Und erfrischt. Aber wir müssen weiter.« Da mache ich
Prrrscht! Zwei Liter Wasser sprühen aus mir. »Herr«, flehe
ich, »bestraft oder schlagt mich. Ich bedarf nach dieser Was-
serschlacht eines kleinen Schläfchens.« Der sagt: »Warum?
Wir wollen weiterziehen.« Da drücke ich wieder los. Prrrscht!
Wieder ein paar Liter. Das geht eine Weile so. Ich bin eine

wandelnde Fontäne. Die Leute im Zuschauerraum lachen sich scheckig.

So reiht sich Einfall an Einfall. Ein Feuerwerk. Schon das Kostüm vom Reimar Baur. Das war aus Papier zurechtgeschnitten. Nun verträgt das ja keine Feuchtigkeit und löst sich nach und nach auf, denn der lag ja auch mit im Wasser. Man denke sich, der Grandseigneur, der Frauenverführer, in totaler Auflösung, selbst die Perücke muß dran glauben. Das ist alles fabelhaft präpariert. Mein Gott, sieht der aus! Der Held! Und jede Menge lustiger Nebenrollen. Der eifersüchtige Jürgen Hensch, als Bruder der Donna Elvira, oder Hans Lucke, der den Komtur, diese Statue, spielt und aussieht wie ein Zementgolem.

Silvester ist Premiere. Ein Mordsspaß, aber auch differenziert. Nochmal das THEATER DER ZEIT über den Sganarelle:

Ich hätte nie gedacht, daß eine Theaterfigur so liebenswert und so lächerlich gleichzeitig gemacht werden kann: so sympathisch in ihren Handicaps und gleichzeitig so brutal bewertbar in ihnen. Rolf Ludwig hat für die Rolle seinen sonstigen Einfallsüberschwang auf Stahlstichgenauigkeit umgestellt ...

DIE WEIGEL INTERVENIERT ...

Wolfgang Heinz demissioniert am Deutschen Theater. Auf Beschluß der Parteioberen wird aus Rostock ein Genosse geschickt, Hanns Anselm Perten. Ich kann diese Entscheidung – gelinde gesagt – nicht nachvollziehen. Besson will schon lange ein eigenes Theater haben, er ist ja am DT noch als Regisseur engagiert. Es wäre eine Gelegenheit gewesen! Aber man gibt ihm die baulich und künstlerisch heruntergewirtschaftete Volksbühne. Soll er sich daran die Zähne ausbeißen?

Esche geht mit, die Karusseit, sie ist ja inzwischen mit Benno verheiratet, und ich folgen ihm auch.

Als erstes inszeniert Besson dort Brechts »Der gute Mensch von Sezuan«, die Geschichte von dem Freudenmädchen Shen Te, das sich von einem Geldgeschenk einen kleinen Teeladen erwirbt. Als »Engel der Vorstädte« verteilt sie Güte und Schäl-chen voll Reis, bewahrt einen stellungslosen Postflieger vor dem Selbstmord, liebt ihn, bis ihre eigene Güte sie an den Rand des Abgrundes und in eine andere Identität treibt. Eine Glanzrolle für Ursula Karusseit. Wer ist noch dabei? Wilfried Ortmann, Klaus Mertens, Wolfgang Greese, Hans Teuscher, die mir so liebe, kluge und warmherzige Freundin Marianne Wünscher, Günter Junghans ...

Ich spiele den Yang Sun, und ich spiele ihn gern, diesen beißwütigen Flieger ohne Flugzeug. Besson holt mich end-gültig aus dem Klischee des Nur-Komikers heraus. Er kennt mich sehr gut, weiß, daß ich Regie nicht leiden kann, die mir das Stück erklärt. Ich will, daß man mir hilft, die Situation zu lösen, in der ich als Bühnenfigur stehe. Ich will begreifen, was ich spiele. Es muß durch meinen kleinen Kopf hindurch. Der Sun ist eine Herausforderung.

Sie loben mich. Hellmuth Karasek in der ZEIT vom 1. Mai 1970:

Wenn, als Parabel in der Parabel, von der Umwandlung des Fliegers zu einem nützlichen Glied der menschlichen Gesell-schaft »berichtet« wurde, so führte das Rolf Ludwig als eine Zirkusnummer von einem Mann vor, der endlich begreifen gelernt hat, daß ihm sein Egoismus in dem Augenblick nicht mehr verübelt wird, da er sich in das Wirtschaftssystem der Tabakfabrik einpaßt. Ludwig zeigte, mit wie wenigen Stri-chen sich die Biographie solcher Männer zeichnen läßt, die es vom Tellerwäscher zum angesehenen Selfmademan bringen.

Ernst Schumacher in der BERLINER ZEITUNG:

Rolf Ludwig ist durch die Maske, die ihm ein etwas ruppiges, verbiestertes Aussehen gibt, nicht nur angehalten, sondern gehalten, den stellungslosen Flieger Yang Sun, in den sich Shen Te verliebt, streng, diszipliniert, hochnäsig, weil unglücklich, gleichsam von eisernem Egoismus, zu geben. Das »Lied vom Sankt Nimmerleinstag«, dem Tag, an dem die Welt von unten nach oben gekehrt sein wird, ist wohl selten so verzweifelt und gleichzeitig herausfordernd vorgetragen worden wie durch

Ludwig. Der Falke, der nicht fliegen darf, hat wohl kaum eine stärkere gestische Gestaltung gefunden als in dieser Inszenierung.

Helene Weigel sitzt in der Vorstellung. Anschließend nimmt sie sich Benno beiseite und flüstert ihm etwas. Es betrifft mich. Sie redet Besson ein, mich doch lieber den Wang spielen zu lassen, das sei doch die viel passendere Rolle für mich. Auch mir versucht sie, diesen Wasserträger schmackhaft zu machen. »Du bist der Wang, Buberl, du bist der Wang, nicht der Flieger.« Zunächst verstehe ich gar nichts. Ich liebe die Figur des Fliegers, ich will den Wang nicht. Bis mir ein Seifensieder aufgeht. Na klar, im Berliner Ensemble hat doch ihr Schwiegersohn, der Ekke Schall, den Sun gespielt. Da duldet sie wohl keinen anderen Himmelsstürmer neben ihm. Es wird eine echte Intervention der alten Dame, mit dem gesamten Clan im Rücken und dem überirdischen Willen des Stückeschreibers. Der Meister und Helene.

Besson beugt sich nicht ungern, denn in manchen Szenen hatte ich – so flüstern es mir Kollegen – seiner Frau, der Uschi Karusseit glatt die Show gestohlen. Als Willi Narloch, der Wang-Darsteller stirbt, ist die Sache klar. Winfried Glatzeder, ein junger dynamischer Nachwuchstyp, bekommt meinen Flieger. Ich bin enttäuscht. Der Falke, der nicht fliegen darf … Ich kann mir die wunderbaren Zeitungskritiken hinter den Spiegel stecken. Wie hatte Michael Stone, mein Vernehmungsoffizier aus dem britischen Kriegsgefangenenlager, der mir einst den Stempel »unverbesserlicher Nazi« aufdrückte, in CHRIST UND WELT vom 1. Mai 1970 geschrieben:

Als Yang Sun hat auch Rolf Ludwig wieder eine seiner Begabung angemessene Rolle. Wenn er am Ende des gescheiterten Hochzeitsfestes das »Lied vom Sankt Nimmerleinstag« singt, kreist er wie ein Geier, dem die Beute entronnen ist, um die leergewordenen Bänke mit wundem Spott in der Stimme. Zum Prokuristen des Herrn Shui Ta avanciert, treibt er aus angenehmer Höhe die Arbeiter in den feuchten Fabrikräumen

*rücksichtslos an und reißt die Arme in die Luft zum Zeichen,
daß er nun wieder fliegt. Die Darstellung dauert dreieinhalb
Stunden, man wurde nicht müde, hinzuschauen. Besson
brauchte einen Erfolg. Er hat ihn.*

Doch dieser Erfolg reicht Besson nicht aus. Er plant den
großen Coup ...

ACH, FLÄSCHLEIN, DU MEIN FLÄSCHLEIN!

Eines Tages sagt er zu mir etwas, was mich sofort brennend
interessiert. »Was meinst du, Rolf, ob wir die Volksbühne
noch mal richtig hochkriegen?« Na klar, da bin ich doch dabei!

Zunächst wird das Theater umgebaut. Die Zuschauer
rücken näher an die Bühne. Es wird alles holzvertäfelt, die
Akkustik verbessert. Wir haben als Probebühne zunächst die
Milastraße, ein altes Kino an der Schönhauser Allee.

Benno sagt: »Ich hab da was, das könnte so was wie der
›Diener‹ werden. Hast du Lust?« Und ob! »Molière hat da
ein kleines Stück geschrieben. Es heißt ›Arzt wider Willen‹.
Wollen wir das zusammen übersetzen?« – »Benno, ich bin
doch kein Übersetzer. Und mein Französisch – mon dieu!«
– »Na gut«, sagt er, »dann nehme ich Heiner Müller.«

Auf der Probebühne tun wir uns schwer. Irgendwie lastet
der Rucksack des Erfolgszwanges wie Blei auf uns. Es muß
das große Ding werden! Dann ist endlich die Volksbühne
umgebaut. Und jetzt fängt es an zu blitzen und zu krachen.
Mal küßt er mich. »Das war genial!« Mal pfeift er mich zusammen. »Schluß, Schluß, aus, Probenende!« Es wimmelt von
Wortspielen und Wortwitzen. Die Flasche ist mein wichtig-
stes Requisit. Sie ersetzt mir die ungeliebte Arbeit, vertreibt
mir die Langeweile. Ich handhabe sie virtuos wie ein Jongleur.

> Fängt der Morgen fröhlich an
> trink ich, was ich kriegen kann
> Roten Wein, weißen Wein
> jeder will getrunken sein.
> Meine kleine Hure, du,
> wie ich dich liebe immerzu,

trinke aus dir meinen Wein,
süffig und rein,
Flasche, du,
glu, glu, glu …
lalala …
Ich spiele aus tiefstem Herzen. Das ist meine Rolle.

NEUE ZEIT vom 5. Januar 1971
Besson macht daraus eine triumphale Rückkehr des Hans-
wursts auf das Theater. Mit hohem Kunstverstand betreibt er
Possenreißerei … Allen voran der virtuose Rolf Ludwig als
Sganarelle, grotesk, schnauzbärtig, albern bis zum Exzeß,
hemmungslos närrisch, unterschwellig raffiniert, ein Blödi-
an mit Genie, der mit umwerfendem Geschick in die Arzt-
rolle hineinwächst, aufgeblasen, wichtigtuerisch, salbadernd,
Gelehrtendünkel karikierend, Lumpenkerl und Lebenskünst-
ler, Pechvogel und Glückskind, knüppelschwingend und angst-
schlotternd, tölpelhaft und von sich selbst zutiefst überzeugt.

FRANKFURTER RUNDSCHAU vom 6. Januar 1971
Sganarelle wird zur reinen Lustspielfigur, und so spielt Rolf
Ludwig ihn denn auch: als Harlekin im Flattergewand, als
Clown mit roter Nase, der über seine eigenen Witze lacht.
Kichernd und mit unanständigem Mundgeräusch ahmt er
die Gesten des Klistierens nach, wobei er, komisch lüsterne
Blicke auf die verschiedenen Weibspersonen werfend, freilich
etwas anderes meint.

Und die Besetzung! Carmen-Maja Antoni als Martine, meine
Frau, die es so schwer mit mir hat. »Hätt ich ihn niemals
getroffen, hätt' ihn mein Schoß nicht gekannt!« Neben anderen Klaus Mertens, Angelica Domröse, Armin Mueller-Stahl,
Hans Joachim Hanisch, Harry Hindemith. Und die herrliche, prallbusige Ursula Karusseit als Amme Jacqueline. Regie-
anweisung für mich: »Erotische Appetite beim Greifen nach
der Brust der Amme.«
Commedia dell'arte pur. Die opulenten handbemalten

Kostüme und schwelgerischen Bühnenprospekte stammen vom großartigen Maler Harald Metzkes. Wir sind wandelnde Gemälde.

FRANKFURTER ALLGEMEINE vom 4. Januar 1971
Der Jubel über die auf vollen Schwank-Touren laufenden und mit doppelter Lungenkraft singenden Schauspieler Rolf Ludwig, Carmen-Maja Antoni, Angelica Domröse, Ursula Karusseit ist gewaltig. So ist ein Planziel bereits zu Jahresanfang erreicht: die Bürger des neuen Wohngebiets um den Alexanderplatz ans Theater zu gewöhnen und der riesigen Volksbühne zu Stammgästen zu verhelfen.

Die Berliner müssen nicht »ans Theater gewöhnt« werden. Hier irrt die FAZ gewaltig. Das Berliner Theaterpublikum ist mündig, und durchaus nicht nur auf Jux aus. Und dieser Molière ist eben nicht bloß ein Spaßvogel, sondern auch ein zeitkritischer Satiriker.

BERLINER ZEITUNG vom 5. Januar 1971
Da kommt also Rolf Ludwig als versoffener Holzhacker Sganarelle auf die Bühne getorkelt. Auf dem Kopf hat er eine schwarze Zipfelmütze, seine Backen leuchten rot, ein martialischer schwarzer Faschingsschnurrbart verunziert ihn, weist ihn als Spaßmacher aus ... Manchmal hat er eine spinnrige Größe, die ihn zu einem direkten Verwandten des Eulenspiegel und des Schweyk macht.

ICH SAUF' MICH UM DEN NATIONALPREIS

Mit »Avantgarde«, einem Stück von Valentin Katajew, sollen wir in Leipzig gastieren. Die Regie hatte Fritz Marquardt. Ich spiele den Kommunisten Majorow, eine völlig ernste Rolle. Mein direkter Partner ist Hilmar Thate, der immer gern ein bißchen größer sein wollte.

Die Bühnenarbeiter murren. Die Zeit zum Einrichten ist zu kurz, sie haben ohnehin einen Riesenhaufen Überstunden auf dem Buckel. Sie wollen nicht nachts nach Leipzig fahren.

Ich habe schon immer ein gutes Verhältnis zur Technik gehabt, ohne die läuft eben nischt. Ich erkläre mich mit ihnen solidarisch.

Aber irgendwie – vielleicht durch eine fette Sonderprämie – werden die Bühnenarbeiter, Beleuchter, Techniker dann doch noch »überzeugt«. Wir fahren alle in Bussen gen Süden. Ich habe meinen Flachmann bei mir …

Die Probe für »Avantgarde« soll beginnen. Die Arbeiter – die eigentliche Avantgarde des Sozialismus – grollen. Sie treten in eine Art Bummelstreik. Ich bin schon etwas angeteert, neige umso mehr zur Fraternisierung. »Die Jungs sollen ihr Recht bekommen!« fordere ich lautstark. Egalité … Egal. Ich nehme noch ein paar Schlucke. Dann frage ich einen ortskundigen Leipziger Bühnenarbeiter, wie man das Theater unauffällig verlassen könne. Er zeigt mir den Weg über Gestänge und Leitern … Kein Bühnenpförtner. Ich stehe im Freien. Auf in die nächste Kneipe, dann in die nächste …

Ich lande im Hotel Astoria, schräg gegenüber von dem Kaufhaus Stullenbüchse. Nachmittags, um viere. Das Restaurant ist leer. Nur in einer Ecke sitzen zwei Damen beim Schälchen Heeßen. Wenn ich was intus habe, steigt meine Kontaktfreudigkeit. Ich lasse mich also an ihren Tisch fallen und lade sie zu einem Schnäpschen oder Likörchen ein. Die erkennen mich und sagen nicht Nein.

Dann lasse ich Dampf ab. Ich schimpfe wie ein Rohrspatz auf den Sozialismus und dessen Auswüchse. »Am Arsch können die mich und kreuzweise. Allet Schorf! Keene Ahnung, aber ins Theater rinquatschen!« Die beiden meckern seltsamerweise überhaupt nicht, sie gucken mich nachdenklich an. »Se sind wohl geene Leipzigerinnen?« frage ich. »O doch«, sagt die eine, »ich bin die Kulturreferentin des Oberbürgermeisters! Die Sache wird Folgen haben, Herr Ludwig.« Die andere ist eine Funktionärin beim FDGB.

Dieter Klein, der stellvertretende Intendant, spürt mich im »Astoria« auf, irgendwie schleppt er mich gemeinsam mit einem Kraftfahrer zum Theater. Ich bin blau wie ein Amtmann. Sie pumpen mich mit Pervetin voll, einem Aufputschmittel, und mit einem Liter Kaffee. Ich lalle Harry Hindemith etwas von meiner »Astoria«-Bekanntschaft vor. Der sagt: »Det is der sechste, um den de dich jesoffen hast!« Er meint den Nationalpreis. Recht hat er, und auch nicht. Drei Jahre später geben sie mir den doch – allerdings nur Zweiter Klasse. Strafe muß sein!

Es ist nicht meine stärkste Vorstellung. Ich spiele sehr nachdenklich, betone jedes Wort. Warum soll im Kommunismus immer gebrüllt werden? Meine Stärke liegt heute in den leisen Tönen. Ich mache end- und bedeutungslose Pausen, in denen ich nach dem Text rudere. Schwimmfest. Mir dröhnt der Schädel, wenn Günter Junghans als Signalgast Lawrik rumschreit. Ich extemporiere: »Warum brüllst du so? Ich verstehe dich sehr gut, auch wenn du flüsterst.« Die anderen verzweifeln, sie lauern auf Stichworte … Die Kritik findet die Aufführung hervorragend, nur der Darsteller Rolf Ludwig als Majorow war »etwas sehr leise«.

Ich bekomme den weißichwievielten Verweis. Mir ist es unangenehm, die Kollegen in eine so blöde Situation gebracht zu haben. Im Prinzip aber juckt es mich nicht. Mein Quartal ist mal wieder angebrochen. Das Flaschenteufelchen löst meinen Schutzengel ab …

DER GLÜCKLICHE WILL ICH NICHT SEIN!

Im Dezember 1969 war die Premiere von Alexander Ostrowskis »Wald«. Eine Inszenierung des Regiegespanns Manfred Karge/Matthias Langhoff. Ich übernehme darin von Hilmar Thate die Rolle des Tragöden Gennadi, des Moralisten, der sich an Hamlet, Lear und Karl Moor mißt. Thate ist zurück zum Berliner Ensemble gegangen. Mein Partner ist Hans Teuscher, als Komiker Arkadi, als der Glückliche. Eine Dialektik nach meinem Geschmack, eine Charakterrolle für mich. Das Stück steht noch auf dem Spielplan der Volksbühne, da bekomme ich einen Anruf von Harry Buckwitz, dem Intendanten des Zürcher Schauspielhauses. Karge/Langhoff sollen den »Wald« dort mit Gisela Uhlen als Gutsbesitzerin Raissa Pawlowna in Szene setzen. Protagonist in Zürich ist zu jener Zeit

Hans-Dieter Zeidler. Ich sage zu Buckwitz: »Jederzeit gastiere ich, wenn ich meine Rolle – den Tragöden spielen kann, den Unglücklichen.« – »Nein«, sagt Buckwitz, »für Sie ist der Arkadi vorgesehen.« Ich lehne ab. »Der Glückliche will ich nicht sein!« Buckwitz schluckt. Da sagt einer NEIN zum Zürcher Schauspielhaus. Aber er denkt sich was. Er lädt mich zur Premiere ein, »auf Kosten des Hauses«. Ich soll schon zwei Tage vorher zur Hauptprobe kommen und sehen, was ich da in den Wind geschlagen habe! Mein Chef, Benno Besson, gibt mir Urlaub. »Na, selbstverständlich.« Ich kaufe für Buckwitz als Geschenk so ein paar Berliner Keramiktöppe mit Zille-Motiven. Was soll man aus Ostberlin nach Zürich sonst mitnehmen? Und dann fliege ich in die Schweiz.

»Gehen Sie rauf zur Kasse, und sagen Sie einfach nur Ihren Namen«, empfängt man mich. »Sie wohnen im Hotel dort unten am See.« Und dann erhalte ich einen Haufen Schwyzer Fränkli. Auch im Hotel war alles vorbereitet. »Herr Ludwig aus Berlin? Zimmer 18, im ersten Stock.« Und auf einem Kärtchen, das ich mitbekomme, steht der Zimmerpreis. Oi! Der ist aber hoch. Sofort erwacht meine schlummernde kriminelle Energie, ein rotes Lämpchen geht an. Das hatte ich doch schon mal? Ich steige runter zur Rezeption. »Ich möchte den Geschäftsführer sprechen.« – »Wir haben nur einen Herren Direktor.« – »Umso besser.« Der kommt und fragt: »Oh, haben Sie eine Beschwerde?« – »Ja«, sage ich. »Ich komme aus Ostberlin, Sie wissen, die Sache mit der Mauer, wo der Wind drüber weht. Ihr Zimmer hier ist phantastisch – nur ziemlich teuer! Das ist sehr schade, denn ich werde hier sowieso kaum zum Schlafen kommen. Können wir nicht folgendes machen: Sie rufen, sagen wir mal, das Hospiz an, bestellen mir dort ein Zimmer. Herrn Buckwitz müssen wir das ja nicht mitteilen. Und dann zahlen Sie mir den Preis für Ihr – wirklich wunderbares – Zimmer mit Seeblick aus. Selbstverständlich sollen Sie davon auch einen Gewinn haben.« Er tut es! Ich habe plötzlich viel Geld in der Tasche. Valuta!

Ich gehe zur Hauptprobe und bin total beruhigt. Der Zeidler ist nicht besonders gut. Er stellt sich aus, kommt auf die

Bühne und posiert wie ein Pfau. Seht her! Hier bin ich! Euer Hans-Dieter! Nee, nee, das ist dieses Scheiß-Protagonisten-Theater. Ein guter Schauspieler soll kein Plakat vor sich hertragen, wo drauf steht: »Ich bin gut!« Er soll gut spielen. Der kluge Zuschauer mag diese Eitelkeiten nicht. Der gibt keinen Vorschuß. Der will gewonnen werden, erobert. Ich hab den Eindruck, der Zeidler versteht meinen Gennadi gar nicht, diesen Gebrochenen, Erniedrigten, der sich dennoch das edlere Menschsein bewahrt …

Ich bummele durch Zürich. Zwei Tage Urlaub auf Kosten des Schauspielhauses. Ich bin ein Glückspilz. Als erstes schaue ich mir die Glasmalereien von Chagall in der Kirche an. Nachmittags fällt das Licht durch die Fenster, Wahnsinnsfarben! Dann pilgere ich in die Altstadt. Eine Kneipe an der anderen, Bordelle.

Ich gehe wie Blindekuh einfach in ein Glasbiergeschäft hinein. Dunkles Holz. Ein Rondell. Barhocker mit Rückenlehnen. Ich setze mich an einen Tisch, bestelle eine Tulpe. Das Bier zischt. Schräg rüber sitzt in der Ecke eine »Zürcher Zeitung«, das heißt, hinter dem Blatt muß ein Mann stecken, denn unter der Tischplatte sieht man Hosenbeine und Schuhe. Der Zeitungsmann bestellt einen Kaffee. Ich denke, mich rührt der Schlag, erstarre. Diese Stimme! Das kann nicht sein! Dann senkt sich die Zeitung. Er ist es tatsächlich. René Deltgen. Mein Jugendschwarm. Der Draufgänger aus »Kautschuk« und dem »Kongo-Expreß«. »Die drei Codonas« und »Der Tiger von Eschnapur«!

Ich glaube, ich werd verrückt. Der sitzt an meinem Nebentisch. Er hat einen ganz weißen Bart. Ich bestelle noch ein Bier und glotze den richtig unverschämt an, so, wie ich es mir verbitten würde. Aber ich bin von den Socken. Dann halte ich es doch nicht aus, gehe rüber zu ihm, es sprudelt aus mir heraus: »Entschuldigen Sie, Herr Deltgen. Aber ich muß Sie ansprechen. Mein Name ist Ludwig, ich bin Schauspieler an der Volksbühne in Berlin, in Ostberlin. Sie waren das Ideal meiner Jugend, als ich noch Pimpf war in Dresden. Erinnern Sie sich? Für den Film ›Das große Spiel‹ haben Sie im Ostra-

Gehege gespielt, mit Heinz Engelmann im Tor. Und es mußte dauernd unterbrochen werden, damit Sie auch mal den Ball kriegten. Sie haben dann ein wunderbares Tor geschossen.« – Deltgen sagt: »So setzen Sie sich doch. Trinken Sie'n Bier?« – »Sie müssen mir keines spendieren.« – »Ich will Sie aber einladen.« Und dann reden wir noch eine gute Stunde. Er hat eine Lesung in Zürich, lädt mich ein. Ich pfeife auf die Zürcher »Wald«-Premiere.

Am nächsten Tag sitze ich im »Pfau«. Ich kenne die Restauration aus Erzählungen von Wolfgang Heinz, Wolfgang Langhoff und Leonhard Steckel, es war sozusagen ihr Exil.

Die Tür geht auf, herein kommt meine Schauspierlerkollegin Renate Richter. Ich sage: »Was is'n nu los?« – »Na, der Manfred inszeniert doch hier ›Sezuan‹«. Manfred Wekwerth ist ihr Ehemann. »Was? Wo?« – »Na, auf der Bühler Höhe oben! Komm zur Probe mit.« Natürlich mache ich das, mir liegt der Flieger Sun noch schwer im Magen. Auf der Bühler Höhe lege ich einen Blumenstrauß auf das Grab vom Georg Büchner, wirklich ein richtiges kleines Hundegrab.

Wekwerth probt mit Helmut Lohner die Rolle des Fliegers. Ich schleiche mich ganz leise rein. Aber Lohner unterbricht sofort ungehalten. »Moment, wer ist denn da?« Ich sage: »Der Rolf, der Flieger aus Berlin.« – »Der Ludwig?« – »Ja, der Ludwig.« – »Dann probe ich nicht weiter. Das belastet mich nervlich. Aber da wir gerade die Weltmeisterschaft im Skilauf haben, mache ich eine Sportreportage.« Und dann legt der los. »Der Schranzl-Karl liegt vorn, der Schranzl-Karl hat die Goldmedaille. Gold! Gold! Gold!« Wir biegen uns vor Lachen. Für heute ist die Probe zu Ende. So lerne ich Lohner kennen, und es entwickelt sich eine jahrelange Bekanntschaft. Wir laufen uns immer wieder mal über den Weg. Er gastiert Mitte der Achtziger mit einem Arthur-Schnitzler-Stück und dem Wiener Burgtheater bei uns im Deutschen, ich sehe ihn ab 1990 jedes Jahr zu den Salzburger Festpielen im »König Ludwig«, einem Hotel neben dem Bauernhof der Pferdezüchter-Familie Ziller, wo ich Logis nehme. Dann trinken wir einige Maß und philosophieren. »Rolf, wenn i dir sog, i sogs dir, wenn wir Alten die Sach nicht in die Händ' nehmen, geht dös Theata kaputt.« – »Wieso?« – »Die Jungen können's net, können's net. Die hob'ns net. I sehs doch. Unbegabt bis in die Fingerspitzen. Wir müssen dös Theata rettn.« Und dann retten wir es bis zum frühen Morgen.

DAS GEBET IN OSLO

Mit einem Bert-Brecht-Programm gastieren wir in Skandinavien. Oslo, Helsinki, Stockholm – eine Tournee. Angelica Domröse, Hildegard Alex, Werner Tietze, Günter Junghans und ich.Wir sind einschlägig vorgewarnt und gut ausgerüstet. Noch auf dem Flughafen haben wir unsere Vorräte ergänzt. Wodka, Korn, Weinbrand.

Zunächst also Oslo. Wir wohnen im Christlichen Hospiz, aus ökonomischen – keineswegs ideellen – Gründen sind die »Kulturbotschafter« des Sozialismus im westlichen Ausland vornehmlich in christlichen Beherbergungsstätten untergebracht. Henry Krtschil, unser musikalischer Begleiter, schnappt sich seinen Schlüssel und verschwindet. Auch Junghans schleppt seinen Koffer aufs Zimmer. Ich denke nach. Was wird sein? Wir werden auftreten, dann noch mit norwegischen Kollegen beieinandersitzen, 'ne Kleinigkeit trinken und dann vielleicht stinkbesoffen – Nein, ich muß prophylaktisch wirken. Ich setze eine Leichenrednermiene auf und sage also zu dem Bruder an der Rezeption: »Ich habe noch eine Bitte.« – »Ja?« – »Ich möchte in Ihrem Haus gern beten.« – »Aber naturligtvis.« Sie haben einen kleinen Gebetsverschlag mit einem winzigen Altar und einer brennenden Kerze. Ich ziehe den Vorhang zu. Wie lange dauert ein Gebet? Zu beichten habe ich ja noch nichts. Ich komme wieder heraus. »Ich danke Ihnen, guter Mann.« Das hat der sich natürlich sofort gemerkt. Wahrscheinlich bin ich der erste Deutsche, der diesen Raum in Anspruch genommen hat.

Der Brecht-Abend wird ein toller Erfolg. Norwegische Kollegen feiern mit uns, naturligtvis. Wir haben ein bißchen »Stoff« mitgebracht, die auch, obwohl es mit dem Alkohol in Norwegen sehr kompliziert ist. Zauberhafte Frauen sitzen neben uns, mit langen blonden Haaren, lauter Liv Ullmanns und Wenke Myhres. Gegen vier Uhr früh sind unsere Zungen schwer, die Gläser leer. Wir ziehen mit den Norwegerinnen Richtung Hospiz. Ich habe noch zwei Flaschen im Koffer. Krtschil sagt: »Wir kommen nicht an dem Zerberus vorbei. Bis hierher und nicht weiter.« – »Moment, Moment«, entgegne ich. »Das geht seinen Gang! Ich spreche mal mit dem Mann an der Rezeption, und ihr schleicht vorbei. Nehmt die Köppe runter!«

Der Mann vom Nachmittag ist noch im Dienst. Ich falte schon mal die Hände. »Es war ein wunderbarer Abend«, sage ich. »Beten Sie mit mir?« Nun kann der ja schlecht sagen: »Nej!« Er begleitet mich in das Kabuff, derweil eilen meine Kollegen und die Mädels vorbei. Ich erzähl dem Portier noch etwas von Berlin und äußere bloß noch den Wunsch, meinen gottlosen Freunden oben den christlichen Glauben etwas näher zu bringen.

Dann schwebe ich die Treppe hoch, und der Mann guckt freundlich hinterher.

Am nächsten Morgen verpenne ich, gründlich. Wir aber müssen weiter nach Helsinki. Das Telefon klingelt. Junghans alarmiert mich: »Wo bleibst du denn!? Wir fahren ab!« Ach, du Heiliger. An der Wand hängt ein Kreuz. Ich werfe meine Klamotten in den Koffer, springe in die Sachen, flitze in den Speisesaal. Ich muß doch was essen. Die Alex sagt: »Bist du verrückt, du kannst doch jetzt nicht noch frühstücken!« Der Kaffee kommt. Ich will ja nur einen kleinen Schluck, da tippt mir ein Finger auf die Schulter. Es ist der Portier. »Sie haben vergessen zu beten.« Er führt mich in die Kammer. Wir falten die Hände. Ich murmele etwas Unverständliches. Der stellt eine Orgel an. Ich schlage ein Kreuz. Dann renne ich einfach weg. »Beten Sie für mich!« Ich springe in den Bus, der schon anrollt. »Deinetwegen versäumen wir noch das Flugzeug«, sagt Junghans. Ich erwidere gefaßt: »Amen!«

DIE VERLOBTE

Herbert Jhering produziert bei der volkseigenen Firma Amiga eine Schallplatte mit Tilla Durieux. Die große Dame des Schauspiels, bürgerlich Ottilie Godefrey, die schon 1903 bei Max Reinhardt debutierte! Es ist für mich schon eine hohe

Die »Verlobte« Tilla Durieux, 1966

Ehre – nicht bloß dahingesagt – auf der Rille sozusagen den »Moderator« zu machen. Damals nannte man es noch Gesprächspartner. Eine Vorbesprechung findet im Berliner Künstlerclub MÖWE statt. Die Durieux ist 86 Jahre alt, sehr charmant, quicklebendig, witzig und durstig. Letzteres bin ich ebenfalls. Zwischen uns funkt die Sympathie auf den ersten Blick. Nach vielerlei Schnurren und viel Sekt erklärt sie mich zu ihrem Verlobten. »Ich war schon mehrmals verheiratet«, sagt sie, »aber verlobt war ich noch nie.« Das will sie nun endlich nachhholen, und mich hat sie erwählt. Ich bin ihre Kragenweite. Jhering ist der Zeuge der Zeremonie. Wir haben einen weiteren Grund zum Trinken, einen Grund zum Weitertrinken. Besiegelt wird der Verlobungsakt auf einem Foto meiner Braut. Ich genieße fortan Sonderrechte: Ich darf – sooft sie in Berlin spielt, zum Beispiel am Hebbel- oder Schloßpark-Theater – ihre Garderobe aufsuchen, was sie jedem anderen versagt. Der Altersunterschied von über vierzig Jahren tut unserer wahren Liebe keinen Abbruch. Einen Verlobungsring schenke ich ihr nicht. Leider. Vielleicht hätte sie sich mit dem Durieux-Ring revanchiert, der ähnlich dem Iffland-Ring für außerordentliche Leistungen an eine Schauspielerin verliehen wird. Dafür wäre ich doch gern in meine erste »Rock-Rolle« gestiegen.

ICH BIN KEIN VERFÜHRER!

Liebesszenen sind mir ein Greuel. Bettszenen verursachen mir Alpdrücken. Egon Günther schickt mir ein Filmdrehbuch. Es trägt den Titel »Der Dritte«. Dieser Dritte ist Kollege Hrdlitschka. Ich kann es aussprechen: Hrr-dll-itsch-ka. Die Fabel ist einfach, meine Rolle wortkarg. Das gefällt mir. Aber da ist dieser Kuß im Wald. Nee, ich bin kein Schmuser, bisher bin ich um Filmküsse weitestgehend herumgekommen. Aber dort im Gesträuch muß es sein. Meine Partnerin ist Jutta Hoffmann, hübsch, jung, kumpelhaft-sympathisch. Wieso tue ich mich mit dem Kuß so schwer?

Hrdlitschka ist ein Durchschnittsmensch, geschieden, Wochenendbergsteiger. Ausgerechnet ihn pickt sich diese Margit Fließer, herangewachsen im Diakonissinnenheim, konvertiert zur FDJ, zwei Väter für zwei Kinder und schließlich Mathematikerin, aus der Menge der Männer heraus. Hrdlitschka weiß nicht, wie ihm geschieht, er wird gekapert. Das liegt mir.

Ich tippe auf die rechte Seite des Drehbuches, dorthin, wo der Text steht und sage zu Günther: »Laß uns da bitte recht viel improvisieren!« Und er sagt Ja. Das Ding spielt sich weg. Nur diesen blöden Kuß unterm Baum, den bringe ich nicht. Später auf der Kinoleinwand sieht die Szene aus wie eine Einstellung aus 'nem UFA-Film. Jutta verdreht die Augen, ich knicke die Dame an – und schon wirkt es überzogen. Da küßt einer, der mal im Film gesehen hat, wie einer küßt. Nee, ich lerne es nicht …

… Mit Renate Richter habe ich später in der »Unheiligen Sophia«, einem Fernsehfilm, sogar eine Szene im Bett. Schon am Morgen vor den Dreharbeiten wache ich angstschweißgebadet auf: Ich muß mit der in die Federn! Eine Strapaze. Sie sagt: »Stell dich nicht so an!« Ich bin linkisch, eckig, für meine Begriffe lächerlich …

Im »Dritten« finden wir einen Dreh, um die Sache zu entschärfen und von meiner Ungeschicklichkeit in puncto Schäferstündchen abzulenken. Es biegt nämlich ein Geher um die Ecke, so ein arschwackelnder Leistungssportler, dem ich mich in ausladendem Hüftschwung anschließen kann. Wir lachen uns kaputt. Der Kuß ist vergessen.

Meine Zurückhaltung, die mir im Drehbuch vorgeschrieben ist, teilt das weibliche Kinopublikum in zwei Hälften. Die einen sagen: farblos, nichtssagend, Trottel. Die anderen: Gott sei Dank, kein Schönling, kein Draufgänger. Der »Dritte« bewegt die Gemüter. Wir schreiben 1972, und es ist auch in der DDR beileibe nicht selbstverständlich, daß sich die Frau emanzipiert ihren Lebenspartner erobert.

JUNGFER, SIE GEFÄLLT MIR!

So ist das immer. Bist du mit einem Film im Gespräch, kommen sofort neue Angebote. Schneeballeffekt. Günter Reisch, ein DEFA-Regisseur, ruft an. »Ich werde Kleists ›Zerbrochenen Krug‹ verfilmen. Du sollst den Adam spielen.« – »Was?!« Ich denke sofort an Emil Jannings. – »Nein, ich will weg von dem Klischee vom Dicken mit der Glatze. Machste das nun oder was?«

– »Na klar!« Ich lese das Stück noch einmal, mache mir Gedanken, welche Figur der Dorfrichter mit mir werden kann. Es vergehen zwei, drei Wochen. Das Telefon klingelt. Reisch druckst herum. Ich frage ahnungsvoll: »Die haben das Drehbuch nicht abgenommen, was? Wieder so ’ne Scheiße? Darfste nicht drehen? Mensch, und ich hab mich gefreut wie ein Kind!« – »Nein, nein«, sagt er. »Da ist was anderes. Hast du gehört, daß der Kieling in die DDR übergewechselt ist?« – »Ach was, der Wolfgang Kieling?« Ich habe keine Nachrichten gehört. Mir fällt unsere erste Begegnung in der Volksbühnen-Kantine ein, als der Gipsgolem seine Frau Gisela Uhlen vom »Tollen Tag« abgeholt hatte. Nur Augen und Mund. »Würdest du dem Kieling den Dorfrichter Adam überlassen? Du spielst dann den Licht, den Schreiber.« Ich schlucke. Was soll ich sagen? Kieling ist ein grandioser Schauspieler, ein Plus für diesen Film, fürs DEFA-Renomee. Ohne Zweifel. »Gut«, sage ich schweren Herzens. »Immerhin wird der Licht ja beim Happyend Nachfolger des Dorfrichters. Vielleicht kann ich dann in der Fortsetzung groß rauskommen«, flachse ich etwas bitter. Günter Reisch ist enorm erleichtert, die Sache ist ihm unangenehm. »Wo ist denn der Kieling jetzt?« frage ich. – »Er wohnt im Johannishof.« – »Gut, dann übergebe ich ihm sozusagen selbst den Adam.«

Ich bändige meine Mähne, trug damals so eine Sturmtolle, wechsle das Hemd, fahre am späten Nachmittag zur Friedrichstraße. Die Dame am Empfang des Hotels sagt arrogant: »Sie brauchen gar nicht weiterzureden, Herr Ludwig. Der Herr Kieling will niemand empfangen.« – »Moment«, sage ich. »Sie rufen ihn jetzt an und sagen, Rolf Ludwig möchte Herrn Kieling mal ohne Gips sehen. Es ist nicht unwichtig für uns beide.« Ein paar Minuten später klopfe ich an die Tür im ersten Stock. »Herein!« Es ist irgendwie gespenstisch. Die Vorhänge sind zugezogen. Kieling lagert, mit einem seidenen Morgenmantel bekleidet, in einem Sessel am Tischchen. Auf dem steht eine Riesenschüssel mit Sonnenblumenkernen, deren Schalen er fast mechanisch abpult. Während unseres ganzen Gesprächs fummeln seine Finger unentwegt in den

201

Kernen herum, kaut er und spuckt auch schon mal eine schwarze Schale aus. Die Stimme schleppt, die Augen sind starr. Wie abwesend. Steht der unter Drogen? »Wolfgang, der Reisch hat mich angerufen. Hat er dir das schon gesagt?« – »Ja, hat er. Das ist doll von dir, Rolf.« – »Quatsch, du bist einfach besser. Du mußt ihn spielen. Ich mach den Licht und setze mich seitenverkehrt aufs Pferd. Okay?« – »Freut mich, freut mich«, sagt er in einer Tour. Der ist auf einem anderen Planeten …

Ich lasse mir einen Termin beim DEFA-Chef Professor Wilkening geben. »Es geht darum: Ich hatte mich sehr gefreut, den Adam spielen zu dürfen.« – »Aber Sie sind doch zurückgetreten? – »Ja, ja, deshalb bin ich hier. Ich hätte gern dieselbe Gage wie Herr Kieling.« Ich denke, der Wilkening kippt vom Stuhl, er ist ganz entgeistert. »Aber, aber …« Dann nickt er entwaffnet. »In Ordnung.« Da war ich innerhalb von fünf Minuten hochgerutscht, fast verdoppelt das Geld. Höchstgage.

Das Strohdach für meine Hütte in Stoben ist finanziert.

Die Dreharbeiten finden in und bei Görlitz statt. Wir wohnen in einem Hotel, sind am Abend angereist. Kielings Zimmer ist neben dem meinen, wir wollen was essen und natürlich auch was trinken. Er hat prima Laune, summt einen Titel, der gerade ungeheuer Mode ist: »Mein Herz macht babadabadam …« In dem Moment kommt Monika Gabriel, die »Jungfer«, also die weibliche Hauptrolle, auf dem Gang vorbei. Sie gucken sich an. Wolfgang bleibt das »Dabadabadam« im Hals stecken … Es ist passiert, es hat geklickt. Wie im Film. Ich spüre es sofort. Das war der erste Blick.

Am nächsten Morgen öffne ich meine Zimmertür ziemlich früh, um zur Maske zu gehen. Da macht es »Au!« Ich habe der Monika die Klinke in den Rücken gestoßen, sie kommt gerade aus Kielings Hotelzimmer und lächelt ein bißchen verlegen. Ich entschuldige mich. Wir bleiben ein paar Wochen in Görlitz. Monika geht jetzt auch am hellichten Tage in Kielings Zimmer ein und aus.

Es ist herrliches Wetter. Ilse und Andreas sind gekommen.

Der Junge reitet mit mir hoch zu Roß, interessiert sich für die Filmtechnik. Es ist alles aufregend für ihn. Meine Frau hört mir den Text ab. Wir tummeln uns mit dem Drehstab irgendwo vor der Stadt. Wiesen, weite Felder. Das Korn reift. Ein alter VW-Käfer kommt angeknattert, ihm entsteigt Armin Mueller-Stahl, Minchen. Da wird mir blitzartig klar, was ich bisher gar nicht bedacht habe. Minchen lebt ja mit der Gabriel zusammen! Nun hat er die traurige Rolle des Don Quichotte, und er fordert den Wolfgang Kieling, nee, nicht auf Pistolen, sondern zu einem klärenden Gespräch in der Drehpause. Wir sitzen alle am Feldrain. Hinter den wogenden Kornhalmen bewegen sich die Oberkörper von Minchen, der später ein Hollywood-Star sein wird und es noch nicht ahnt, und dem im Westen schon so populären Kieling. Gegen die Liebe führt kein Weg nach Conacry. Armin steigt wieder in seinen Käfer und fährt ab. Ich bin traurig, so richtig hab ich Trennungen nie verstanden. Die Gabriel hat übrigens bis zu Kielings Tod zu ihm gehalten, ist seine vertrauteste Freundin geblieben, auch nachdem sie längst richterlich geschieden waren.

OTHELLO –
SCHNEEWEISSCHEN UND RABENSCHWARZ

Ich weiß gar nicht, weshalb ich jetzt auf »Othello« komme? Spielzeit 1972/73. Der Besetzungsplan hängt aus. Regie führt wieder das Duo Karge/Langhoff. Ich reibe mir die Augen. Da steht wirklich: Othello – Rolf Ludwig. Sind die verrückt geworden?! Desdemona – Katharina Thalbach. Die ist doch noch ein halbes Kind. Ich bin 47. Ich bin doch kein Kinderschänder! Was haben die sich dabei gedacht?

Natürlich haben Karge und Langhoff eine Regiekonzeption. Für sie ist der Othello, Shakespeares General in Diensten Venedigs, eine Art häßlicher Vogel, ein Fremdkörper, der als Farbiger in die heile Welt der Weißen einbricht. Und sie besetzen die Rolle mit mir, weil sie mir die Beweglichkeit dieses Tieres zutrauen, nicht etwa, weil ich mal Jagdflieger war. Ich bin total verkleidet, zugenäht – alles schwarz. Eine Mütze mit Federn, schwarze Lederhandschuhe, schwarzes Kostüm und – das Allerschlimmste! – eine schwarze Vollmaske aus Leder. Es sind ein paar Löcher für die Augen, den Mund hineingeschnitten. Man hat mich meines Gesichts beraubt! Wie soll ich da spielen, ohne Mimik!? Dazu die Desdemona, zart, ganz in Weiß. Schneeweißchen und Rabenschwarz. Ein neues Märchen. Ich bin nicht glücklich.

Bei der Generalprobe überschreie ich mich. Mein Hals ist zu, kein Ton kommt raus. In der Charité verpassen sie mir eine Spritze in den Schlund ...

Da entsinne ich mich eines Pferdekur-Mittels, das mir in einer ähnlichen Situation mal sehr geholfen hat. Damals war ich nach einer Vorstellung am Schiffbauerdamm-Theater fürchterlich in der »Kleinen Melodie« versackt, kam weit nach Mitternacht zu Hause an. Mein Nachsuff-Gewissen schlug ausnahmsweise schon verfrüht. Ich dachte also, wirste Ilse-Pit nicht verärgern mit deinem Alkoholdunst, ging ins Bad, um mich frisch zu machen. Zähne geputzt, noch ein paar Tropfen Mundwasser, schön gegurgelt – da zerriß es mir fast den Rachen!! Ich röhrte wie ein feuerspeiender Drache. Dem Ersticken nah! Auf dem Etikett des Fläschchens stand: Pitralon. Das war ein exzellentes Rasierwasser zum scharfen Nachwaschen. VEB Bitterfeld oder so. Für das Beste am Mann! Ich soff Wasser nach wie eine Kuh, hatte gar nicht gewußt, daß ich so eine Menge nichtalkoholischer Flüssigkeit überhaupt runterkriege.

Aus meinem Mund roch es jetzt herb und duftig männlich, aber kein Ton kam mehr heraus. Mit Ilse verständigte ich mich per Zettel. Ich schwieg, konnte nichts Hochprozentiges trinken. Herrliche Tage für meine Frau. Professor Schulz van Treek von der Charité ist begeistert, nicht von der Sache mit dem Pitralon, nein, ich habe eine wunderbare, lehrbuchreife Nasenscheidenverengung oder so was. Er wetzt schon die Messer, so etwas Feines zum Operieren. »Haben Sie denn überhaupt jemals durch die Nase atmen können?« fragt er erstaunt. »Ja, ich habe bisher eigentlich geatmet«, schreibe ich wahrheitsgemäß auf. Theaterspielen kann ich vorerst nicht.

Sie schicken mich zur Kur nach Elend in den Harz. Und eben da finde ich mein Allheilmittel – Schierker Feuerstein. Nach einer halben Flasche finde ich meine Sprache wieder.

Bei »Othello« greife ich auf diese Medizin zurück. Es klappt auch mit Mampe. Wir spielen die Premiere. Ich fühle mich nicht wohl in meiner Haut, aber das Publikum ist nicht mal unwirsch. Sie werfen auch nicht mit Tomaten, keine Buh-Rufe. Ich atme ein bißchen auf. Das Schreckliche kommt erst danach. In der Kantine brüllt mein bester Freund Dieter Franke mich an: »Bist du wahnsinnig! Du Arschloch! Haste nich soviel Selbstkritik, um zu wissen – so wat kannste nich spielen!? Du Pfeife! Lude! Goldoni kannste, Molière, von mir aus ooch die Russen – aber doch nich Shakespeare! Schäm dich! Wenn de det noch weiter machst, kündige ick dir die Freundschaft.« Das ist hart. Ich gehe in mich.

Katharina Thalbach rettet mich aus der Bredouille. Sie kriegt ein Kind. Bis in den achten Monat hinein spielt sie noch mit. Wenn ich mich zum Schluß der allbekannten Mordszene über sie beuge, muß ich mich abstützen. Zwischen den Zähnen zische ich: »Gehts so oder tuts weh?« – »Ja, es jeht«, zischt sie zurück. Und dann bringe ich sie um, dieses großäugige, schauspielerisch begnadete Mädchen, das inzwischen eine gefragte Regisseurin geworden ist. Fast zwanzig Jahre später aber steht sie bei den Filmfestspielen in Berlin wieder vor mir – die blutjunge Desdemona von 1972. Ist so was möglich? Es ist Anna, Katharinas Tochter, über die ich trotz meiner rasenden Eifersucht auf der Bühne schützend meine Hand gehalten habe. Der Mohr von Venedig hat seine Schuldigkeit getan ...

MOHAMMED ALI,
MEIN AFGHANE UND KATHARINA

Ilse hatte mich echt überrascht, im ersten Augenblick wußte ich nicht, ob es eine freudige Botschaft war oder nicht. Immerhin ging ich stramm auf die Fuffzig zu, sie war auch nicht gerade im gebärfreudigsten Alter mehr – nun aber schwanger. Im Grunde hatte sie ja recht. Das Tanzen war vorbei. Der

Junge schon vierzehn. Ich gewöhnte mich an den Gedanken, nochmal Vater zu werden.

März 1974. Die Nacht der Nächte. Mohammed Ali boxt. Der Kampf ist für drei oder vier Uhr nachts europäischer Zeit angesetzt. Ich habe mir den Wecker gestellt und Bier in den Kühlschrank geladen. Um zwei Uhr weckt mich Ilse: »Du, es ist soweit!« Ich gucke auf die Uhr, will mich wieder umdrehen. »Fängt doch erst um dreie an!« Dann fahre ich blitzschnell hoch, fliege in die Sachen. Mir bricht der Schweiß aus. So war es bei Andreas auch. »Stütz dich ab«, sage ich wie zu einer Schwerkranken. »Daß du bloß nicht hinfällst.« Ich rase mit dem Wartburg über den Leninplatz, obwohl das Krankenhaus Friedrichshain bloß zehn Minuten zu Fuß entfernt liegt.

In der Klinik nehmen sie mir meine Frau ab, ja, ich habe das Gefühl, sie wird mir weggenommen. Die Glastür klappt zu, und ich stehe da wie eine Nappsülze, wie Otto Flasche. Ich trolle mich. Achso, natürlich, beinahe habe ich vergessen, daß im Auto noch Kucki lauert, unser schwarzer Afghane. Der muß bestimmt mal für Hunde, also werde ich mit ihm noch einen kleinen Spaziergang durch den Park machen. Wir laufen also nachts um halb drei über dunkle Wege. Urplötzlich reißt sich Kucki los, die Kette ist durch, ich hab bloß noch die obere Leine in der Hand. Kucki ist ein kräftiger Bursche.

Ich laufe also schreiend, bläkend, pfeifend durch den Hain. Ein Volkspolizist kommt. »Was brüllen Sie hier nachts herum?« – »Entschuldigen Sie vielmals, ich muß brüllen. Ich habe meinen Hund verloren. Haben Sie vielleicht einen Schatten ...« Der guckt komisch. »Ich meine, haben Sie irgendwo 'n schwarzen Schatten gesehen, der hat nämlich schwarzes Fell und ist unheimlich schnell. Ein Windhund sozusagen, Herr Oberwachtmeister.« Ich habe den Mann rasch befördert, damit er die Ernsthaftigkeit des Hundelosrisses erfaßt. Der Polizist hat natürlich nichts gesehen, wahrscheinlich hat er wieder Parksünder aufgeschrieben – also Falschparker, nicht Leute, die im Park sündigen. Die sind im März sowieso seltener. Der Wachtmeister ermahnt mich, nächtlich nicht die

Ruhe zu stören und entfernt sich. Ich bleibe zurück und bin gespalten. Zwei Seelen wohnen, ach, in meiner ... Kucki, der schwarze Afghane, und Ali, der schwarze Boxer. Soll ich suchen oder sehen?

Ali siegt in dieser Runde. Ich eile im Laufschritt über den Leninplatz, jetzt Platz der Vereinten Nationen, rin in den Fahrstuhl, ran an den Kühlschrank, dann an den Fernseher. Gott sei Dank, es hat noch nicht angefangen. Mohammed Ali macht noch immer seine grimmigen Drohgebärden, womit er die ganze Welt einschüchtert. Erste Runde. Zweite Runde ... Der Kampf dauert noch länger. Aber ich stehe zwischendurch immer wieder auf dem Balkon. Ich habe Kucki seinem Schicksal überlassen! Ich bin ein Rabenherrchen! Ich gucke. Auf dem Platz steht einsam Goliath Lenin, von dem wir alle gelernt, gelernt und nochmals gelernt und nischt begriffen haben, diese Riesenplastik, dieser Klopper. Aber was ist das? Ein schwarzer Fleck bewegt sich über die Kreuzung, immer an den Ampeln, so, wie wir immer die Fahrbahn überqueren. Kucki! Mein Kucki!

Die nächste Runde mit Ali beginnt. Ach, scheiß drauf. Mein Kucki! Rin in den Fahrstuhl. Vor der Haustür sitzt er, fix und fertig, dem Infarkt nahe. Und er guckt mich an, wie eben nur ein Hund gucken kann. Er hat ein schlechtes Gewissen. Er hat mich gesucht, ich habe auch ein schlechtes Gewissen. Er schleppt sich mit letzter Kraft in die Wohnung, schläft gleich im Korridor ein.

Das Telefon klingelt. Das Kind ist da! 27. März. Welttheatertag! Sie sagen mir nicht, ob Junge oder Mädchen. Ich soll am nächsten Vormittag kommen. Meine Frau hat mich gebeten. »Rolf, wie auch immer, was es auch immer wird. Trink nicht.« So was kann ich doch nicht versprechen. Geraderüber ist ein Café. Dort frühstücke ich, trinke ein Bier und ein, zwei Schnäpse ...

»Hast ja doch!« empfängt mich Ilse mit diesem bekannten Zitronenmund. »Nur 'n paar auf det Kleene.« Es ist ein Mädchen. Katharina. Die große Katharina, eine Kurtisane. Stark soll sie werden, klug, gewitzt. Darauf wird man ja wohl noch einen heben dürfen. Ich erzähle Ilse von Kucki und Ali. Sie muß erst lachen, wird dann aber nachdenklich. Wir vergleichen die Zeiten. Kucki muß sich wirklich in dem Moment losgerissen haben, als das Kind geboren wurde. Wir sind den Weg gelaufen, der an der Geburtsklinik von Professor Mosler entlangführt. Hat Kucki Ilses Schrei gehört oder den ersten von Katharina?

Wir sind in Sorge. Katharina spricht nicht. Ich erzähle ihr abends selbst erfundene Gute-Nacht-Geschichten vom Affen Bimbo und der Kuh Emma. Sie merkt sich alles, tippt bei Fragen auf die entsprechenden Zeichnungen im Bilderbuch. Aber sie sagt nichts. Dann endlich – sie ist schon fast drei Jahre alt – sagt Katharina ihr erstes Wort. Wir sind im Tierpark vor dem Gehege der Affen, und unsere Kleine sagt: »Bimbo.«

WIE ICH MICH WEGOPTIMIERTE

»Horizonte« heißt das Stück des Arbeiterdichters, der hieß Wunderlich oder so. Es geht über meinen Horizont. Ich verstehe nicht im Geringsten, was ich da spielen soll, warum Benno Besson an diesem Ding einen Narren gefressen hat. Unentwegt wird laut Text irgendetwas »wegoptimiert« – der Wald und die Bäume, einige Menschen. Und das nicht etwa satirisch, sondern todernst.

Nach einigen Proben habe ich es satt, gründlich. Außerdem ist mein Quartal mal wieder um, ich will trinken. Ich merke es, habe Appetit. Ich sage zu Benno: »Ich hab jetzt die Schnauze voll.« – »Kannst du nicht abstrakt denken!?« – »*Nein*, ich kann nicht abstrakt denken, ich bin ein Volksschüler. Und überhaupt könnt ihr mich am Arsch lecken, ich optimiere mich jetzt weg – und zwar in die Kantine! Dort kann man gern mit mir reden, aber um Himmelswillen nicht mehr über dieses Stück!« Und weg bin ich. Es kommt keiner, um mit mir zu reden. Sie proben weiter. Ich gieße mich voll, systematisch. Die letzte Zeit hat mir nach meinem Empfinden keine echte Rolle mehr gebracht. Karge und Langhoff inszenierten Heiner Müllers »Die Schlacht. Szenen aus

Deutschland«. Da spiele ich irgendein Rad an einem Traktor, ich fühle mich wie das fünfte. SS-Mann Nummer Zwo und der Mann in der »Kleinbürgerhochzeit«.

»Hör auf zu schrein,
Denk an den Führer: lieber tot als rot.
Das Schönste im Leben ist der Heldentod.
Gleich bist du hinüber. Ich komme nach.
Mein Führer. Er ist es. Mir werden die Knie schwach.
Wo ist mein Revolver. – Ich weiß, wie ichs mach.
Wo ein Ende war, wird ein Anfang sein.
Der Starke ist am mächtigsten allein.«

Nee, ich bin nicht zufrieden mit den Rollen. Ich hab mich eingetrunken. Der Wirt schreibt an. Noch'n Bier. Allmählich wird die Welt wieder rosiger, ich vergesse alles – auch den Leutnant Ekdal, als der ich abends in Ibsens »Wildente« auf der Bühne stehen muß. Ich vergesse überhaupt die ganze »Wildente«, die ganze Volksbühne. Inzwischen rollen die Kollegen für die Vorstellung an, sie trinken noch'n Kaffee, beobachten mich. Einer muß wohl den Regisseuren Bescheid gesagt haben. Manfred Karge erscheint, hinter ihm sein langer Schatten, der Matthias Langhoff. Sie nehmen mich in Augenschein, und beiden hängt sich der Unterkiefer aus. Sie drehen sich wortlos um und entschwinden.

Um neunzehn Uhr soll die »Wildente« losfliegen. Kurz vor sechs kommt Dieter Klein, der Verwaltungsdirektor, der Parteimann in der Theaterleitung, dem Besson aber treu ergeben. Ein ruhiger, besonnener Mensch. Ich kann ihn eigentlich ganz gut leiden. Seine kleinen Augen, die wie bei Raubtieren ganz dicht beieinanderstehen, ziehen sich noch mehr zusammen, und er sagt nur ganz leise: »Du spielst heute nicht.« Er kann das bestimmen, er hat Abendregie. Seine Verantwortung. »Ho,ho«, bäume ich mich auf. »Das willst du mir sagen? Du? Ick werde doch wohl so'nen ollen Mann in der ›Wildente‹ noch geben dürfen!« – »Nein, du spielst heute nicht.« – »Ick warne dich.« Und auch zu den anderen Kollegen, die den Dialog gespannt verfolgen. »Ihr hört es. Ich erkläre mich bereit, die Vorstellung zu spielen. Ich gehe sowieso am Stock, auf den kann ich mich stützen. Den Text von Ibsen habe ich tadellos drauf.« Dann kommen Karge und Langhoff zurück. »Rolf, du spielst nicht!« – »Na gut«, sage ich, »dann jeh ick jetzt nach Hause!« Ich stehe auf.

Natürlich gehe ich nicht. Ich schleiche mich durch den Keller, da ist so eine Art Kanal für die Heizung, ein besonderer Gang. Von dort gelangt man ins Foyer, direkt zum Kassenraum. Und noch zwanzig Minuten bis zum Vorstellungsbeginn. Die Halle ist gut gefüllt. Das brauche ich jetzt – Publikum. »Meine Damen und Herren!« setze ich an. »Hier spricht zu Ihnen ein Schauspieler der Volksbühne, der heute abend den Großvater in der ›Wildente‹ spielen will. Aber man läßt ihn nicht. Die Leitung des Hauses hat befunden, ich sei nicht fähig zu artikulieren. Sie erleben, wie gut ich es kann.« Einige Leute lachen, wollen klatschen. Sie denken, es gehört schon zur Aufführung. Möglich ist ja alles, wo zu jener Zeit schon Mode ist, Romeo und Julia auf dem Damenklo oder Hamlet in einer Stanzerei zu spielen. Ich fahre giftig fort: »Geben Sie Ihre Karten zurück. Sie werden keinen schönen Abend haben, wenn – wie ich erfuhr – der Kollege Straßburger meine Rolle einliest. Das ist doch nicht Ibsen, ich gebe als Großvater der Sache doch erst den letzten Schliff, Pep und Drive, wenn Sie verstehen.« Jetzt lachen die wirklich, manche gucken irritiert. Dann führt man mich weg. Ich hätte wohl noch stundenlang weitergeredet, wahrscheinlich neue Mitglieder für die von mir gegründete Schelmenpartei gewonnen, die bisher nur aus mir und den Brüdern Langhoff besteht. Doch man »optimiert« mich in ein Taxi, ich leiste nur noch unerheblichen Widerstand, denn mein nächstes Ziel ist klar: Niquet-Klause, zum Eulenspiegelstammtisch …

Nicht nur ich bin voll, auch das Maß ist es. Dreizehn strenge Verweise habe ich hinter mir, ein paar Geldstrafen – alles wegen des Teufels Alkohol. Die Volksbühne und ich scheiden voneinander, im gegenseitigen Einvernehmen mit einem Aufhebungsvertrag. Ich bin frei – aber nicht froh.

LILLI IN WEIMAR

Egon Günther will »Lotte in Weimar« verfilmen. Wie will er in diesen fast handlungslosen Roman Thomas Manns eine Fabel hineinbringen? »Spielst du mir den Kellner Mager?« fragt er mich. Ich witzele: »Wenn du den Theo Lingen nicht als Diener kriegst, wer sollte denn sonst einen dienstbaren Geist spielen als ich?« Günther sagt: »Den Lingen hab ich nicht, aber meine Lotte wird die Lilli Palmer.« – »Ja, ja«, grinse ich, »und den Goethe spielt Paul Newman.« – »Nee, im Ernst, die Palmer hat zugesagt, was heißt zugesagt, sie hat sich beworben.« Ich falle fast vom Stuhl. Ich werde an der Seite dieses Hollywoodstars spielen, dieser intelligenten, charmanten, bewundernswerten Frau?! …

In Babelsberg richtet man für den Weltstar die Garderobe her. Üblicherweise haben die Kabäuschen gerade Platz für einen Schminktisch, ein schmales Spind, ein Sofa und ein Eckchen mit einem Waschbecken. Für die Palmer werden drei Garderoben zusammengelegt, man baut ein komplettes Bad ein; dazu ein Arbeitszimmer mit einer Liege und einen Schminkraum. Ich klopfe, sie bittet mich herein, sitzt gerade über einem Manuskript. Es sind ihre Lebenserinnerungen »Dicke Lilli, gutes Kind«, die sie ins Deutsche übersetzt.

»Mein Name ist Rolf Ludwig.« – »Wie heißen Sie?« – »Rolf Ludwig.« – »Rolf? So hieß mein erster Verlobter.« Pause. »Sie spielen also den Mager. Nehmen Sie doch Platz. Sie sind noch recht jung, was?« – »Ja und nein. Sie wird niemand nach Ihrem Alter fragen, Sie sind eine so schöne Frau. Jeder, der Ihnen gegenübersitzt, wird sagen, das ist die Lotte. Ich bin so froh, mit ihnen spielen zu dürfen.« – »Na, na«, sagt sie, »warten Sie's ab. Wir werden uns schon noch kennenlernen.« – »Ich ziehe mich jetzt zurück. Habe meinen ersten Drehtag und einen Haufen Text. Sie müssen ja heute nur etwas mit dem Kopf wackeln, aber ich muß 'ne Menge reden. Ich bin ein schwacher Lerner.« Da lacht sie: »Hauen Sie ab, lernen Sie!«

Dann drehen wir an den Originalschauplätzen in Weimar, Frauenplan, Goethehaus. Wunderbare Kulisse … Ich sitze im Hotel »Elephant« und speise zu Nach-Mittag: Sauerbraten

Als Kellner Mager in »Lotte in Weimar«

mit Thüringer Klößen. Dazu gehört natürlich nicht nur als
Verdauungshilfe ein eisgekühlter Korn, Nordhäuser Doppelkorn.

Den Rest des Tages bin ich drehfrei, fahre weiter Korn ein.
Carlos Thompson, der Ehemann von Lilli Palmer, ein Argen-
tinier, Schauspieler und Buchautor, in Deutschland bekannt
aus dem Kurt-Hoffmann-Film »Das Wirtshaus im Spessart«,

betritt das Restaurant. Er wirkt niedergeschlagen, ernst. »Ich komme gerade vom Ettersberg, aus Buchenwald«, sagt er nachdenklich. »Das hat mich sehr ergriffen, sehr bedrückt.«

Ich verstehe ihn gut, hatte ähnliche Empfindungen beim Besuch dieser KZ-Gedenkstätte. »Darf ich mich zu Ihnen setzen?« – »Aber selbstverständlich. Wenn Sie mögen, wechseln wir das Thema. Ich lade Sie zu einem Nordhäuser Korn ein«, sage ich etwas pietätlos, aber ich will ihn aufmuntern. So trinken wir uns ein, reden über Filme – er spricht perfekt deutsch – und über Churchill, über den er sein jüngstes Buch geschrieben hat. Dann kommt Lilli. Sie ist etwas abgespannt von den Dreharbeiten und leicht ungehalten. »Ludwig, was machen Sie mit meinem Mann!« Sie zeigt auf die Flasche Doppelkorn, die wir inzwischen auf dem Tisch haben. Thompson sagt: »Das ist Nordhäuser, Liebling. So was gibt's nicht mal in Hollywood.« – »Dann will ich auch mal kosten, Carlos.« Sie nimmt ein Schlückchen, noch eins. »Der ist ja prachtvoll!« So kommen noch einige Körner zusammen. Unsere Zungen werden lockerer. Immer wieder sagt sie, daß ich sie an ihren Verlobten Rolf erinnere, ob im Guten oder Schlechten, verschweigt sie diskret. Dann gibt es noch ein paar Anekdoten, die Lilli Palmer gerade in ihrer Autobiographie verarbeitet hat. Ein amüsanter Abend. An einem der Nebentische sitzt Martin Hellberg mit seiner Familie und guckt eifersüchtig zu uns herüber. Was gäbe er darum, mit Lilli Palmer an einem Tisch gesehen zu werden!

Wir werden immer fröhlicher. Die Lotte, sagt die Palmer, hätte sie auch auf den Malediven gespielt, wenn der Roman dort verfilmt worden wäre. So sehr habe sie auf diese Rolle gebrannt. Sie *ist* die Lotte. Doch trotzdem wird der Film keine Personality-Show für die Palmer.

Den Goethe spielt Martin Hellberg. Die »Fanfare«, der Mann mit der Megastimme, der Megaphonstimme. Egon Günther konnte keinen Besseren für diese Rolle finden, es besteht eine frappierende Ähnlichkeit zu dem Dichterfürsten. Sitzt Hellberg morgens in Maske, rätselt man. »Isses noch Hellberg, oder isses Goethe.« Nach mehreren Drehtagen weiß es auch Hellberg selbst nicht mehr. Das ist etwa so wie das Verhältnis zwischen Otto Gebühr und dem Alten Fritz. Eine Superbesetzung auch in den anderen Rollen: Jutta Hoffmann, Monika Lennartz, Katharina Thalbach, Hilmar Baumann als Goethes Sohn August, Norbert Christian. Dieter Mann spielt einen der Sekretäre Goethes, von denen der Geheime Rat ja mehrere verbrauchte. Hellbergs Gattin Trude, eine Wagnerianerin von Figur, die ihren Schauspieler-Mann sehr, sehr ernst nimmt, begleitet ihn auf Schritt und Tritt und trägt immer Buchausgaben von Goethe und Thomas Mann unterm Arm.

Die Kameraleute richten ein, da macht Hellberg plötzlich eine seiner unnachahmlichen Goetheschen Gesten. »Mäuschen«, sagt er entsetzt zu Trude, »meine Augen sind verrutscht.« Der Sekretär Dieter Mann prustet los. Frau Hellberg erklärt mit gesetztem Ernst, daß ihr Gatte Kontaktlinsen trage, Haftschalen. »Wie weit können die denn um Himmelswillen rutschen?« fragt Dieter Mann, ein Grinsen unterdrückend. »Naja«, sagt sie, »ganz schön weit nach außen.« Da sagt Goethes Sekretär völlig unbotmäßig: »Wie gut, da kann der doch innen den Text ablesen!«

Die Dreharbeiten sind ausgesprochen lustig für uns. Es gibt herrliche Reibereien zwischen Egon Günther und Martin Hellberg, weil hier ja zwei Regisseure aufeinandertreffen. Bei solchen Gelegenheiten verzieht sich die Palmer rasch in ihre Garderobe. Sie will sich nicht einmischen, arbeitet sehr diszipliniert, schaut sich intensiv und sehr selbstkritisch die Musterstreifen an, sagt zu mir: »Ludwig, das war gestern sehr gelungen. Sie müssen sich zwischendurch die Muster ansehen, in Amerika geht das gar nicht anders. Man kann sich doch sonst nicht korrigieren.« Ich mag das nicht, kann mich selbst auf der Leinwand nicht beurteilen. Es würde mich nervös machen, so sehe ich den Film frühestens beim Rohschnitt.

DIE UNION vom 13. August 1975
In Egon Günthers diskutierenswerter Adaption von Thomas Manns »Lotte in Weimar« spielte er (Rolf Ludwig – G. St.)

mit nachgerade kabarettistischer Brillanz den sächsischen
Kellner Mager, dem es mit seinem letzten Rollensatz vorbe-
halten bleibt, den Ausruf »Es ist buchenswert!« zum geflü-
gelten Wort für viele Rezensenten dieses anregenden DEFA-
Films werden zu lassen.

EULENSPIEGEL, Nr.33/1975
… Doch zurück nach Weimar, zurück zu Lotte und Goethe,
zu Kellner Mager und Adele Schopenhauer, zurück zu Egon
Günther, dem es gelungen ist, Thomas Mann treu zu bleiben
und Lachsalven im Parkett auszulösen. Ein solches, zudem
unerwartetes Resultat verdient gefeiert zu werden.

Eine weitere Hellberg-Schnurre kann ich mir einfach nicht
verkneifen, was meiner Sympathie für diesen Schauspielbe-
sessenen keinen Abbruch tut. Mit »Lotte« hat sie nur den
Tatort gemeinsam – Weimar. Wieder der »Elephant«, wieder ich beim Nordhäuser. Wieder geht die Tür auf und herein tritt der Vertreter der Bundesrepublik Deutschland in
der Deutschen Demokratischen Republik, Klaus Bölling. Er
schaut sich um, wählt sich einen Tisch, blättert in der Karte.
In einer Nische hilft soeben Martin Hellberg-Goethe seiner
Trude in den Mantel, seine beiden achtjährigen Zwillings-
töchter streben schon dem Ausgang zu. Da erblickt Hellberg den Klaus Bölling. Ach, er würde ja so gern, aber nun
ist er ja schon im Gehen begriffen, kann sich schlecht den
Mantel wieder ausziehen. Er zögert. Dann Vortritt. Er läßt
seiner Frau den Vortritt beim Verlassen des Lokals. Na,
denke ich, da kommt noch was. Ich kenne doch meinen
Hellberg.
   Und richtig. Die Tür öffnet sich wieder, und – trippel-trappel, trippel-trappel – kommen die Zwillinge wieder herein,
sie gehen schnurstracks auf Bölling zu, reichen Zettel hinüber
und bitten um ein Autogramm. Regie: Hellberg. Gleich darauf stürzt die Wagnerianerin herein, sagt vorwurfsvoll zu den
Kindern: »Aber ich hab euch doch gesagt, ihr sollt nicht …!«
Sie entschuldigt sich wortreich beim bundesdeutschen Ver-

treter. »Es sind eben Kinder, Herr Bölling.« In diesem Moment erscheint ER – Goethe! Ein Auftritt! ER schreitet heran, sagt knapp und dröhnend: »Sie gestatten, Hellberg. Sie hier, Herr Bölling? Ich wünsche Ihnen schöne Tage in Weimar.« Bölling ist Diplomat. Er gibt das Autogramm, unterhält sich höflich mit Hellberg, der ihm völlig fremd ist. Nach drei Minuten höre ich schon das Wort »Weltfriedenspreisträger«. Dann geht es um Lotte und Goethe. Und nun das Glück, ihm zu begegnen! ER sagt wirklich knatternd: »Dieses Glück. Das ist zuviel für mich!« Bölling sieht ihn zweifelnd an. Will der ihn veräppeln? Und alles auf einen Meter Entfernung. Es fehlen bloß noch Tränen. Dann läßt sich Hellberg nieder. Bölling ist zum Zuhören verdammt und ergibt sich seinem Schicksal. Schließlich ist der Geheime Rat als Minister im Range höher …

ABER DAS GEFÜHL IST NICHT SCHLECHT …

Ich bin 1976 mein eigener Herr. Statt des Spielplans diktieren nun Aufnahmeleiter von Film und Fernsehen meinen Terminkalender. Ich filme viel. Allmählich nimmt mein Fischerhäuschen in Stoben auf Usedom Gestalt an. Eine Filmgage für das Strohdach, eine für die Fenster, eine für die Garage … Wir sind häufig mit dem Baby an der See.

Mir fehlt das Theater. Da meldet sich Vera Oelschlegel bei meiner Frau zum Tee an. Sie kennen sich von früher, von Gastspielreisen der Staatsoper mit den »Sieben Todsünden der Kleinbürger«. Die Frauen plaudern, dann rückt Vera mit der Sprache heraus. »Weißt du, Rolf, ich will dir eine Rolle anbieten.« Ich habe gehört, daß sie im Palast der Republik so eine kleine Bühne hat, das TiP. Wie sie es geschafft hat, erfuhr ich durch Kollegentratsch. Es gibt ja noch keine Boulevardpresse. Und dann heiratet sie den Konrad Naumann, den Berliner Parteichef, wirklich, was ihr auch nicht mehr Freunde einbringt. »Laß mal hören«, sage ich. »Dürenmatt«, sagt sie. »Ja«, sage ich, »unbesehen.« Sie will den »Meteor« rausbringen. Der Schriftsteller Schwitter war eine Glanzrolle vom Leonhard Steckel in Zürich, ein Video hat sie dabei.

»Meister und Margarita« von Bulgakow, 1986, Rolf Ludwig a.G.
an der Berliner Volksbühne mit Partnerin Cornelia Schmaus

Mit Regisseur Bernhard Wicki bei Dreharbeiten für den Film »Der Weg nach Sansibar«, 1985

»Das Buschgespenst«, Fernsehfilm nach Karl May

Als Beckmann in Wolfgang Borcherts »Draußen vor der Tür«, Film des Deutschen Fernsehfunks 1978

*1995: Hörspiel-
aufnahmen im
Deutschlandradio
mit dem
Schauspielkollegen
Jürgen Holtz*

*Als Darry Berril in O'Caseys
»Ende vom Anfang«
am Wiener Burgtheater,
1991*

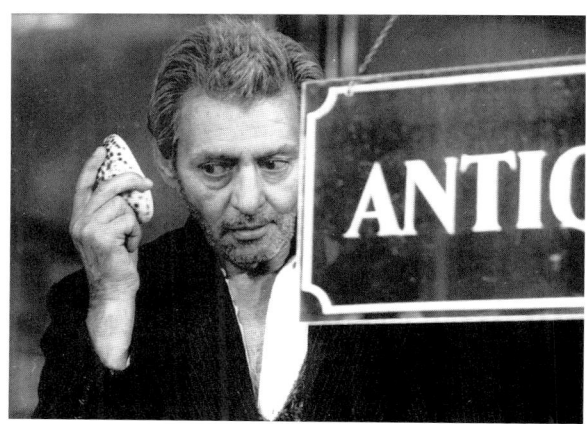

*»Stein«,
eine der
letzten
DEFA-
Produktionen
1990;
Regie:
Egon
Günther*

Der siebzigjährige Rolf Ludwig

Salzburger Festspiele 1990: Rolf Ludwig als Isaak in Grillparzers
»Die Jüdin von Toledo«; Regie: Thomas Langhoff

Angeln am Schmollensee auf Usedom

Auf dem Untersberg bei Salzburg: mit Tochter Katharina und Sohn Andreas im Juli 1991

Stoben – das Refugium

*Rolf Ludwig
und seine zweite
Ehefrau Gisela*

Der 70. Geburtstag von Rolf Ludwig: Feier in Pastor Bartels' Garten neben der Kirche von Benz auf Usedom. Foto unten: Rolf Ludwig und Thomas Langhoff, Intendant des Deutschen Theaters. Foto oben: Unter den Geburtstagsgästen: Dieter Hildebrandt (3.v.r.), Dieter Mann (3.v.l.) und Pfarrer Martin Bartels.

Ich schau es mir an, will es ganz schnell vergessen, denn der ist wirklich umwerfend. Ich bin viel zu jung. Aber es reizt mich enorm.

Ein paar Tage vor der Premiere sagt Vera: »Der Dürrenmatt kommt nach Berlin mit seiner Tochter, er will die Premiere sehen.« Da kriege ich natürlich ungeheures Lampenfieber. Die ersten Sätze sind, wie immer, zu laut, dann finde ich meinen Rhythmus. Es wird ein Riesenerfolg. Nach Schluß schwenkt das Scheinwerferlicht auf Dürrenmatt, der steht, verbeugt sich und zeigt zur Bühne hoch. Premierenfeier. Ich sitze neben dem wortgewaltigen Dramatiker, diesem im wahrsten Sinne des Wortes gewichtigen Mann. Er spricht dieses so melodische Schwyzerdütsch, schenkt mir ein Buch und schreibt hinein: »Dem total, total verrückten Rolf Ludwig.« Wir trinken Rotwein und unterhalten uns – nee, nicht über Literatur , sondern über Frauen, die nach meiner Meinung in seinen Stücken ziemlich schlecht wegkommen. Er sagt zu mir: »Also, mit den Frauen ist es so. Ganz einfach, Ludwig. An und für sich ist die Sache ganz lächerlich, nur das Gefühl – das isch nicht schlecht!«

Ich gastiere dann noch mal am TiP. Thomas Langhoff inszeniert in Co-Produktion mit dem Deutschen Theater dort 1982 Bulgakows »Verschwörung der Heuchler«. Ich spiele diesmal den »Vater« selbst, nicht nur seine Kinder. Ich bin der Molière in seiner Liebesbeziehung zu einem jungen Mädchen. Meine Frau ist Inge Keller, eine Schauspielerin, die ich sehr verehre, für meine Begriffe eine grande dame des deutschen Theaters. Und die von mir inzwischen schon stark vermißten Kollegen vom DT sind auch dabei. Reimar Johannes Baur, Klaus Piontek. Herwart Grosse ist mein Diener, diesmal bin ich der Patron, und er muß mit den Holzpantinen klappern. Nach seinem Tod übernimmt ein hochbegabter junger Schauspieler diese Greisenrolle – Michael Pan. Mit den »Heuchlern« fahren wir nach Wien, erstmals bin ich mit einem noch nicht so renommierten Theater unterwegs.

DIE PRESSE vom 31. Mai 1983
Umgekehrt fanden das Komödiantische und Menschliche ihren Raum und ihre herrlichen Darsteller. Wie Rolf Ludwig als Molière ...
Am stärksten gelangen Langhoff die intimen Szenen: Wenn im Hause Molière Trübsal und Eifersucht, Langmut und Raserei aufkommen, sind »Kasperln« am Werk, die mehr verteidigen als die eigene hübsche Profession.

Im TiP gab es ja keine Guckkastenbühne. Wir spielen wie in einer Arena, rundherum Zuschauer. Das Theater an der Wien bot diese Möglichkeit nicht, da machten wir aus der Not eine Tugend und stellten die gesamte Hinterbühne mit Kerzen voll. Ein Lichtermeer. Wir waren beeindruckt, auch die Zuschauer, die Presse weniger.

WIENER ZEITUNG vom 31. Mai 1983
Rolf Ludwig, ein Molière sogar mit Porträtähnlichkeit hat ebensolches Format wie der souveräne Klaus Piontek (Ludwig XIV.), fabelhaft auch Gerhard Lau (d'Orsini) und Dieter Mann (Erzbischof), ein überragendes Männerquartett, um welches das Theater zu beneiden ist ... Ein wenig seltsam wirkt das Dekor: mit riesigen Kerzenagglomerationen im Hintergrund wird zumeist nur – und das bei großteils zu drei Vierteln geschlossenem »Eisernen« – auf der Vorderbühne gespielt, und fast alle Auf- und Abtritte erfolgen vom Zuschauerraum aus. Obwohl der Szenenwechsel rasch geht, wirkt all das irgendwie unprofessionell.

RIGAER BALSAM HEILT MEINE SEHNSUCHT

Ich brauche das Theaterensemble. Bühnenstaub, Garderobenluft. Ein Angebot des DDR-Fernsehen, in die dortige Schauspielertruppe einzusteigen, lehne ich ab. Ich lese sehnsuchtsvoll alle Premierenberichte der Volksbühne und des Deutschen Theaters. Nach Bessons Weggang ist das Haus am Luxemburgplatz kaum noch der Aufmerksamkeit wert, es geht bergab. Im Deutschen hingegen läuft noch immer der »Drache«. Zigmal umbesetzt. Rolf Hoppe hat abgelehnt: »Ich kopier doch nicht den Ludwig!!!« Peter Aust spielt den »Drachen«. Dann kommt aus Karl-Marx-Stadt ein Kollege Linke, der macht mich nach – grandios, täuschend echt. Die brauchen mich wohl gar nicht mehr?

1976 verweigern die DDR-Behörden dem Liedermacher Wolf Biermann, mit dem ich befreundet bin, die Wiedereinreise. Ausgebürgert. Ich bin empört und unterschreibe einen Protestbrief gegen diese Maßnahme. Noch in der Nacht gegen zwei Uhr sucht mich ein Herr mit Klappkarte auf, er will mich umstimmen. Ich sage: »Hören Sie, wenn ich etwas unterschreibe, dann habe ich mir das auch gründlich durchgelesen.« Wir diskutieren, ich gewinne – glaube ich – nach Punkten, und sie setzen mich trotzdem k.o. Von nun an schweigt das Telefon. Keine Filme mehr, kein Fernsehen. Ich liege total auf Eis. Sie sind bereit, mir den Möbelwagen zu schicken wie anderen auch. Manche Kollegen ziehen gen Westen davon. Ich packe meine Sachen nicht, nun gerade nicht. Aus Daffke!

Ich setze mich in Stoben an den Schmollensee und angle. Meinem Sohn habe ich vor zwei Jahren zur Jugendweihe ein großes Geschenk versprochen. Jetzt ist Zeit, dieses Versprechen einzulösen. Von Heringsdorf buche ich einen Flug nach Schönefeld. Andreas freut sich, und umso mehr, als wir gar nicht nach Berlin hineinfahren, sondern bloß umsteigen – in eine Maschine nach Leningrad. Wir wohnen in einem teuren Hotel, vor dem irgendwo dieser Panzerkreuzer »Aurora« liegt. Dann streifen wir durch die Stadt: Ermitage, der Newski, die Isaakkathedrale, Mittagskanone, mit dem Tragflächenboot zu den witzigen Wasserspielen nach Peterhof, das Maly Theater, in der Oper »Pique Dame«. Grandiose Stimmen. Andreas ist vollgestopft mit Eindrücken und mit diesen berühmten Keksbonbons, diesen Mischkis. Der fällt ins Bett.

Ich hab noch 'n paar Rubelchen übrig und will die rollen lassen, unten im Restaurant. Da stolpere ich nahezu über Gerhard Wolfram, den Intendanten des Deutschen Theaters. Der hat irgendwelche Gespräche an der Newa, und seine Frau, eine Pianistin, begleitet ihn. Sie sieht leicht bläßlich-spitz im Gesicht aus und fühlt sich nicht. Der Magen! Na, da weiß doch der Rolli eine wunderbare Medizin. Schierker Feuerstein ist in Leningrad nicht greifbar, aber Rishski Balsam, Rigaer Balsam. Ein dickflüssiger, schwarzer, klebriger Kräuterlikör, der aussieht wie Teer und auch so ähnlich schmeckt. Als »Arzt wider Willen« erkläre ich also der Frau Wolfram die Wirkungsweise dieser Magentropfen und dosiere großzügig. Es wirkt. Die beiden sind keine geübten Trinker, wir sind ziemlich schnell voll wie die Ritter und Burgfrauen. Mit Mühe erkenne ich noch meinen Sohn.

Am nächsten Morgen brülle ich wie ein Ziegenjunges nach Milch. Andreas führt mich behutsam über eine Newabrücke. Er hat sich gemerkt, wo man Milch verkaufte. Zwei, drei Liter trinke ich hintereinander. Wahnsinn! Der Junge guckt mich seltsam an. Ich erkläre weitschweifig, daß ich Alkohol nicht vertrage, und die Milch absorbiere die alkoholische Gärung, woraus eine Aktivierung der Milchdrüsen entstehe oder so was ähnliches. Andreas tippt sich an die Stirn. »Blau warste!« sagt er. Erst am nächsten Tag sind die Wolframs wieder lebendig. Am Hotelbufett sagt er zu mir: »Wir machen einen Vertrag. Du mußt wieder ans Deutsche!«

Da bin ich wieder und übernehme sofort den »Drachen«. Die gewohnte Garderobenluft. Bühnenstaub. Manche Kollegen sagen: »Schön, daß du wieder da bist.« Manche sagen nichts. Kabale und Liebe. Wenn man am Theater keine Feinde hat, dann ist es kein richtiges Theater!

SOLANGE ICH NOCH VERNEHMLICH BESTELLEN KANN …

Das nächste halbe Dutzend Jahre bringt mir eine Vielzahl unterschiedlicher Rollen, extrem unterschiedlich. Ich bin der Kommissar Sportsmann in Dario Fo's »Zufälliger Tod eines Anarchisten« mit Otto Mellies, der Jutta Wachowiak und Reimar Johannes Baur als Verrücktem. Dieter Manns erste Inszenierung. Zu einer der Proben kommt der Autor selbst. Es hält ihn nicht im Klappsessel, er springt zu uns auf die Bühne und spielt eine Szene vor, da merken wir, daß er nicht nur ein glänzender Komödienschreiber ist, sondern auch ein wunderbarer Schauspieler. Eine herrliche Klamotte. Was konnten die Leute da lachen! Fast zehn Jahre läuft das Stück.

Dazu immer wieder meine Borchert-Abende.

WOCHENPOST, Nr. 30/1985
Ganz auf sich gestellt, ohne Maske, seine Spiellust vergessend, offenbart sich der Mensch Rolf Ludwig, wenn er sich im Wolfgang-Borchert-Abend zum Sprecher seiner Generation macht, Auskunft gibt über eine im Krieg mißbrauchte Jugend als Mahnung und Warnung, daß sich ein solches nie wiederholt.

Drei Tschechow-Einakter.

BERLINER ZEITUNG vom 27. Juli 1985
1979 hatte Ludwig im Deutschen Theater eine Sternstunde, als er zusammen mit Peter Reusse Einakter von Tschechow spielte. Im »Schwanengesang« war er der alt gewordene Komiker, der fürchtet, »sein Gesicht verloren zu haben«, das er 45 Jahre lang »in dieses schwarze Loch« Publikum geworfen hat. Um vor dem Souffleur zu zeigen, was noch in ihm steckt, spielt er nochmals Szenen aus »Othello«, »Lear«, »Godunow«.

Der Octavio in »Die Piccolomini«. Regie: Friedo Solter. Eine Mammutaufführung. Ich spiele es nicht besonders gern. Aber ich finde schon toll, daß wir an einem Abend die gesamte Wallenstein-Trilogie spielen. Dann der Riesenjux: Ein Volksliederabend. Ich singe »Es blies ein Jäger wohl in sein Horn«. Es macht uns Spaß. Schlag auf Schlag. Der Tubal im »Kaufmann von Venedig«.

Dann 1985 »Der Blaue Boll«. Als Gast inszeniert Rolf Winkelgrund vom Maxim-Gorki-Theater. Das ist die Entdeckung Barlachs als Dramatiker. Das Schwierige ist, daß ich trocken bleiben muß, um so besoffen zu sein, wie es die Rolle vorschreibt. Eine herrliche Trinkerszene, in der alle wegbrechen und ich allein eisern dastehe, um noch eine Flasche Rotspon zu verlangen. »Solange ich vernehmlich bestellen kann, wird nich uffjehört!«

DER MORGEN vom 27. Juli 1985
Im »Blauen Boll« von Ernst Barlach spielt Ludwig den Guts-
besitzer Prunkhorst. Mit weiten Gebärden, mit einer den
ganzen Raum füllenden trunkenen Großartigkeit, dazu aber
mit hintersinnigem Witz, plötzlicher Stille und Gefaßtheit,
die wieder zu berserkerhaftem Temperament ausbrechen,
gestaltet er einen Prall-Lebenslustigen, der sich mit sinnlicher
Gier ins Dasein förmlich hineinkrallt. Was Ludwig auch spielt,
ob im Volksliederabend oder in seinem Tschechowprogramm,
immer triumphiert eine Gescheitheit, die um Wirkungen weiß
und Wirkungen glänzend beherrscht.

SONNTAG, Nr. 35/1985
Rolf Winkelgrund holt die Geschichte vom Blauen Boll, der
scheinbar so sicher und breitbeinig im Leben steht, und durch
die Begegnung mit der verrückten Grete aus der Bahn oder
besser: auf die Bahn gebracht wird, mit sicherer Hand aus
dem Nebel allzu wütiger Spintisiererei … Rolf Ludwig als
Vetter Prunkhorst mit großer, alkoholbeschwingter Attitüde,
der Feind jeder »Veränderung«.

Bei einem Gastspiel mit dem »Blauen Boll« in Bochum sieht mich Andrea Breth, jetzt Chefin der der Schaubühne Berlin. Vorher war sie am Wiener Burgtheater und erinnert sich 1990 nach dem Mauerfall meiner Darstellung des Otto Prunkhorst. Wir treffen uns in Berlin, und sie schlägt mir vor, im »Ende vom Anfang« von Sean O'Casey zu gastieren. Ich spiele den Derry Barell. Ich bin nicht gut, obwohl mich mal wieder alle loben. Nur Bruno Ganz sagt: »Weißte, in dem Stück, das ewige ›Mensch!‹, das ist so abwertend. Das machste nicht gut.« Standing ovations in Wien, aber ich bin nicht zufrieden. Im »Blauen Boll« aber fühle ich mich wohl, hier lebe ich mich aus und nehme das Kritikerlob voll an.

WOCHENPOST, Nr. 30/1985
In Ernst Barlachs »Der blaue Boll« fand ich den Komödian-
ten wieder, und doch ist Rolf Ludwig hier ein anderer. Ver-
letzlich in seiner euphorischen Weinseligkeit, großspurig, wenn
er auf Kosten seines Vetters das Teuerste bestellt, und verun-
sichert, wenn er die Ehe der Bolls retten will, an der Boll-Gat-
tin vorbeiredet, schwadroniert und jongliert, sich schließlich
seinem eigenen, zukunftslosen Schicksal überläßt.

ILSE

Drei Tage vor dem Weihnachtsfest 1981 feiern wir Silber-
hochzeit. Ilse-Pit und ich. Sie hat's nicht leicht mit mir, sie
hat ein so ganz anderes Sentiment. Wie oft wartet sie nachts
auf mich, ist enttäuscht, wenn ich wieder gesoffen habe. Sie
stellt die Ballettschuhe vor ihre Tür oben im Atelier, wenn sie
mit mir nichts zu tun haben will. Manchmal stehen sie tagelang dort. Dann wieder sind wir glücklich in Stoben, am
Strand. Unser Zusammenleben ist wie das Meer, mal ganz
ruhig, mal kräuselts sich, mal gibt's haushohe Wellen.

Aber an eine Trennung denken wir nie.

Wir gehen zum 25. Ehejubiläum ganz feudal essen, dann
kommt Weihnachten mit fettem Braten. Irgendwie muß ihr
das alles auf den Magen geschlagen sein, sie hat auf nichts
Appetit. Ilse tut das mit einer Handbewegung ab, ist ja hart
im Nehmen. Beim Tanzen hat sie ihre blutenden Zehen auch
»weggesteckt« und weiter zäh trainiert, in dem härtesten
Beruf der Welt. Jetzt kümmert sie sich um Katharina, nimmt
Klavierunterricht, liest viel, schon fast krankhaft viel, besonders Thomas Mann. Immer wieder den »Zauberberg«. Ahnt
sie etwas?

Die Phasen der Appetitlosigkeit werden häufiger, viel geges-
sen hat sie nie. Nun will sie Knäckebrot. Das gibt's natürlich
gerade nicht, man muß danach rumrennen. Ende 1984 bricht
die Krankheit aus. Nach einer Routineuntersuchung bekommt
sie eine Karte vom Gesundheitsamt. »Bitte sofort melden!«
Eine Freundin von uns ist Ärztin, sie nimmt Ilse in ihre Obhut:
das Untersuchungsergebnis ist wie ein schwerer Keulenschlag.

Bauchspeicheldrüsenkrebs. In der Charité wird sie operiert. Es ist zu spät. Der Arzt sagt zu mir: »Ihre Frau wird bald sterben.« Die Metastasen haben sich schon in ihrem Körper verbreitet. Die ärztliche Kunst ist am Ende. Sie geben ihr noch ein halbes Jahr, vielleicht auch etwas länger. Ich kann es nicht fassen.

Ilse redet sich eine Gelbsucht ein, ich bestärke sie. Sie soll nicht an Krebs glauben. Immer häufiger liegt sie im Krankenhaus, auch in der Frauenklinik im Friedrichshain. Der Professor Mosler sagt zu mir: »Treiben Sie Pampelmusen auf. Ihre Frau braucht Vitamine.« Die erste Bekannte, die mir nach diesem Gespräch über den Weg läuft, ist die Schriftstellerin Monika Maron, Tochter vom ehemaligen Innenminister, die mal unsere Nachbarin in Pankow war. Ihr erzähle ich das von den Pampelmusen. Am nächsten Tag steht Monika vor meiner Tür mit einem ganzen Sack voller gelber Früchte. Sie hat sie wohl in Wandlitz besorgt. So kriegen auch noch die anderen Kranken von der Frauenstation etwas ab.

Im Deutschen Theater proben wir unter der Regie von Kurt Böwe das Programm »Berliner Lieder«. Ich singe am Vormittag den Gassenhauer vom »Zickenschulze aus Bernau«, der sich die vierte Frau genommen hat, und sitze am Nachmittag an Ilses Bett. Es ist schwer, jetzt Komödiant zu sein, geht nur mit ungeheurer Disziplin. Silvester ist Premiere. Die Leute klatschen sich die Finger wund, lachen immer wieder. »Ach, war det da jemütlich, ha'm wir uns amüsiert ...« Mir ist zum Heulen. Bloß nicht an Ilse denken! »Wenn sich Zickenschulze wieda scheiden läßt, Kindakins, denn jibt's noch mal so'n schönet Fest!« Endlich ist die Vorstellung vorbei. Die Kollegen schminken sich ab, die Premierenfeier wird für sie gleichzeitig der Rutsch ins Neue Jahr. 1986.

Ilse liegt schon unter Morphium. Nein, sie hat keine Schmerzen, aber es ist unerträglich, dieses einstige Energiebündel, diese früher so bildschöne Frau, diese starke Persönlichkeit dahinsiechen zu sehen. Der Tod am 6. Januar ist eine Erlösung für sie ...

Für mich beginnt eine Hölle. Wie eine Maschine drehe ich

den Karl-May-Film »Das Buschgespenst« ab, ich funktioniere. Katharina ist erst zwölf. Wie soll ich sie erziehen, für sie da sein? In meinem Beruf? Ich sitze in einer Fünf-Zimmer-Wohnung, gucke mir die Wände an, alles erinnert an Ilse. Ich kriege Schuldgefühle. Habe ich die Zeit unseres Zusammenlebens überhaupt richtig genutzt? Habe ich ihr zuviel Sorgen bereitet mit meiner Sauferei, mit dem quirligen Leben? Hat

Das Ensemble des Berliner Liederabends (1986) am Deutschen Theater mit den Schauspielern (v.l.n.r.) Kurt Böwe, Günter Sonnenberg (†), Elsa Grube-Deister, Jutta Wachowiak, Rolf Ludwig, Reimar Johannes Baur und den Musikern

das ihre Krankheit beschleunigt? Ich verfalle in tiefe Depressionen, schaffe mir eine totale Abschottung von der Außenwelt.

Andreas, mein Sohn, hat inzwischen geheiratet. Er nimmt Katharina zu sich, bis sie achtzehn wird. Ich tausche meine Wohnung gegen zwei im Nikolaiviertel. Eine bekommt Andreas, ich ziehe wieder in ein Atelier mit Treppe zum oberen

Raum. Da drinnen hocke ich auf dem Sofa, gucke mir im Fernsehen Fußballspiele an und ernähre mich fast ausschließlich von Eis. Ich rauche fünfzig Zigaretten am Tag, trinke keinen Tropfen Alkohol. Im Theater spiele ich mechanisch meine Vorstellungen, den Juden in »Transit Europa«, den Orgelspieler in »Die echten Sedemunds«, den Mr. Mulleady in »Die Geisel«.

Als Gast habe ich in der Spielzeit 1986/1987 die Titelrolle von Bulgakows »Meister und Margarita« an der Volksbühne übernommen. Heinz Czechowski hat eine Bühnenversion geschrieben. Es ist ein ernster Stoff, ein nachdenklicher, in grotesken Verfremdungen, finsteren Phantasien aus einer zerrissenen Zeit im nachrevolutionären Moskau ...

ABGESCHOTTET

Die Thematik kommt meiner Selbstisolation entgegen. Ich spreche mit niemandem von den Kollegen, nach einer Weile will auch kaum jemand von den Kollegen mehr mit mir sprechen. Ich bin nur noch ein Wesen, ein unsoziales.

Volker Ludwig, der Sohn meines väterlichen Freundes Eckart Hachfeld, meines »Elimar«, und Chef des Berliner Grips Theaters, dem ich in all den Jahren nun wieder so ein Freund geworden bin, kümmert sich rührend um mich. Er sagt: »Du mußt zum Psychologen, zum Neurologen, Rolf. Du kannst so nicht leben.« Und er hat Geduld, kommt immer wieder, auch wenn ich ihn rausekele. Er ist der zweite, den ich als echten und sehr nahen Freund, erwähnen möchte. Eigentlich heißt er auch Eckart Hachfeld, wegen der Namensgleichheit mit seinem Vater hat er sich das Pseudonym zugelegt, dessen Gleichheit mit meinem Namen wiederum nicht ohne Bedeutung ist. Aber er schafft es auch nicht, mich auf die Ledercouch eines Irrenarztes bringen, nicht mit Sanftheit, nicht mit Härte.

Ich sitze weiter allein in meiner Stube, monatelang, jahrelang. Lese nichts, kaufe mechanisch irgendwas ein. Die Umzugskisten stehen unausgepackt herum, die Regale sind ohne Bücher. Ich will wohl durch den freiwilligen Alkoholentzug für irgendetwas Abbitte leisten an Ilse, an Katharina, an Andreas oder wasweißich. Andererseits schlaucht mich der Entzug auch. Ich verloddere, putze keine Schuhe mehr, wasche meine Klamotten nicht. Katharina kommt häufig vorbei. Ihre Anwesenheit dulde ich. Sonntags gehe ich zur Familie meines Sohnes hinüber, sie kochen für mich. Ich esse kaum etwas. Immer nur Eis. Pfundweise. 1986 geht vorüber. 1987. Zeitweise denke ich: »Das hat doch alles gar keinen Sinn!« Wo ist mein Schutzengel? Bin ich noch das Sonntagskind, der Diener zweier Herren, der Drache, der Sganarelle, der miserable Othello? Es ist mir gleich. Mein Herz ist kalt. Wozu noch leben? Ja, auch daran denke ich. Gott sei Dank bin ich zu feige für eine Überdosis Schlaftabletten.

Die Wende 1989 zieht an mir vorrüber, ich nehme die Bilder vom Fall der Mauer ohne Erregung zur Kenntnis. »Na und?« Was geht es mich an, was da draußen geschieht? Jubelnde Leute ziehen an der Rathausstraße unter meinem Balkon vorbei in Richtung Brandenburger Tor. Freiheit? Ich werde nicht frei von meinen Bedrückungen, bin eingekapselt in ein Schneckenhaus.

DER TREPPENSTURZ INS LEBEN

Eines Nachts wache ich mal wieder aus schweren Alpträumen, habe Durst. Ich taumle schlaftrunken die Treppe zur Küche hinunter, verfehle eine Stufe und fliege krachend hinunter, schlage mit dem Gesicht auf einem Absatz auf, blute wie ein abgestochenes Schwein. Ein Bein hat sich in dem Geländer verhakelt. Der rote Fleck auf den Stufen wird immer größer. Ich liege eine Weile auf dem Fußboden, dann krauche ich die Treppe hinauf, schleppe mich zu meiner Liege und schlafe ein … Der Mann, der mich am nächsten Morgen aus dem Spiegel im Bad ansieht, bin ich nicht. Er hat ein völlig verschwollenes Gesicht, Platzwunden an der Stirn, ein gebrochenes Nasenbein. Quasimodo. Ich kann nicht gerade stehen, die Rippen sind angeknackst. Was ist heute auf dem Spielplan? »Die Geisel« von Brendan Behan. Da bin ich drin. Ich muß die Vorstellung absagen, schießt es mir durch den

Kopf. Ich will gerade den Hörer abnehmen, da läutet das Telefon.

Es ist Thomas Langhoff, mein Intendant. Ich sage gleich: »Ich bin die Treppe runtergeflogen. Ich sehe aus wie …« Langhoff unterbricht mich, er hat nicht zugehört: »Du hör mal, heute abend, das ist ganz besonders wichtig. Der Peymann vom Burgtheater sitzt drinne. Also, ganz wichtig!« Ich sage nichts mehr.

Ich spiele die Vorstellung, den Mr. Mulleady, den Referendar. Kaum zu beschreiben, wie ich mich auf der Bühne bewege, gekrümmt, gebogen, um die Rippen zu schonen. Die Maskenbildnerin hat sich alle Mühe gegeben, mein Gesicht ist total deformiert. Die Nase hängt schief. Sämtliche Mimik ist hinter Schwellungen verborgen … Langhoff kommt in die Garderobe und sagt: »Peymann hat dich gelobt. Er meinte, er habe noch nie einen Schauspieler gesehen, der eine so extreme Körperhaltung so lange durchziehen kann. Du warst wirklich gut.« Dann guckt er mich an und fragt: »Wie siehst du denn eigentlich aus? Ist was passiert?« Da muß ich sogar ein bißchen lachen.

Ich schleiche nach Hause, kühle meine Wunden, und betrachte mein Spiegelbild genauer. Fast vier Jahre sind seit Ilses Tod vergangen. »Wann hast du eigentlich das letzte Bier getrunken?« blitzt es mir urplötzlich durch den Kopf. Und irgendwie läßt mich der Gedanke nicht mehr los. Am nächsten Abend bin ich spielfrei. Da ziehe ich mir ein sauberes Hemd an, und gehe runter durch die Gäßchen im Nikolaiviertel.

Ich fange im »Paddenwirt« an, ziehe dann zu »Mutter Hoppe« um. Das Bier zischt, mein Hirn wird pflaumenweich. Ich schlafe traumlos, und am nächsten Morgen beginne ich, die Umzugskisten auszupacken – zuerst die Schallplatten. Ich wundere mich – ich ertrage wieder eine halbe Stunde Klassik. Ich hab mich am eigenen Schopf aus dem zähen Sumpf der Depressionen gezogen. Ich bin ein Komödiant.

Im Januar 1990 sitze ich mal wieder bei »Mutter Hoppe«. Am Nebentisch feiert eine fröhliche Gesellschaft, da höre ich unverfälschten Mutterlaut. Meine Elbe! Eine quirlige, blonde Frau führt das Wort, sie ist fröhlich, lacht laut und sächselt ungeniert. Sie lädt mich ein, an dem Spaß der Runde teilzuhaben. Gisela Meuschke, gebürtige Dresdenerin, Jahrgang 47, gelernte Verkäuferin für Herrenoberbekleidung, lange Jahre Programmgestalterin am Palast der Republik und anderen Kulturstätten, eine Tochter … Sie ist geschieden, hat ihren zweiten Mann vor einigen Jahren durch einen Unfall verloren. Sie sagt: »Ich weiß genau, wie einem bei solchem Verlust zumute ist. Daß ein Mensch lange trauern muß, bevor er sich wieder zutraut zu leben, sich zu binden.« Aber das erfahre ich von ihr erst in den folgenden Monaten. An jenem Januarabend bezaubert mich vor allem die Fröhlichkeit Giselas, nach meinem Eremitendasein eine Botschaft aus einer anderen Welt …

Im Juli 1990, an meinem 65. Geburtstag, heiraten Gisela und ich im Schloß Mirabelle in Salzburg. Wir sind ein buntes Hochzeits-Völkchen. Die Leute schütteln ihre Köpfe. Der Regieassistent mimt einen verrückten überseeischen Fotografen, scheucht uns vor der Kamera hin und her, bis der Standesbeamte bestimmt: »Der Amerikaner kommt nicht in den Saal!«

Trauzeugen sind Ulrich Mühe und Thomas Langhoff, Brautjungfern die Schauspielerinnen Anne Bennent und Susanne Lothar. Die beiden spielen in Franz Grillparzers Stück »Die Jüdin von Toledo« meine Töchter, ich bin der Jude Isaak. Es ist unter Langhoffs Regie eine Aufführung anläßlich der Salzburger Festspiele. Charles Brauer ist noch dabei, Uwe Bohm, Sybille Canonica als Eleonore von England. Zwei Jahre wird das Stück zu den Festspielen erfolgreich laufen, 1993 kommt dann auch noch der »Coriolan« hinzu. Drei Jahre gastiere ich also in Salzburg. Vorerst aber stecken wir noch mitten in den Proben für die »Jüdin«. Thomas Langhoff hat einen überaus großzügigen Tag. Er sagt nach der Hochzeitszeremonie zu mir: »Du hast heute probenfrei!«

Gewöhnlich wohnen wir in einer kleinen Wohnung auf dem Bauernhof der Familie Ziller in der Moosstraße. Für heute aber habe ich im benachbarten »König Ludwig«, einem Gourmet-Gasthof, eine Suite bestellt. Am nächsten Morgen reisen Hochzeitsgäste an, aus Berlin unsere Freunde Claus Schulz, der ehemalige Meistertänzer der Staatsoper, und sein Lebensgefährte Theo Korte. Und zu unserer Überraschung kommen auch Dieter Hildebrandt und seine Frau Renate Küster aus München herüber. Den Kabarettisten kenne ich näher, seit ich mal – noch vor dem Mauerfall – in Westberlin beim SFB zur Aufzeichnung des »Scheibenwischers« war. Da gaben sie mir einen Paß, damit ich meine Zähne reparieren lassen konnte. Eine Westberliner Dentistin hatte nämlich anläßlich irgendeiner Party mein Gebiß bemängelt und ihre Dienste angeboten. Ich hockte also ganz außerhalb des Kameraschusses, damit ich nicht noch mal in einem Abendschaubericht auftauchte. So ein Blödsinn hatte mir Jahre zuvor Ärger mit der Staatsmacht und ein Verbot für die Mitwirkung am Film »Momo« eingebracht. Anschließend landeten Hildebrandt und ich in seinem Hotel, ich bekam ein Zimmer. Da lernte ich den Frankfurter Kabarettisten Mathias Belz vom Fronttheater kennen. Wir schwatzten bis in den Morgen, und ich weiß nur noch einen Vierzeiler aus dieser Nacht:

> Partisan und Parmesan,
> wo sind sie geblieben.
> Parmesan und Partisan,
> alles ist zerrieben.

Seither halten Dieter und ich Freundschaft und treffen uns, so oft er in Berlin ist – und ich keine Vorstellung oder Drehtermine habe …

Der erste Ehemorgen also in Salzburg, mit Sektfrühstück in herrlichstem Sonnenschein. Über unseren Köpfen knattern kleine Cesnas vom nahen Flugplatz über die Alpen fort in Richtung Innsbruck. Meine Seele ist weit. Ich habe alles. Gute Freunde, azurblauen Himmel, interessante Rollen, gutes Bier, Flugzeuge und – meine Gisela. Was soll mir passieren? Wir ahnen nichts … Ich bin glücklich.

ICH MACHE 'NE FLIEGE

Wir sind oben in Stoben, in der Hütte, der Fischer und sine Fru. Und wie diese zwei tragen auch wir schon mal einen Kleinkrieg aus. Wir sind eben ein Ehepaar, und temperamentvoll dazu. Gisela verschwindet wütend im Haus. Es war banal, ich weiß den Grund heute schon gar nicht mehr. Getrunken hatte ich natürlich was, sehr wahrscheinlich ein Glas zuviel. Jedenfalls erinnere ich mich an Oberstleutnant Grapenthin. Der war früher Pilotenausbilder in Peenemünde, ein Pfundskerl. Jetzt ist er ganz zivil und Mitinhaber einer kleinen Fluggesellschaft in Heringsdorf auf Usedom. Da fahre ich öfter mal hin, sehe zu, wie die kleinen Maschinen starten und landen, komme eben von der Fliegerei nicht weg.

Na warte, Gisela, denke ich, leicht benebelt. Grapenthin ist sofort bereit, wir fliegen mit einer Cesna im Morgengrauen los. Richtung Berlin-Schönefeld. Wir kreisen noch ein bißchen über Königs Wusterhausen, dann landet die kleene Hummel auf der riesigen Piste. Mit dem Taxi fahre ich in die Stadt und nehme einen kräftigen Frühschoppen. Dann rufe ich Gisela an. »Wenn man mit mir rummeckert, mache ich 'ne Fliege!« sage ich stolz. Gisela ist fix und fertig. »Mensch, ich bin den ganzen Morgen hier herumgelaufen! Ich dachte, du bist beim Angeln oder Schwimmen ertrunken! Ich habe mir Sorgen gemacht, bist du verrückt!? Du bleeder Kerl!« Dann weint sie, vor Wut und vor Erleichterung, daß mir nichts passiert ist. Ich werfe den Hörer auf, rufe ein Taxi, rase zum Bahnhof, kriege den Zug nach Anklam. Nochmal Taxi. Dann bin ich wieder in Stoben. Versöhnung. Nee, so einfach ist das mit dem Zusammenraufen nicht. Mit Gewalt klappt bei mir nichts, nicht auf der Bühne, nicht in der Ehe. Ruhe und Geduld.

HAST DU IHN GESEHEN?

1990 bietet mir Egon Günther, der nach zwölf Jahren Arbeit und Leben im Westen in den »neuen« alten Osten zurückgekehrt ist, die Hauptrolle in dem Film »Stein« an. Es soll einer der letzten DEFA-Filme werden. Die Story fasziniert mich, berührt mich. Mein Herz ist ja längst nicht mehr kalt.

Gisela hat überschäumende Lebensenergie, sie gibt mir Kraft. Natürlich, warum sollte ich das verschweigen, tut sie auch der Eitelkeit eines alten Knaben gut. Ich bin wieder voller Tatendrang. Nee, das ist noch nicht alles gewesen!

Also, Stein. Die Geschichte eines alternden Schauspielers, der 1968, nach dem Einmarsch der Russen in Prag, mitten aus einer »Lear«-Probe heraus endgültig die Bühne verließ. Fortan spielt er den Verrückten, lebt in einer Villa bei Berlin, schreibt ein Buch, das er niemandem zeigt und nimmt junge Aussteiger auf. Er durchlebt die Wende dann sehr real, als er während der Polizeiaktionen 1989 im Stasikeller das geliebte Mädchen Sara sucht. Er will aber auch nicht als Dissident ausgestellt werden, zieht sich in römische Katakomben zurück. Mit seinem Land stirbt auch der Schauspieler Stein. Ein zutiefst philosophischer Film, ein Requiem auf verlorene Perspektiven, ein Lied auf die Selbstbewahrung in einer kontrollierten Gesellschaft.

Wir drehen auch in Rom. Ich fahre in einer blumengeschmückten offenen Kutsche durch die Stadt. Eine Vision. Die Römer schauen neugierig. Wer ist denn dieser Schauspieler da, in dem dicken Wintermantel? Ein Weltstar? Nie gesehen! Auch die Straßenmädchen, die in unmittelbarer Nähe des Drehortes ihre Standplätze am Autostrich haben, sind interessiert. Sie machen eindeutige Gesten und bieten uns ihre Pausenversorgung an, zum verbilligten Tarif. Auch sie wollen beitragen zur großen Wende in Deutschland und schütteln den Kopf, als wir aus Zeitmangel freundlich ablehnen.

1991 ist der Film abgedreht. In Italien erhalte ich für die Darstellung des Stein den Fellini-Preis, in Deutschland ist der Streifen kaum zu sehen. Die Verleiher wollen mit einem derartigen »Schwergewicht« kein Risiko eingehen ... Die neue Zeit des allmächtigen Gottes Kommerz.

Am 2. Mai 1993 ist Premiere für Hauptmanns »Der Biberpelz«, wieder eine Regiearbeit Thomas Langhoffs. Dieses Mal aber sehr mutig. Das heißt nicht: gewagt, sondern das ganze Gegenteil. Er ist mutig genug, eine richtige Geschichte ohne manieristische Schnörkel und billige Effekte auf die Bühne zu bringen. Konsequent wird erzählt, mit Anfang und Schluß. Es macht uns Riesenspaß und den Zuschauern auch! Eine glänzende Premiere! Ein Dauerbrenner für die Kammerspiele. Eine Glanzleistung von Dieter Mann als Wehrhahn, allein schon der klemmige Gang von dem. Auch die Wachowiak.

BERLINER ZEITUNG, 4. Mai 1993
In der Inszenierung von Thomas Langhoff spielt Jutta Wacho-wiak die Mutter Wolffen. Hat sie Herz auf der Schnauze, zeigt sie auch Haare auf den Zähnen. Im Umriß der Wild-diebin und Pelzmauserin wird eine Mutter Courage sichtbar … Der Amtsvorsteher Wehrhahn ist in der Darstellung durch Dieter Mann wie einer Karikatur auf den kleinjunkerlichen preußischen Beamten im »Simplizissimus« entstiegen.

DER KURIER, 4. Mai 1993
Größtes Qualitätsmerkmal der Aufführung ist Langhoffs Liebe zu den Menschen und zu seinen Schauspielern. Wun-derschöne Details werden ausgemalt … Hingehen und genießen!

Ich bin der Amtsdiener Mitteldorf, 'n Haufen Kinder daheim, ewig angesoffen. Keine große Rolle, ich habe nur wenig Zeit, auf der Bühne wirklich präsent zu werden. Das ist die Schwierigkeit des »Mit«-Spielers. Außerdem spiele ich noch in Hugo von Hofmannsthals »Turm« den Anton, habe mit dem »Kleinen Prinzen« eine Saint-Exupéry-Matinee hinter mir.

Wir gehen in die Theaterferien 1993 und fahren rauf nach Usedom. Endlich ausspannen, angeln am Schmollensee, lesen, lesen, lesen … Der Crash kommt in der Nacht zum 23. August. Ganz plötzlich. In einer Ruhephase. Das sei typisch, wird man mir später sagen. Es schmerzt in der Brust, ich ringe nach Luft. Ein Infarkt an der Herzvorderwand. Gisela läuft zu den Nachbarn, wir haben ja kein Telefon. Ich sacke ab. Es ist ganz leicht um mich plötzlich, ich liege wie in Watte. Über mir erstreckt sich ein Sternenhimmel. Kein Schmerz. Sollte Sterben so schön sein ...?

Sie fahren mich mit Blaulicht in das Krankenhaus von Wolgast. Zwei Tage bin ich bewußtlos. Als ich endlich erwache, sitzt Gisela an meinem Bett. »Da bist du ja«, sage ich, als sei sie so lange fort gewesen. Und den Arzt frage ich: »Warum hat man mich in einem Leiterwagen ins Krankenhaus gebracht? Weshalb wurden mir Schuhe und Strümpfe ausgezogen?« Offenbar hat es mich fürchterlich gefroren. Sonst aber weiß ich nichts mehr, und auch Curt Bois müßte ich enttäuschen, der mich noch ein Jahr zuvor im Restaurant des Hotels Unter den Linden näselnd gefragt hat: »Rolf, du bist doch Flieger. Hast du ihn gesehen?« Er, der glühendste Atheist, den ich kannte. Was hat ihn umgetrieben, so kurz vor seinem Tod? »Hast du ihn gesehen?« – »Ja«, habe ich gesagt, »ja, ich habe ihn gesehen.« – »Du hast ihn wirklich gesehen? Wie sieht er aus?« – »Er hat grundgütige Augen.« – »Gütige Augen? Du hast ihn wirklich gesehen?« – »Ja, aber er hat mir mit dem Finger gedroht.«

Nein, nein, Curt, ich war IHM im August 93 so nah, aber ich hab ihn nicht gesehen. Nur am Nachmittag vor dem Zusammenbruch am Stobener Fuchsberg, da hab ich zum Himmel hinaufgeblickt, und aus den Wolken formte sich das Gesicht meines toten Freundes Dieter Franke. Abergläubisch bin ich nicht mehr als jeder Schauspieler.

NOCH IMMER NICHT DURCH DIESE TÜR

Ich bin nun ein Rekonvaleszent. Ein Haufen Auflagen sind zu befolgen. Rauchen passé. Alkohol passé. Ich halte mich nicht an ärztliche Anweisungen, nur wenn diese Anfälle von Atemnot kommen. Und sie kommen immer öfter. Langsam, sehr langsam begreife ich, daß ich wohl sehr krank sein muß. Habe ich mich nicht schon jahrzehntelang gewundert, daß ich noch lebe?

... Pfitze wird 70. Günter Pfitzmann. Der Doktor vom Bülowbogen, der Serienberliner von Dienst. Es ist schon 'ne Ewigkeit her – so um 1952 rum. Da sitzen wir zwei im Café

Nord in der Schönhauser Allee und haben uns mit unseren Gürteln am Tresen festgeschnallt, damit wir nicht vom Barhocker fallen. Es ist unbequem, aber wir halten eisern aus – bei Pfeffi und Bier. Oder wir ziehen in die »Ewige Lampe«, da taucht auch der Wolfgang Gruner immer auf. Eine dolle Zeit! Na, 'n Telegramm werde ich dem Pfitze zum Geburtstag schicken …

Da läuft mir in einer Kneipe der Schauspieler Ingolf Gorges über den Weg. Der hat mir mal bei »Trümmerkutte«, einer Stampe in der Oderberger Straße, finsterster Prenzlauer Berg, das Leben gerettet. Das war 'ne Kaschemme! Kriminelle, Stinkbesoffene. Auf dem Fußboden Sägespäne, falls denen mal was aus dem Gesicht fiel. Ich konnte wohl wieder mal meine vorlaute Klappe nicht halten, taperte mit kornweichen Knien zum Klo. Da folgten mir zwei Kerle, die sich irgendwie auf den Schlips getreten fühlten, und der eine haute mir ohne Vorwarnung ein Ding in die Schnauze, daß ich über dem Klobecken zusammensackte. In dem Moment kam der Gorges rein. Es machte bloß Peng – Peng, da lagen die zwei vierschrötigen Möbelpackertypen auf den Fliesen wie satte Säuglinge. Gorges, der war mal Boxer, wusch sich kurz die Hände, dann sind wir wieder rausgegangen in die Schankstube, der griff seine Gitarre, und ich sang dazu frivole Liedchen. Ich blutete ein bißchen, na gut … Jetzt treffe ich ihn und seine Frau also. Wir kommen vom Hundertsten ins Tausendste. Ich sage beiläufig: »Ich will dem Pfitzmann gratulieren, habe keine Adresse.« Frau Gorges sagt: »Die feiern morgen im Landhaus Bott am Hagener Platz.« Im Grunewald.

Am nächsten Morgen habe ich noch einen leichten Duselkopp. Ich frage Gisela: »Wollen wir nicht doch hingehen, zu Pfitze?« – »Gut.« Wir kaufen ein Riesenbukett. Taxi. Zu elf Uhr war eingeladen. Pfitze freut sich ehrlich: »Mensch, du olles Rübenschwein!« Dann reden wir über Herzkrankheiten, Atemnot und Bypässe, wie es eben würdige Herren tun. Sein Sohn arbeitet als Arzt im Herzzentrum am Wedding. Günter will mal sehen, ob sich's schneller machen läßt. Noch in der selben Stunde nimmt er mich beiseite. »Du kannst am 19. April kommen. Die operieren dich.«

Inzwischen rollt die gesamte Prominenz aus der Fernsehproduktion an. Dieter Thomas Heck, der Serienproduzent Rademann, die »Traumschiff«-Besatzung, dazu Heinz Drache, Wolfgang Gruner, Karl Dall, Carola Hoehn, die ich in meiner Jugend sagenhaft verehrte. Noch heute eine schöne Dame. Der Musiker und Komponist Günter Fischer und ich sind die einzigen Ossis. Die Leute von den Fernsehsendern rennen immer mit den Kameras rum, zeigen auf uns und fragen: »Wer sind denn die?« Natürlich waren sie noch nie im Deutschen Theater in Ostberlin. Da kommt eine Frau und sagt: »Herr Ludwig, wissen Sie, daß der Herbert da ist?« – »Welcher Herbert?« – »Na, der Ballmann!« – »Nee, wo ist der denn?« – »Bleiben Sie hier, das gibt ein Wiedersehen!« Das letzte Mal hab ich ihn in den fünfziger Jahren gesehen. Damals »erfand« er den Pionierpark in der Wuhlheide und kümmerte sich um junge Sozialisten. Dann drehte er noch einen Film nach dem Buch »Das Haus im Feuer« von Harry Thürk. Ich habe damals eine Rolle darin abgelehnt. Mir war die ganze Sache zu militärisch. Ulli Thein hat es dann gespielt. Aber Ballmann ist nicht nachtragend, er will mich vom Fleck weg für eine Serie. Ich bin vorsichtig. Bisher habe ich alles abgelehnt, was aus dieser Ecke kam. Für die Darstellung eines Bahnhofspenners hat man mir eine Gage geboten, die mich ein paar Jahre ernährt hätte. Ich werde mich nicht unter Niveau verkaufen, will kein Fernsehserien-Star werden …

Auch Brigitte Grothum ist auf der Party. Man redet von der »Jedermann«-Aufführung in der Gedächtniskirche. Sie hat das inszeniert. Gruner spielt den Teufel, die Schlagersängerin Dunja Rajter ist mit dabei, die Mira, Ezard Haußmann gibt den Jedermann. Ich halte nichts davon, die Salzburger Festspiele an die Spree zu verlegen. Mit Wolfgang Völz rede ich ein Weilchen, dann nimmt mich Rolf Ulrich in Beschlag, der Chef der »Stachelschweine«. Den kenne ich seit 44 Jahren. Er klagt über sein Alter. »Det funktioniert allet nich mehr so. Ooch det, woran de jetzt denkst. Aber vor allem de Oogen.« Und dann fügt er hinzu: »Du bist der wirklich eenzije Mensch hier. Du bist 'n Mensch jeblieben.« Dann gießt er sich noch einen ein. Diese Sache scheint bei Ulrich also noch ganz gut zu funktionieren.

Dann kommt ein untersetzter Herr mit einer charmanten Dame auf mich zu, mustert mich und sagt mit böhmisch-bayerischem Dialekt: »So, Sie sind das also.« Ich frage: »Bitte?« – »Na, dann wollen wir doch mal sehen, was?« – »Was wollen wir sehen?« Gisela stößt mich in die Rippen. »Rolf, das ist der Professor Hetzer, der Chef des Herzzentrums Berlin.« Der sagt: »Passen Sie mal auf, wann kommen Sie?« – »Am 19.« – »Das geht nicht, ich fliege nach Amerika. Sie müssen vorbereitet werden. Könnten Sie am 18.? Ich will das selbst machen.« Besiegelt und gebügelt. Kurzer Prozeß. Ich bin baff, halte meine Kaffeetasse fest. Der muß einen guten Eindruck von mir gekriegt haben. Kein Alkohol, kein Nikotin in meinen Händen. Der kennt ja mein gestriges, abendliches Vorleben nicht …

NOCHMAL DAVONGEKOMMEN

Drei Bypässe legt mir Professor Roland Hetzer. Die Operation verläuft normal. Wir atmen auf. Dann aber, drei Wochen später, setzt sich eine eitrige Infektion im Brustkorb fest, die Lunge ist angegriffen. Wahnsinnige Schmerzen. Vier Stunden Notoperation! An den Zeitungskiosken schreit es aus der Schlagzeile des »Berliner Kuriers«: Berliner TV-Star kämpft mit dem Tod!

Ich liege auf der Intensivstation, muß künstlich beatmet werden. Tagelang steht es auf der Kippe. Zweiundfünfzig Pfund habe ich abgenommen. Haut und Knochen. Doch ich wache wieder auf. Gisela ist da, hält meine Hand. Ich sage schwach: »Noch immer nicht durch diese Tür …«

Noch mal davongekommen.

Ich gebe meinen neuen Einstand mit einer Joseph-Roth-Lesung.

BERLINER ZEITUNG, 29. Oktober 1994
Der alte Drache hat sich nach langer Krankheit auf seiner
Bühne zurückgemeldet. Gesundheitlich fühlt er sich »wun-
derbar«. Die Vier-Stunden-Operation am Herzen und die
Komplikationen der Intensivstation sind überstanden. Lud-
wig zieht ein Farbfoto aus der Brieftasche, es zeigt eine abge-
magerte, zerschnittene Altmännerbrust. Ludwig ist ein wun-
derbarer Schauspieler, der seinen inneren Monolog nicht
anhalten kann. In den Kneipen kleiner Leute in Kreuzberg
und Prenzlauer Berg eröffnete sich ihm im Suff regelmäßig
die wohltuende, doch niederwerfende Erkenntnis, daß ande-
re Leute auch sehr interessante innere Monologe haben. »Das
Publikum hat mich vierzig Jahre lang geliebt, selbst dann,
wenn ich mal volltrunken auf der Bühne stand.«

STERN, Nr. 3/1995
Nach schwerer Krankheit steht der Berliner Schauspieler Rolf
Ludwig wieder auf der Bühne des Deutschen Theaters – geal-
tert, aber innerlich jung geblieben. Er ist einer von denen, die
nur den Brettern, nicht dem Fernsehen ihre Popularität ver-
danken ... Vor dem Altar der Kirche von Benz auf Uedom
steht ein greisenhafter Mann, dürr, leicht gebeugt. Durch die
Windjacke zeichnen sich die Schulterblätter ab. Rolf Ludwig
liest Texte aus dem Heimkehrer-Drama »Draußen vor der
Tür« von Wolfgang Borchert. Gedanken vom Ende und vom
Anfang sind ein Teil dieses Schauspielers geworden ... Rolf
Ludwigs Stimme straft den Eindruck des Greisenhaften
Lügen. Die Stimme klingt hell, und immer schwingt ein
Quentchen Ironie mit ...

Noch mal davongekommen.

Ich sehe alles intensiver, freundlicher. Die Blumen duften stärker, das Gras ist grüner, die Ruhe stiller. Ich bin gelassener geworden, lese in Büchern jede Zeile bis zum Ende.

Ich triumphiere, den Tod besiegt zu haben, habe mich in das Leben neu verliebt. Ich genieße jeden Tag, an dem ich schmerzfrei bin und atmen kann. Und die beste Therapie ist allemal das Theaterspielen. Aber immer häufiger denke ich Wolfgang Borcherts Laternentraum:

>Wenn ich tot bin,
möchte ich immerhin so eine Laterne sein,
und die müßte nachts vor deiner Türe sein,
und den fahlen Abend überstrahlen ...«

WAHLLOSES INTERVIEW MIT UND OHNE BELANG
(nach Tonbandaufzeichnungen aus Gesprächen zwischen Gabriele Stave und Rolf Ludwig von März bis August 1995)

Rolf, wollen wir's wirklich versuchen? Eine Art Selbstbetrachtung ...

Ich bin eindeutig ein Theaterschauspieler, kein Filmheld. Die Bühne liegt mir mehr. Ich hab ein paar ganz gute Filme gespielt, auch ein paar ganz schlechte, aber die Bretter bleiben eben die Bretter. Ich wäre gern ein Entertainer geworden, ein bißchen fehlt mir der Boulevard. Ich brauche die Leute da unten im Parkett, wenn ich mich schauspielerisch steigern will. Ich spiele ja mit dem Publikum, winzige Nuancen kann ich dem Abend anpassen, habe Sofortreaktionen. Die Atmosphäre des Theaterabends macht süchtig. Mein Beruf ist Sucht! Eine Kunst des Erzählens. Und da das Erzählen mein Lebensinhalt ist, stimmen Interessen und Beruf überein. Welch Glück! Ich bin ein Sonntagskind. Ich habe immer im richtigen Augenblick die richtigen Rollen gekriegt, die richtigen Leute kennengelernt, an der Seite von Kollegen gespielt, die meine Kreativität beflügelten.

Stichwort Popularität. Bist du eitel?

Natürlich! Ich reagiere mit Geschmeicheltsein, wenn man mich erkennt. Es tut gut. Aber ich mache möglichst keinen Gebrauch davon. Nur wenn man mich in Vorwendezeiten mal nicht in ein Lokal hineinlassen wollte, weil es überfüllt war, dann hab ich schon das Inkognito gelüftet, oder auf irgendwelchen Behörden. Aber eigentlich hatte ich solche Mätzchen nicht nötig, man kannte mich sowieso. Wozu ist man denn Schauspieler? Die Privilegien funktionieren da von selbst.

Gibt es für dich Regeln der Schauspielkunst?

Wenige. Und wenn, sind sie meist technischer Art. Natürlich ist die Sprache wichtig, und man sollte auch immer an ihr arbeiten. Sie ist eines der wichtigsten Werkzeuge auf der Bühne. Was heißt Regeln? Talent muß sein! Mangelndes Talent ist in diesem Beruf nicht durch Fleiß zu ersetzen, wenn man ganz nach oben will. Frag mich nicht nach der Schauspielschule! Ich hab nur wenig Unterricht gehabt, und ich denke, wenn man Talent hat, sollte man statt im Klassenzimmer besser schon auf den Theaterbrettern stehen.

Hast du nie darunter gelitten, immer der Komödiant zu sein?

Ich bin überwiegend heiter besetzt worden. Aber in jedem Komiker schlummert der Tragöde und umgekehrt. Man muß Komik und Tragik nur unterschiedlich im Spiel gewichten und beides in einer Rolle aufspüren können.

Bist du von deinem eigenen Spiel manchmal angerührt?

Bisweilen schon. Besonders, wenn ich ebenso handeln würde, wie mein Rollenheld; dann sind die Lachfältchen schon mal ganz echt, auch die Tränen. Aber meist halte ich meine privaten Gefühle von den Bühnenemotionen fern. Vom Spiel anderer dagegen bin ich bisweilen ganz ergriffen. Ich erinnere mich, als wir mit dem »Teufelskreis« 1958 in Wien gastierten, sah ich den Hans Moser in Schnitzlers »Liebelei«. Da hab ich im Theater geheult.

Ist wachsendes Alter der Schauspielerei zuträglich? Fühlst du Veränderungen in der Einstellung zu deinem Beruf?

Wo Talent ist, gibt es kein Alter. Aus der Erfahrung erwächst Routine. Das ist gut und auch schlimm. Das Ungestüme ist weg, ich weine der weichenden Spontaneität mehrere Tränen nach, weil die natürlich viel mehr Einfälle hervorbrachte. Ich fühle mich im Bund mit meinem Beruf wie Teil eines ollen Ehepaars. Die Schauspielerei ist wie eine Art alternde Geliebte geworden, zu der man besonders zärtlich sein muß. In puncto Lampenfieber hat sich nichts geändert, ich gehe mit weichen Knien raus, bin dann aber mit den ersten Worten da.

Zu den ersten Proben eines neuen Stückes schreite ich nach wie vor mit einem Kopf voller Fragezeichen; ich beschäftige mich nicht wissenschaftlich mit den Umständen. Natürlich muß man bei Shakespeares Macbeth wissen, um welche Zeit es sich handelt. Über das Theater zu theoretisieren, ist nicht mein Bier, dann gehe ich lieber eins trinken. Die Figuren wachsen auf den Proben, davor sitze ich unruhig in den Startlöchern.

Wie lernst du deinen Text?

Vor den Proben lese ich mir den Text an. Ich habe dann im wahrsten Sinne des Wortes freiere Hände. Ansonsten schreibe ich mir Texte über zwölf Zeilen Länge auf, denn ich bin ein optischer Mensch, präge mir das Schriftbild ein, lerne nach Blöcken. Den »Turm« zum Beispiel spielen wir mitunter nur alle vier Wochen, da beginne ich immer zwei Tage vorher, den Text immer wieder durchzugehen. Beim Spielen lauere ich nicht bloß auf mein Stichwort, ich höre dem Partner tatsächlich immer wieder aufs Neue zu, um auch emotional richtig zu reagieren, nicht nur zu funktionieren. Ich bin ein altmodischer Schauspieler. Das, was ich auf der Bühne sage, muß ich verstehen!

Das Deutsche Theater. Ein Ensemble von Protagonisten. Gibt es da für kleinere Rollen überhaupt Aufmerksamkeit?

Der Charge muß viel exakter arbeiten. Er hat nur wenig Zeit, um das Augenmerk auf sich zu ziehen. Wirklich große und gute Schauspieler waren sich für Nebenrollen nie zu gut. Man kann das I-Tüpfelchen auf einer Inszenierung sein. Die Leute im Saal kriegen das durchaus mit.

Hattest du nie den Drang, selbst Regie zu führen?

NIE! Aber ich habe 'ne ganze Menge Regisseure kennengelernt, die hatten alle so ihre Eigenheiten. Fritz Wisten liebte das Akrobatische. Benno Besson ließ anbieten, spielte aber auch gern und sehr komisch selbst mal was vor. Er kam mit einem festen Konzept zur Probe, verriet aber zunächst nichts davon. Er registrierte genau, was der Schauspieler schöpfte, verkaufte es später oft als seine Idee. Ich erhebe da keine Urheberrechte. Hauptsache, es dient der Aufführung. Der Besson hat mich gepiesackt auf den Proben. Wie oft habe ich meine Wut ertränkt. Wie oft hat er – bei der Arbeit ein absoluter Alkoholgegner – meinetwegen eine Probe abgebrochen. »Geht nach Hause. Ludwig hat getrunken!« Der poltrige Martin Hellberg liebte den Schauspieler, Wolfgang Heinz inszeniert voller Güte, behutsam, ohne Aufbrausen. Dieter Mann ist ein strikter Verfechter der Angebotsregie.

Thomas Langhoff, in seinen Gedankengerüsten eigentlich immer recht kompliziert, ging im »Biberpelz« sehr geradlinig vor, an der Geschichte orientiert. Ich glaube, er ist dem Gerhart Hauptmann am nächsten gekommen. Bei Castorf wäre ich als Amtsdiener wahrscheinlich auf einem Scateboard in die Szene gerollt. Bei Langhoff herrscht ein angenehmer Probenton, eine saubere schöpferische Atmosphäre. Er probt gern, aber vier Stunden sind für mich zuviel. In Salzburg haben wir mit Langhoff nach der Probe was gesungen. Das entspannt.

Ich schätze am Regisseur konzeptionelle Klarheit. Diktatoren lehne ich ab. Ebenso eine vergleichende Regie: »Spiel mal wie der Rühmann!« Ich bin kein Parodist, dann soll'n se sich doch den Rühmann aus dem Jenseits wiederholen. Manche Regisseure sind enorm pingelig. Der Karl-Marx-Städter Gerd Keil, der den »Ritter von Mirakel« inszenierte, malte immer Grafiken von allen Gängen auf der Bühne. Das sah aus wie das Kinderspiel vom Misthaufen. Ich kann nicht alle nennen: Adolf Dresen, Otto Tausig, Egon Günther, Heiner Carow und die anderen Filmer …

Wie stehst du zu Neid und Geiz?

Diese Worte gibt es in meinem Leben nicht. Ich war traurig, als ich die Rolle des Fliegers Sun im »Guten Menschen von Sezuan« hergeben mußte, aber neidisch war ich nicht auf Glatzeder. Ich war niedergeschlagen, daß ich im »Frieden« nicht besetzt war. Diesen Eisernen Vorhang hätte ich schon gern miterlebt. Es gibt auch eine Rolle, die ich furchtbar gern gespielt hätte – die Hauptrolle im Film »Aus dem Leben eines Taugenichts«. Die hat dann Dean Reed gekriegt. Da war ich nicht neidisch, da war ich entsetzt! Geizig bin ich auf jeden

Fall nicht in der Kneipe. Was hab ich schon für Lagen geschmissen und ganze Runden freigehalten. Leben und leben lassen!

Ein Urteil über das Berliner Publikum?

Da muß ich wohl diplomatisch sein. Sagen wir es so: Die Dresdener sind *das* Theaterpublikum auf der Welt überhaupt. Die sind schon in der Seele Kunstliebhaber. In Berlin ist es anders: der Berliner hat ein Gespür für Bier und für falsche Töne. In Berlin hat man Erfolg, wenn man vom ersten Augenblick an sympathisch ist – auch in einer fiesen Rolle. Die Liebe auf den ersten Blick ist ganz typisch. Hat man die verpaßt, kann man sich abstrampeln, wie man will. Der Zug ist weg. Der Berliner kann nicht über eine Entwicklung im Stück gewonnen werden. Er liebt die Aufrichtigkeit, das Leben! Der will handfeste Figuren, eine runde Geschichte. Berliner gehen wegen bestimmter Schauspieler ins Theater. Das Deutsche Theater ist ja eine Art Stadttheater, das selbstbewußte Publikum hat sich sein Ensemble sozusagen zusammengestellt.

Traumrollen?

Ich kriege sie. Was heißt Traumrollen? Ich wollte immer den »Onkel Wanja« von Tschechow spielen. Dafür bin ich nun zu alt. Aber das Deutsche Theater erfüllt mir einen großen Wunsch – den »Schwanengesang«. Ich bin der alternde Schauspieler. Dieter Mann wird inszenieren, Klaus Piontek mein Partner sein. Was ich dann tun werde, weiß ich nicht. Vielleicht nicht mehr die großen Rollen. Aber wenn die Leute dann sagen: »Seht mal, der Ludwig, der war über Jahrzehnte Protagonist. Jetzt spielt er kleine Rollen und ist immer noch gut.« Ja, diesen Ehrgeiz habe ich schon.

Nun wollen wir auch die Yellow-Press-Fragen nicht vergessen. Laß uns das Bild von dir mit einigen Auskünften aus dem Nähkästchen abrunden.

Bitte schön.

Deine Hobbies?

Angeln. Und Schach. Da erinnere ich mich an ein sehr peinliches Erlebnis. Im Nante-Eck hab ich mal gegen einen Polen aus dem Kopf heraus gespielt, also ohne Brett. Der hatte behauptet, in Deutschland könne das niemand. Nach dem achten Zug hatte ich den Mann Remis gesetzt, allerdings waren wir schon ganz schön angeheitert. Ich erzählte das in der Garderobe vom DT meinem Kollegen Klaus Piontek, der mal Sachsens bester (!) Schüler war. »Rolf«, fragte der, »wo steht die schwarze Dame? Links oder rechts vom König?« Ich zermarterte mir das Hirn. Es fiel mir nicht ein. Ich raus auf die Bühne, wieder in die Garderobe. Gehirnklemme. Piontek spöttelte: »Vielleicht habt ihr Mühle gespielt?« Mir war das schrecklich unangenehm, denn Großmäuligkeit kann ich nicht leiden. Vor kurzem haben sie mich für eine Talk Show zum ORB nach Potsdam abgeholt. In dem Kleinbus hockten wir dicht aufeinander, neben mir Ephraim Kishon und Marcel Reich-Ranicky. Irgendwie kamen wir auf Schach zu sprechen. Kishon fragte mich: »Bis zu welchem Zug können sie denn blind spielen?« Ich druckste so beim fünften herum. »Ich«, spielte der sich auf, »ich spiele per Telefon mit Kasparow!« Naja.

Rolf, wo steht denn nun die schwarze Dame?

Verdammt, ich weiß es nicht! Skat spiele ich auch. Früher mit Günter Simon und Peter Dommisch, aber da sah ich kaum einen Stich. Außerdem male ich noch ein bißchen. Karikaturen auf Bierdeckeln. Landschaften in Öl und Aquarelle. Am liebsten oben auf Usedom. Ich bemale auch Teller. Hast du schon einen von mir?

Nee.

Manchmal reime ich auch. Willst du eine Kostprobe?

Ich brenne darauf.

      Ein Sandkorn traf ein anderes
      und grüßte.
      Da kamen mehrere hinzu –
      und so entstand die Wüste.

Oder:

      Ich hab darüber nachgedacht,
      warum der Mann im Mond nur lacht.
      Ob der nicht anders kann?
      Der kann nicht anders,

Glaubt es mir.
Schaut euch, was diese Welt bewohnt,
einmal genau von oben an.
Dann lacht ihr wie im Mond der Mann.

Oder:

Es waren mal drei Scheiche,
die lebten in einem Reiche,
und jeder wollte,
daß der andere weiche.
Es geht noch weiter.

Ach, danke. Dein Lieblingsbuch?

Das wechselt. Ganz oben auf der Liste Exupérys »Kleiner
Prinz«, Stefan Zweigs »Die Welt von gestern«, Thomas Manns
»Buddenbrooks«, »Zauberberg«, »Tonio Kröger«. Stritt-
matter mag ich sehr gern, und der Reich-Ranicky hat eben
nicht recht, wenn er behauptet, es hätte keine DDR-Litera-
tur gegeben.

Dein Lieblingsfilm?

»Orpheé« von Jean Cocteau mit der herrlichen Pantomi-
me von Barrault. Den habe ich zwölfmal gesehen. »Sein oder
Nichtsein« von Ernst Lubitsch folgt auf Platz zwei, umso
größer war meine Freude, daß ich am Berliner Renaissance-
Theater in der Bühnenfassung »Noch ist Polen nicht verlo-
ren« die Rolle des Professor Siletzky bekommen habe. Den
Film »Der dritte Mann« sah ich in einer Flohkiste an der
Brunnenstraße im Wedding zweimal hintereinander in der
Nachmittags- und Abendvorstellung. Auch er ist ein Favo-
rit.

Was meinst du: Machen Kleider Leute?

Ich hab nie viel auf Kleidung gegeben, hatte meine olle
Cordhose, 'n dunkles Hemd und meine ewige Lederjacke,
die schon ganz abgewetzt war. Seit ich Gisela hab, meine
zweite Frau, laufe ich rum wie Nobel-Robert. Schließlich war
sie mal Verkäuferin für Herrenoberbekleidung, die achtet auf
mein Äußeres und kauft für mich ein. Neuerdings hab ich
sogar geputzte Schuhe. Einen Schlips aber binde ich auch
heute noch nur dann um, wenn es sich absolut nicht ver-

meiden läßt. Von einer Fliege ganz zu schweigen! Schließlich ist ja mein gesamtes Berufsleben ein einziger Umzug.

Deine Lieblingsblume?

Die Sonnenblume.

Lieblingsfarbe?

Blau.

Lieblingsmusik?

Klassisches. Gustav Mahler, aber auch Tschaikowsky.

Kannst du kochen? Was ist dein Lieblingsgericht?

Na klar, ich kann kochen. Ungarisches Hirtengulasch mit böhmischen Semmelknödeln und schwedischer Sild mit Pellkartoffeln sind meine Spezialitäten. Am liebsten esse ich Kohlrouladen, also Krautwickel, Nudeln bolognese, Kalbsteak mit Spargel, Linsen- und Erbsensuppen und – Pizza.

Liebst du Tiere?

Ich mag Katzen, denn die sind stolz. Sie kuschen nicht, haben Persönlichkeit. Ich hielt in Pankow auch zwei: Ludmilla war silbergrau, und Cäsar, der Kater, hatte ein phantastisch glänzendes, weiches Fell. Beides waren Siamkatzen. Als meine Frau Ilse aufhörte zu tanzen, haben wir uns Kucki gekauft, einen Afghanen. Der war kohlrabenschwarz, ebenso wie sein Nachfolger Bimbo. Später folgte dann noch ein schwarzer französischer Bulli. Mit denen bin ich viel an der Spree und im Friedrichshain spazierengegangen. Ich hätte ganz gern einen Schäferhund. Aber in unserer Drei-Zimmer-Neubauwohnung an der Wilhelmstraße in Mitte? Nee!

Wie möchtest du aussehen?

Ich bin mit mir zufrieden.

Wenn du nicht arbeitest, was machst du dann am liebsten?

Ich trinke gern ein Bier, wenn probenfrei ist, auch mal zwei. Am liebsten aber sitze ich am Schmollensee, oben auf Usedom und angle oder gucke in die Luft. Von sportlichen Höhepunkten im Fernsehen, wie zum Beispiel die Fußball-WM oder von großen Tennisspielen, kriegt mich keiner weg.

Was schätzt du an einem Mann am meisten?

Aufrichtigkeit.

Und an einer Frau?

Auch Aufrichtigkeit. Na, und vielleicht noch Treue. Sie sollte einem schon nicht andauernd Hörner aufsetzen, daß man aussieht wie ein Hirsch aus dem Riesengebirge.

Was magst du so gar nicht?

Zur Arbeit gezwungen zu werden. Dann kommt auch nischt bei raus.

Glaubst du an Wunder?

Nein, aber es soll sie ja immer wieder geben.

Wie ist das mit dem Leben nach dem Tod?

Curt Bois hat mich gefragt: »Du bist doch Flieger. Hast du ihn gesehen?« Natürlich nicht, aber irgendwas gibt es da. Ich nenne das die Natur, so wie es Hölderlin im »Hyperion« verstanden hat. Schöpfungen der Natur. Ich finde es faszinierend zu beobachten, wie sich Wolken bilden. Das ist die Allmacht, der Allmächtige. Wir wissen so wenig.

Möchtest du noch mal zwanzig sein? Wie alt willst du werden? Welchen Tod wünschst du dir?

Erstens: Nee. Zweitens: Achtzig. Drittens: Ich möchte im Schlaf sterben.

Hast du ein Lebensmotto?

Ohne Humor ist unser Leben ein Irrtum.

AUS DEM BÜHNENSCHAFFEN ROLF LUDWIGS

1952 Don Ramirez in »Die fromme Marta«, Regie: Kurt Jung-Alsen, Theater am Schiffbauerdamm

1954 Gremio in »Der Widerspenstigen Zähmung«, Regie: Franz Kutschera, Theater am Schiffbauerdamm

1955 Truffaldino in »Diener zweier Herren«, Regie: Otto Tausig, Volksbühne Berlin

1956 Puck in »Ein Sommernachtstraum«, Regie: Fritz Wisten, Volksbühne Berlin

1957 Figaro in »Der Tolle Tag«, Regie: Kurt Jung-Alsen

1958 Mosca in »Volpone«, Regie: Otto Tausig, Volksbühne Berlin

1959 Hauptmann in »Der Hauptmann von Köln«, Regie: Otto Tausig, Volksbühne Berlin

1964 Wlass in »Sommergäste«, Regie: Wolfgang Heinz, Deutsches Theater Berlin

1965 Drache in »Der Drache«, Regie: Benno Besson, Deutsches Theater Berlin

1965 Bayard in »Zwischenfall in Vichy«, Regie: Wolfgang Heinz, Deutsches Theater Berlin

1965 Kalchas in »Die schöne Helena«, Regie: Benno Besson, Deutsches Theater Berlin

1966 Claudio in »Maß für Maß«, Regie: Adolf Dresen, Deutsches Theater Berlin

1966 Derwisch in »Nathan der Weise«, Regie: Friedo Solter, Deutsches Theater Berlin

1967 August Hirsch in »Ein Lorbaß«, Regie: Benno Besson, Deutsches Theater Berlin

1968 Sganarelle in »Don Juan«, Regie: Benno Besson, Deutsches Theater Berlin

1969 Schauspieler Gennadi in »Der Wald«, Regie: Karge/Langhoff, Volksbühne Berlin

1970 Flieger Sun und Wasserverkäufer Wang in »Der gute Mensch von Sezuan«, Regie: Benno Besson, Volksbühne Berlin

1970 Sganarelle in »Der Arzt wider Willen«, Regie: Benno Besson, Volksbühne Berlin

1972 Othello in »Othello«, Regie: Karge/Langhoff, Volksbühne Berlin

1973 Ekdal in »Die Wildente«, Regie: Karge/Langhoff, Volksbühne Berlin

1975 mehrere Rollen in »Die Schlacht«, Regie: Karge/Langhoff, Volksbühne Berlin

1976 Wolfgang-Borchert-Abend, Deutsches Theater Berlin

1978 Kommissar Sportsmann in »Zufälliger Tod eines Anarchisten«, Regie: Dieter Mann, Deutsches Theater Berlin

1979 Octavio Piccolomini in »Wallenstein«, Regie: Friedo
Solter, Deutsches Theater Berlin

1980 Ein Maurer in »Senecas Tod«, Regie: Cox Habbema,
Deutsches Theater Berlin

1985 Tubal in »Der Kaufmann von Venedig«, Regie:
Thomas Langhoff, Deutsches Theater Berlin

1985 Prunkhorst in »Der blaue Boll«, Regie: Rolf
Winkelgrund, Deutsches Theater Berlin

1985 Xaver Maria Oberkofler in »Winterschlacht«,
Regie: Alexander Lang, Deutsches Theater Berlin

1986 Meister in »Meister und Margarita«, Regie: Siegfried
Höchst, Volksbühne Berlin

1986 Berliner Lieder-Programm, Regie: Kurt Böwe,
Deutsches Theater Berlin

1988 Jude in »Transit Europa«, Regie: Friedo Solter,
Deutsches Theater Berlin

1989 Mr. Mulleady in »Die Geisel«, Regie: Thomas
Langhoff, Deutsches Theater Berlin

1990 Isaak in »Die Jüdin von Toledo«, Regie: Thomas
Langhoff, Salzburger Festspiele, Salzburg

1991 Darry Berril in »Ende vom Anfang«, Regie: Andrea
Breth, Burgtheater Wien

1992 Anton in »Der Turm«, Regie: Thomas Langhoff, Deutsches Theater Berlin

1993 Mitteldorf in »Der Biberpelz«, Regie: Thomas Langhoff, Deutsches Theater Berlin

1995 Professor Siletzky in »Noch ist Polen nicht verloren«, Regie: Ulrike Jackwerth, Renaissance-Theater Berlin

Rolf Ludwig spielte in ca. 50 KINOFILMEN, darunter in:

1952 »Sein großer Sieg«
1956 »Drei Mädchen im Endspiel«
1956 »Der Hauptmann von Köln«
1956 »Thomas Müntzer«
1956 »Der Richter von Zalamea«
1959 »Das Feuerzeug«
1960 »Hochmut kommt vor dem Knall«
1961 »Der Fall Gleiwitz«
1961 »Der Mann mit dem Objektiv«
1968 »Abschied«
1969 »Seine Hoheit – Genosse Prinz«
1969 »Jungfer, Sie gefällt mir«
1972 »Der Dritte«
1973 »Paul und Paula«
1975 »Lotte in Weimar«
1975 »Eine Pyramide für mich«
1977 »Wer reißt denn gleich vorm Teufel aus?«
1978 »Ich zwinge dich zu leben«
1980 »Die Verlobte«
1983 »Moritz in der Litfaßsäule«
1987 »Das Schulgespenst«
1991 »Stein«

Einige FERNSEHPRODUKTIONEN:

»Die Schauspielerin«
»Die Zwillinge«
»Verflucht und geliebt«
»Süßer Vogel Jugend«
»Kleiner Mann, was nun?«
»Der Streit um den Sergeanten Grischa«
»Die Rache des Kapitän Mitchell«
»Das Buschgespenst«
»Hommage an Hölderlin«
»Lenz«

INHALTSVERZEICHNIS